Susanne Hornfeck
Torte mit Stäbchen

Während der Reichspogromnacht 1938 wird auch die Konditorei der Finkelsteins zerstört. Als Frau Finkelstein aktiv wird und es nicht nur schafft, ihren Mann aus der Schutzhaft zu holen, sondern auch Tickets für eine Schiffspassage nach Schanghai zu ergattern, macht sich das Ehepaar mit seiner Tochter Inge von Brandenburg auf in eine ungewisse Zukunft. Schanghai war damals der letzte offene Hafen und für fast 18 000 deutsche und österreichische Juden ohne Visum und Bürgschaft die einzige Ausreisemöglichkeit.

Während ihre Eltern in Schanghai ums Überleben kämpfen, entdeckt Inge die Stadt, die Menschen und die Sprache, und schon bald fühlt sich das kleine blonde Mädchen in Schanghai zu Hause. Doch ihre Eltern wollen China so schnell wie möglich verlassen.

Susanne Hornfeck ist Germanistin und Sinologin, Autorin und Übersetzerin. Fünf Jahre lebte und lehrte sie in Taipeh und wurde u. a. mit dem renommierten C.H. Beck Übersetzerpreis ausgezeichnet.

Susanne Hornfeck

Torte mit Stäbchen

Eine Jugend in Schanghai

Roman

dtv

Unterrichtsmaterial zu ›Torte mit Stäbchen‹
zum kostenlosen Download unter
www.dtv.de

Susanne Hornfeck in der Reihe Hanser:
›Ina aus China‹
›Mulan verliebt in Shanghai‹

1. Auflage 2024
© 2012 dtv Verlagsgesellschaft mbH & Co. KG, München
Karten (S. 374/375, 376/377): Astrid Fischer-Leitl, München
Umschlaggestaltung: dtv nach einem Entwurf von
Balk & Brumshagen
Umschlagmotive: mauritius images / Johnér / Johan Ödmann;
www.fotoe.com
Gesamtherstellung: Druckerei C.H.Beck, Nördlingen
Printed in Germany · ISBN 978-3-423-62808-2

Muss i denn, muss i denn …

Genua, 1938 – Jahr des Tigers

虎

Es war ein heiterer Tag mit weißen Schäfchenwolken, ungewöhnlich warm für die Jahreszeit. Zumindest wenn man aus dem Norden Deutschlands kam und einen dicken Wintermantel trug. Inge musste ihn anhaben, denn in den Koffer hatte er nicht mehr hineingepasst. Nun stand sie schwitzend zwischen Mutter und Vater an der Reling der »Conte Biancamano«. Graf Weiße Hand – ein passender Name. Das klang nach dem Märchenprinzen, der dich bei der Hand nimmt und vor allem Bösen rettet.

Ein weißer Märchenprinz war es auch gewesen, der sie nach der endlos langen Zugfahrt vor den Menschenmassen in der Wartehalle am Hafen gerettet hatte. Wieder waren sie mit Hunderten anderer Passagiere und Unmengen von Gepäck zusammengepfercht gewesen. Im erregten Stimmengewirr hörte man viel Deutsch, aber die Durchsagen waren alle auf Italienisch – keiner kannte sich aus. Dann war ein Mann von der Reederei erschienen, hatte ihre Karten inspiziert, und auf einmal war alles ganz anders. Eine Verbeugung andeutend, hatte er Inge und ihre Eltern freundlich angelächelt: »Schanghai?« Auf ihr verschüchtertes Nicken hin hatte er einen Kabinensteward herbeigewinkt. So war Paolo in Inges Leben getreten. Nach all den braunen und schwarzen Uniformen in ihrer Heimat war er ihr wie ein Engel in Weiß und Gold erschienen. Mit schwarzen Locken und spitzbübischen dunklen Augen. Inge fand ihn wunderbar, und auch er schien einen Narren an dem Mädchen mit den blonden Zöpfen gefressen zu haben.

»Ich bin Ihre Kabinesteward und werde während die Reise für Ihre Wohl sorgen«, hatte er sich in einem klangvollen Deutsch vorgestellt, das einsamen Konsonanten gern einen Vokal an die Seite gab.

»Das Ihre gesamte Gepäck?«

Inges Vater hatte nur stumm genickt.

Mit großer Geste griff er nach den Koffern und packte sie auf einen kleinen Gepäckwagen. Als er den letzten anhob, zog er hörbar die Luft ein, sagte aber nichts. Mutter und Tochter tauschten einen wissenden Blick.

»Bitte Sie mir folgen.«

Folgen war sonst nicht Inges Stärke, aber diesmal trabte sie ohne Zögern hinter ihrem Retter über die Gangway hinein in die weiße Innenwelt des riesigen Schiffs und über Treppen und Gänge immer weiter hinauf.

»Hier oben sind Kabinen erste Klasse. Ihre hat Numero 375. Außenkabine mit Blick auf Meer. Prego, Signora.«

Schwungvoll öffnete er die Tür. Inges Mutter war so verblüfft, dass sie im Türrahmen stehen blieb. Inge musste sie ein wenig zur Seite schieben, um auch etwas sehen zu können: ein richtiges kleines Wohnzimmer, aber statt des Fensters hatte es ein rundes

Bullauge, durch das Hafen und Berge zu sehen waren; in der Mitte eine Sitzgruppe mit Sofa und Sesseln, auf dem Tisch eine Obstschale und eine Wasserkaraffe samt Gläsern, bedeckt mit einer gestärkten weißen Serviette. Es roch nach Möbelpolitur.

»Nebenan ist Schlafezimmer, und für Signorita haben wir Bett in Ankleidezimmer gestellt. Ich hoffe, das ist Signorita angenehme.«

Angenehm? Inge war schlichtweg begeistert von ihrem privaten Reisekämmerchen.

»Ich voreschlage, Sie gehen jetzt auf Promenadendeck, sonst Sie verpassen Auslaufen. Ich auspacke Koffer.«

Dieses Angebot riss Inges Mutter aus ihrer Erstarrung. »Aber nein«, stieß sie hervor, »das machen wir später selbst. Bemühen Sie sich nicht.«

Paolo gab erst auf, als Inges Mutter ihm mit Nachdruck erklärte, dass sie jetzt allein sein wollten.

»Zum Promenadendeck vorne rechts, dann Treppe hinauf. In zehn Minuten wir ablegen«, mahnte er, bevor er ging, und blinzelte Inge verschwörerisch zu. »Bitte klingeln, wenn Sie etwas brauchen.«

Seufzend ließ Inges Mutter sich gegen die geschlossene Tür fallen, der Vater sank, den Hut noch auf dem Kopf, in den nächsten Sessel. Doch Inge ließ ihnen keine Ruhe.

»Wir müssen an Deck. Schnell! Ich will doch sehen, wie das Schiff ablegt.«

»Das Kind hat recht, Willi. Das dürfen wir nicht verpassen.«

Triumphierend zerrte Inge die beiden eine weitere

Treppe hinauf aufs Promenadendeck. Dort herrschte längst nicht solches Gedränge wie auf den unteren Etagen, wo die Menschen um einen Platz an der Reling kämpften. Alle wollten das Ablegemanöver verfolgen oder zurückbleibenden Angehörigen winken. Inge und ihre Eltern hatten niemand, dem sie winken konnten.

Die beiden riesigen Schornsteine des Dampfers spuckten bereits schwarze Rauchschwaden, die Schiffssirene stieß ein dumpfes Blöken aus, und die Bordkapelle intonierte einen flotten Marsch. Die riesigen Schiffsschrauben wirbelten das Wasser zu weißer Gischt. Am Kai machten Hafenarbeiter die armdicken Leinen von den Pollern los. Inge spürte den gewaltigen Schiffsleib unter sich beben, das Stampfen der Maschinen ließ ihre Fußsohlen vibrieren. Sie schaute zurück auf die Hafenanlage und die steilen Hänge dahinter. Dort stapelten sich Häuser bis hoch hinauf, dazwischen reckten Palmen ihre Wuschelköpfe. Die schonungslose Sonne des südlichen Mittags ließ jedes Detail deutlich hervortreten. Das Halbrund der Berge bildete die gut ausgeleuchtete Kulisse für diesen dramatischen Moment, den sie wie von einem Logenplatz mitverfolgte. Jetzt spielte die Kapelle »Muss i denn, muss i denn zum Städtele hinaus …« Aber statt des großen Auftritts wurde die Kulisse nach hinten weggezogen; zwischen Kaimauer und Schiffswand klaffte eine Lücke, die sich rasch mit schmutzigem Hafenwasser füllte und immer größer wurde. Eben noch unbeteiligter Zuschauer, trafen Inge die Ereignisse plötzlich wie ein Magenschwinger. Hilfe suchend blickte sie nach links und rechts zu den Eltern auf: Der Vater mit grauem Gesicht, den

Blick starr geradeaus; die Mutter das weiße Batisttaschentuch an den Mund gepresst, jeder ganz und gar mit sich selbst beschäftigt. Kein vielversprechender Anfang für eine Schiffsreise. Und Inge? Die wusste natürlich, dass es der Dampfer war, der sich mühsam in Bewegung setzte. Dennoch kam es ihr vor, als würden Hafen und Berge sich von ihr entfernen. Fassungslos sah sie zu, wie man ihr das Land wegzog.

***

Zurück in der Geborgenheit der holzgetäfelten Kabine nahm der Vater zum ersten Mal seit Beginn der langen Reise den Hut ab. Erschöpft strich er sich mit den Handflächen über den kahlen Schädel, auf dem sich dunkel die ersten nachwachsenden Haarstoppeln abzeichneten.

»Herrje, Marianne, wo sind wir denn hier gelandet? Ich bin überhaupt noch nicht zum Denken gekommen, seit du mich da rausgeholt hast. Wieso dieser unnötige Luxus?«, seufzte er, nachdem sich die kleine Familie um den Tisch versammelt und aus der Wasserkaraffe bedient hatte.

»Was blieb mir anderes übrig?«, entgegnete seine Frau. »Alles war über Monate ausgebucht, und die Passagen in der ersten Klasse hab ich auch nur bekommen, weil dieser arme Junge an Scharlach erkrankt ist und seine Familie nicht fahren konnte. Aber wo wir nun schon mal hier sind, können wir's ebenso gut genießen. Ein bisschen Luxus kann dir nicht schaden, nach allem, was du durchgemacht hast.«

Wilhelm Finkelstein blickte mit einer Mischung aus Bewunderung und Resignation zu seiner Frau hinüber.

»Auf dem Schiff gibt's sogar ein Kino und ein Schwimmbad«, quasselte Inge sich dazwischen. Niemand beachtete ihren Einwurf.

»Ich mach dir ja keine Vorwürfe, Marianne. Es ist nur alles so schnell gegangen. Schanghai war für mich bisher bloß ein Punkt auf der Landkarte.«

»Für mich ja auch, Willi.«

»Aber nicht für mich«, bemerkte Inge, um dann auch gleich weit auszuholen: »Schanghai ist eine große Hafenstadt an einem Fluss, der kurz darauf ins Meer mündet«, sprudelte sie los. »Da ist alles groß und laut und bunt. Und man kann auf der Straße essen, und die Kinder müssen nicht so früh ins Bett wie in Deutschland. Statt mit dem Taxi fährt man in einer Rikscha, die wird von einem Mann gezogen. Und wenn man eine mieten will, winkt man mit der Hand. Aber so, mit den Fingern nach unten.« Sie fuchtelte mit der Hand vor den Gesichtern ihrer verblüfften Eltern. »Und dazu sagt man *láilái*. Da muss die Stimme ein bisschen nach oben gehen. Habt ihr gewusst, dass das Chinesische vier verschiedene Töne hat? Wenn man den falschen erwischt, bedeutet es ganz was anderes. Man kann sich furchtbar blamieren. Und zur Begrüßung fragen sich die Leute, ob sie schon gegessen haben. Ist das nicht lustig? Aber es stimmt überhaupt nicht, dass alle Chinesen Hunde und Vogelnester essen.« Ganz außer Atem hielt Inge mit ihrer Belehrung inne.

»Woher weißt du denn das alles?« Die Eltern sahen ihre Tochter erstaunt an.

»Von Ina, die kommt doch aus Schanghai. Sie hat mir viel von Zuhause erzählt, und ein bisschen Chinesisch hat sie mir auch beigebracht.«

Jetzt erinnerte sich ihre Mutter an das kleine Chinesenmädchen, das in Brandenburg als Pflegekind lebte und mit Inge zur Schule gegangen war. Sie war in den Wochen vor der Abreise oft zu Besuch gekommen, doch damals war sie selbst viel zu beschäftigt gewesen, um sich zu fragen, was die beiden in Inges Zimmer trieben.

»Ich dachte, ihr spielt mit euren Puppen.«

»Dazu hatten wir keine Zeit. Ich musste sie doch über Schanghai ausfragen. Die Puppen hab ich ihr dagelassen, bis auf die Gundel.«

Bei der Erwähnung von Inges Lieblingspuppe warf die Mutter einen hastigen Blick auf ihre Uhr. »Höchste Zeit zum Mittagessen. Paolo hat uns fürs zweite Menü eingetragen, das wird um halb zwei serviert. Deine Sachen kannst du später auspacken, Inge.«

»Soll ich die Stäbchen mitnehmen, die Ina mir geschenkt hat? Dann kann ich schon mal üben.«

»Aber Kind«, kam es mit leisem Vorwurf von der Mutter. »Wir sind doch noch nicht in China.«

»Ich komme nicht mit, Marianne. Ich möchte nicht im Speisesaal essen«, sagte der Vater ruhig, aber bestimmt. »Nicht in diesem Zustand.«

»Dann werden wir eben Paolo bitten, dass er dir was in die Kabine bringt.« Bevor er protestieren konnte, hatte sie schon nach dem Kabinensteward geklingelt, der auch prompt erschien.

»Ich hoffe, die Herrschaften haben sich eingerichtet. Was kann ich für Sie tun?«

»Würden Sie meinem Mann bitte ein leichtes Mittagessen in die Kabine bringen? Eine Bouillon vielleicht.«

»Aber gerne. Er fühlt sich nicht wohl? Benötigen Sie Dottore?«

»Nein, nein, Paolo, nur eine kleine Unpässlichkeit. Wenn Sie uns jetzt vielleicht den Speisesaal zeigen?«

»Mit Veregnügen, Signora. Gentilissima Signorita.« Damit machte er vor Inge eine galante Verbeugung und ging den beiden voraus.

***

Der Speisesaal der ersten Klasse war ein eindrucksvoller, spitz zulaufender Raum ganz vorn am Bug des Schiffes. Durch die großen Panoramascheiben sah Inge zum ersten Mal aufs offene Meer hinaus. Doch ihre Aufmerksamkeit wurde ganz von ihrer unmittelbaren Umgebung in Anspruch genommen: funkelnde Kristalllüster, das Klingen von Gläsern und Besteck, vielsprachiges Stimmengewirr. Paolo bugsierte sie vor sich her durch Tischreihen mit blütenweißen Damasttischdecken. Dann stellte er sie ihren Tischnachbarn vor, einer stattlichen deutschen Dame mit ihrem etwa fünfzehnjährigen, pummeligen Sohn.

»Reisen Sie auch nach Schanghai?«, erkundigte sich Frau Kommerzienrat Schwab, während sie mit beringten Fingern die Serviette über ihren Schoß breitete, der Sohn schaute gelangweilt zum Fenster hinaus.

»Ja«, erwiderte Inges Mutter schlicht.

»Wir leben da schon länger. Mein Mann hat eine

Firma dort, und Rüdiger besucht die Kaiser-Wilhelm-Schule. Wir kommen gerade vom Heimaturlaub. Ein Jammer, dass man im Ausland lebt, jetzt, wo die Bewegung Fahrt aufgenommen hat. Wir waren sehr beeindruckt, nicht wahr, Rüdiger?«

Ein beiläufiges Nicken des Sohns, Frau Finkelstein blieb still. Doch die Einsilbigkeit ihres Gegenübers schien Frau Schwab keineswegs zu stören. Sie bedurfte keiner Ermutigung. Wortreich klärte sie ihre Tischnachbarin über die Unsitten der Chinesen auf; wie schmutzig sie seien, dass sie spuckten und feilschten und einen bei jeder Gelegenheit übers Ohr hauten.

»Beim Personal müssen Sie sich besonders vorsehen«, fuhr Frau Schwab fort. »Kaum stellt man einen Küchenboy ein, schon bringt er seine ganze Sippe mit. Und dann die Sache mit dem *cumshaw*. Von dem Geld, das man ihnen für den Einkauf gibt, wandert die Hälfte in die eigene Tasche.«

Inge hörte sich das alles an. Wie gut, dass man mit vollem Mund nicht reden durfte, sonst hätte sie bestimmt widersprochen. Inge hatte schließlich eine chinesische Freundin, die weder schmutzig war noch spuckte. Und anstatt zu feilschen, hatte sie ihr die Essstäbchen aus Elfenbein geschenkt, eines der wenigen Andenken an die Heimat. Wie viel praktischer die jetzt wären, dachte Inge bedauernd, während sie mit der schweren Silbergabel die widerspenstigen Spaghetti zu bändigen suchte. Ihr gegenüber verputzte Rüdiger sein Steak. Fasziniert sah Inge zu, wie er das blutige Fleisch zersägte. Am Gespräch beteiligte er sich nur nach ausdrücklicher Aufforderung seiner Mutter.

Bei Inge bedurfte es solcher Aufforderung nicht. Sie handelte streng nach dem Motto: »Wer nicht fragt, bleibt dumm«, auch wenn ihr das manch strafenden Blick ihrer Mutter einbrachte. Als ihr Teller endlich leer war, konnte sie ihre Neugierde nicht länger zügeln und mischte sich ungefragt ins Gespräch der Erwachsenen ein.

»Können Sie Chinesisch?« Es interessierte sie brennend, wie diese Frau sich mit ihren chinesischen Bediensteten verständigte.

»Aber nein, natürlich nicht, mein Kind, das kann man unmöglich lernen. Wozu auch! Mit den Dienstboten spricht man Pidgin-Englisch.«

Was war denn das nun wieder? Inge hatte zwar in der Schule ein bisschen Englisch gelernt, aber von dieser Pinguin-Sprache hatte sie noch nie gehört. Außerdem war sie sich sicher, dass man Chinesisch lernen konnte. Sie hatte ja bereits damit angefangen.

Nach einem abschließenden Mokka für die Mutter und einem Eis für Inge verabschiedeten sie sich von ihren Tischnachbarn.

»Puh, die hört ja gar nicht mehr auf zu reden«, bemerkte Inges sonst so höfliche Mutter, als sie außer Hörweite waren.

»Kein Wunder, dass der Sohn keinen Ton sagt.«

»Das könnte dir nicht passieren, mein Entlein.« Frau Finkelstein legte liebevoll den Arm um die Schulter ihrer vorlauten Tochter. Inge wurde von den Eltern auch Entlein genannt, weil sie immer dazwischenquakte.

»Mama, lass uns beim Schwimmbecken vorbeigehen«, bettelte Inge auf dem Rückweg in die Kabine. »Ich würde so gern baden gehen.«

»Inge, wir haben Dezember.«

»Aber hier ist es doch viel wärmer als zu Hause.«

Tatsächlich planschten einige Kinder in dem Becken, während ihre Mütter auf Liegestühlen ausgestreckt in Gespräche oder Bücher vertieft waren. Wie gerufen erschien der allgegenwärtige Paolo. »Darf ich reservieren Deckchair für Signora?«

»Au ja, Mama, bitte!« Inge strahlte ihren Retter an.

»Du weißt genau, dass man mit vollem Bauch nicht schwimmen soll. Frühestens nach dem Mittagsschlaf.« Und zu Paolo: »Wir kommen um drei.«

Nicht einmal Inge hatte gegen Mittagsschlaf etwas einzuwenden. Die Reise und die Aufregungen der letzten Woche hatten allen schwer zugesetzt. Ohne Widerrede zog sie sich in ihr Kämmerchen zurück, legte sich aufs Bett und schlief sofort ein.

Inges Mutter wusch noch rasch ein Paar Seidenstrümpfe im Waschbecken aus und breitete sie zum Trocknen über ein Handtuch. Sie hatte sie während der langen Zugfahrt nicht wechseln können.

Inge war als Erste wieder munter und weckte ihre Eltern. Den Badeanzug mit dem aufgenähten Freischwimmerabzeichen hatte sie bereits angezogen, ein Handtuch nahm sie sich vom Waschtisch. Dann stiegen sie die Treppe zum Promenadendeck hinauf.

Inge hatte den ganzen Pool für sich und machte toten Mann. Man musste sich einfach nur auf den Rücken legen; wenn man sich ganz leicht machte und keine Angst bekam, ging man nicht unter. In Brandenburg mit seinen vielen Seen und Kanälen lernten die Kinder früh schwimmen; auch Inge hatte die Sommer, solange ihr das noch erlaubt war, mit den Freundinnen im Freibad am Grillendamm verbracht.

Es war wunderbar, sich einfach treiben zu lassen und in den blauen Himmel zu schauen. Vor allem, wenn man sich vorstellte, dass man dabei wie in einer schwimmenden Badewanne über ein noch viel größeres Wasser glitt. Aber auch die Gedanken begannen zu treiben. Inge dachte daran, wie sie mit Lotte und Ina den bestandenen Freischwimmer mit Kakao und Kuchen im elterlichen Café gefeiert hatten. Plötzlich wurde ihr kalt.

»Jetzt ist aber Schluss, Inge. Du hast ja schon ganz blaue Lippen!« Die Stimme der Mutter aus dem Deckchair holte sie in die Gegenwart zurück. Bibbernd zog sie sich warme Sachen an und kroch im Liegestuhl neben der Mutter unter eine Decke. Auch ihr Vater hatte sich überreden lassen, die Kabine zu verlassen. Er stand, den unvermeidlichen Hut auf dem Kopf, etwas abseits an der Reling und starrte aufs Meer hinaus. Dass dem das nicht langweilig wurde, wo es außer Wasser doch rein gar nichts zu sehen gab? Aber Inge verstand ihn. Vermutlich war auch er in Gedanken weit weg, nur dass seine Erinnerungen nicht nach Torte und Pflaumenkuchen schmeckten.

Als sie wieder in die Kabine kamen, erwartete sie ein vorwurfsvoller Paolo an der Tür, in der Hand einen Wäschesack mit dem Emblem der Lloyd Triestino, den Initialen L und T verbunden durch einen Anker.

»Aber Signora, Sie brauchen Wäsche doch nicht

selber waschen«, sagte er mit Nachdruck und ließ Mutter und Tochter einen Blick in den Wäschesack werfen, in dem ein einsames Paar Seidenstrümpfe lag. »Das machen wir für Sie. Im Schrank finden Sie Vorrat von diese Wäschesäcke. Einfach an Tür hängen. Nächste Tag alles ist wieder da.«

Während der Ereignisse der vergangenen Wochen hatte Inge ihre Mutter nicht ein einziges Mal verlegen gesehen. Nun kroch eine leichte Röte vom Hals über ihr Gesicht. Statt gegen die Entführung ihrer Strümpfe zu protestieren, nickte sie nur und erwiderte: »Danke, Paolo. Wir gehen jetzt zum Abendessen.«

Diesmal waren sie zu dritt. Während Frau Finkelstein den Luxus, das Lichtermeer, die leise Klaviermusik, die ganze exklusive Welt des Speisesaals allmählich zu genießen schien, verzehrte ihr Mann lustlos, was ihm vorgelegt wurde. Es war ein Pflichtakt, den er stumm vollzog. Selbst Frau Schwab, die ihn nur zu gern ausgefragt hätte, scheiterte an seinem stoischen Schweigen.

Satt, zufrieden und müde von den Ereignissen dieses ersten aufregenden Tages auf See verzog Inge sich bald nach dem Essen unaufgefordert in ihr Kämmerchen. Die Seeluft hatte sie müde gemacht, und sie war schon im Halbschlaf, als sie nebenan die erregten Stimmen ihrer Eltern hörte.

»Marianne, versteh mich richtig, ich bin dir unendlich dankbar, dass du mich da rausgeholt hast, aber wie konntest du ein solches Risiko eingehen?«

»Dann sag mir mal, wie wir uns von zehn Reichsmark pro Kopf da drüben eine Existenz aufbauen sollen? Den Erlös aus dem Verkauf von Café und Konditorei durften wir ja nicht mitnehmen. Was uns der Wallenburger dafür bezahlt hat, war ohnehin ein Witz. Immerhin hat es für die Schiffspassagen gereicht.«

»Das ist es ja, was mich so fertigmacht, dass ich dich mit hineinziehe, in dieses ganze Elend. Da hast du dich mit deinen Eltern überworfen, um einen mittellosen Juden aus dem Waisenhaus zu heiraten. Und als er dann endlich was auf die Beine gestellt hat, nehmen sie's ihm wieder weg.«

»Aber mich werden sie dir nicht wegnehmen«, hörte Inge die Mutter leise, aber bestimmt sagen. »Es ist eine Verschnaufpause, die wir uns hier erkauft haben. Wer weiß, was uns am anderen Ende der Reise erwartet. Dann bleibt uns womöglich nur mein Familienschmuck.«

»Schon gut, Marianne. Ich versteh dich ja, aber wie konntest du ausgerechnet die Puppe dazu hernehmen. Wenn die Zollbeamten das entdeckt hätten! Vor dem Kind!«

»Es war der sicherste Platz«, rechtfertigte sich die Mutter. »Und wenn ich meinen Schmuck schon versetzen muss, kann ich ihn ebenso gut vorher noch mal tragen«, fügte sie bitter hinzu.

Bei dem Wort Puppe war Inge auf einmal hellwach. Während des ersten Tages auf See hatte sie völlig vergessen, die Gundel, ihre Käthe-Kruse-Puppe, auszupacken. Höchste Zeit, dass sie aus dem Schulranzen befreit wurde, in dem sie gereist war. Jetzt sofort wollte Inge sie zu sich ins Bett holen. Als sie leise die Tür öffnete, sah sie ihre Mutter am Tisch sitzen und mit den Fingern im weichen Stoffkörper ihrer Puppe wühlen. In Gundels Rücken klaffte ein Loch. Inge stieß einen spitzen Schrei aus: »Mama! Was machst du da?«

Die Köpfe der Erwachsenen fuhren herum.

»Inge!« Ihre Mutter fand als Erste die Sprache wieder. »Äh … wegen der Gundel. Ich kann dir das erklären. Ich hab da eine kleine Operation an ihr vornehmen müssen. Sie hat uns geholfen, etwas sehr Kostbares über die Grenze zu bringen.« Vor ihr auf dem Tisch lagen ein Diamantring, ein Paar passende Ohrringe, einige Broschen und eine feingliedrige Goldkette. »Ich verspreche dir, dass ich sie jetzt sofort wieder zunähe. Mit Narkose.«

Inges Mutter hatte den ziemlich ramponierten Stoffkörper der Puppe schon mehrfach geflickt und ihr auf Inges Geheiß zuvor immer eine Betäubungsspritze mit der Nähnadel gegeben.

»Betäubung ist nicht nötig. Die spürt sowieso nichts.«

Einen Moment lang sah die Mutter ihre Tochter verblüfft an. Dann sagte sie: »Da siehst du, Willi, was für ein großes, verständiges Mädchen wir haben, auch wenn sie erst zehn ist. Ich finde, Inge sollte unsere Vertraute sein. Nach allem, was passiert ist, können wir ihr keine heile Welt mehr vorspielen. Unsere kleine Familie muss zusammenhalten und miteinander reden. Gemeinsam können wir besser mit der neuen Lage fertig werden. Übrigens finde ich es großartig, dass sie jetzt unsere China-Expertin ist. Oder hast du gewusst, dass das Chinesische vier Töne hat?«

Der Vater zuckte nur mit den Schultern, doch sein

Blick ruhte mit liebevollem Staunen auf seiner Tochter.

Geschickt nähte Inges Mutter die Puppe wieder zu und schickte die beiden anschließend ins Bett. »Und sei mir bitte nicht böse. Es musste einfach sein«, sagte sie noch, als sie sich über Inge beugte und ihr einen Gute-Nacht-Kuss gab, den zweiten an diesem Abend. Dann schloss sie leise die Tür zum Ankleidezimmer.

Doch einmal geweckt, ließ sich die Vergangenheit nicht aussperren. Erinnerungen drängten mit Macht an die Oberfläche. Diesmal waren es keine glücklichen Bilder wie unter dem blauen Nachmittagshimmel. Jetzt war dunkle Nacht, so wie damals, als markerschütterndes Krachen und Klirren sie geweckt hatte. In das Bersten von Glas hatte sich das Johlen von Männerstimmen gemischt. Knappe Befehle wurden geschrien, wieder krachte es. Tritte gegen das Hoftor, dann das Splittern von Holz. Die Stimmen, lauter jetzt, grölten in der Einfahrt und schallten gleich darauf durchs Treppenhaus: »Komm raus, du Judenschwein!«

Inge hatte das für einen schlimmen Traum gehalten. Doch als sie sich in den Arm zwickte, musste sie feststellen, dass es daraus kein Erwachen gab. Sie hatten den Vater mitgenommen, die Konditorei und das Café kurz und klein geschlagen. Danach war nichts mehr so gewesen wie zuvor. Inge drückte ihre Puppe an sich, um nicht wieder in diesen Albtraum zurückzufallen, aber die Gundel kam ihr irgendwie hohl vor.

Am nächsten Morgen beim Frühstück trug auch Frau Finkelstein neben ihrem Ehering einen Diamant am Finger.

Abendland – Morgenland

Auf See, 1938 – Jahr des Tigers

»Papa, Mama, da unten gibt's ganz viele so wie wir. Ich meine, Deutsche, die nach Schanghai fahren, weil sie jüdisch sind.«

Aufgeregt kam Inge von einem ihrer Erkundungsgänge in die unteren Etagen zurück. Sie hatte rasch herausgefunden, dass es in der ersten Klasse kaum Kinder gab, zumindest kaum welche, mit denen sie sich verständigen konnte. Und auf den hochnäsigen Rüdiger konnte sie gern verzichten. In der zweiten und dritten Klasse war es zwar eng, aber dafür ging es wesentlich lustiger zu, jedenfalls unter den zahlreichen Kindern. Die Erwachsenen wirkten bedrückt; Frauen standen in Grüppchen auf Deck und machten Pläne für eine ungewisse Zukunft, während die Männer unbeteiligt herumsaßen oder übers Meer schauten wie Inges Vater, viele ebenfalls mit geschorenem Kopf, den sie unter Hüten oder Mützen zu verbergen suchten. Inge hatte mittlerweile einen Blick für solche eingeschüchterten, gebückten Gestalten. Das waren Männer, die im Lager gewesen waren.

»Manche da unten essen bloß gekochte Eier und Fisch, weil das Essen auf dem Schiff nicht koscher ist. Außerdem, sagt Max, ist die Verpflegung ziemlich mies«, berichtete Inge. Sie wusste zwar, was »koscher« bedeutete, aber bei den Finkelsteins hatten die jüdischen Speisevorschriften nie eine Rolle gespielt. Genau genommen war Inge gar nicht jüdisch, weil sie eine evangelische Mutter hatte, aber nach dem nationalsozialistischen Blutschutzgesetz galt sie dennoch als Halbjüdin. Und nach dem gleichen Gesetz galt die Ehe ihrer Eltern als Rassenschande.

»Und wer bitte ist Max?«, wollte die Mutter wissen.

»Der fährt auch mit seinen Eltern nach Schanghai. Er kommt aus Stuttgart, deshalb redet er ein bisschen komisch, aber sonst ist er ganz in Ordnung. Denen hat die SA auch den Laden zusammengeschlagen. Seine Eltern hatten ein Bekleidungsgeschäft.« Das sollte genügen, um die Mutter zu beruhigen, und Inge konnte nun ihrerseits fragen.

»Haben die das denn in ganz Deutschland gemacht? Ich dachte immer, das wäre nur bei uns in Brandenburg passiert?«

»Leider nein, Entlein. Die Ereignisse vom neunten November waren gezielte, von oben angeordnete Gewaltakte gegen jüdische Geschäftsleute und Bürger. Und jetzt reden sie verharmlosend von Reichskristallnacht, weil dabei überall im Reich so viele Glasscheiben zu Bruch gegangen sind.«

Meistens war es die Mutter, die ihr solche Fragen beantwortete. Herr Finkelstein wollte über diese Dinge nicht sprechen, auch nicht über das, was ihm im Lager zugestoßen war. Beim Anblick des stummen Vaters gab es Inge jedes Mal einen Stich. Das war nicht mehr der gut situierte Bürger und deutsche

Frontkämpfer, den sie ihr Leben lang gekannt hatte; er war wie ausgewechselt. Nichts erinnerte an den stattlichen Konditormeister und Caféhausbesitzer, der seine Gäste im dunklen Anzug und mit gestärkter Serviette über dem Arm bedient oder in der Backstube die wunderbarsten Torten und Plätzchen gezaubert hatte. Wo war der Mann, der in allen Lebenslagen Rat wusste und sich schützend zwischen seine kleine Tochter und die Welt gestellt hatte, die in jener Nacht klirrend zu Bruch gegangen war? Wohin war sein spöttisches Lächeln verschwunden? Zusammen mit dem welligen, dunklen Haar schien ihm jegliches Selbstvertrauen abhanden gekommen zu sein. Hoffentlich wuchs so was nach.

»Paolo hat mir erzählt, dass wir vor Schanghai noch viele andere Häfen anlaufen«, erzählte Inge, um ein angenehmeres Thema anzuschneiden. »Wir müssen schließlich Kohlen bunkern und Wasser und Vorräte an Bord nehmen.« Die Eltern warfen sich einen amüsierten Blick zu. Ihre Tochter war mit den Erfordernissen der Dampfschifffahrt inzwischen bestens vertraut. »Im Speisesaal gibt's eine Karte, da sind alle Städte drauf und mit Fähnchen gekennzeichnet: Colombo, Manila, Singapur, Hongkong. Ist das nicht toll? Vielleicht können wir unterwegs mal aussteigen.«

»Wir sind hier nicht auf Urlaub, Inge, auch wenn sich das vielleicht so anfühlt«, mischte der Vater sich ein. Inge hatte gar nicht bemerkt, wie sich seine Stirn in zornige Falten gelegt hatte. »Ich glaube kaum, dass die Briten einem deutschen Juden Zugang zu ihren Kolonien gewähren; ich könnte ja bleiben wollen«, erklärte er bitter. »In ihr Amerika oder England oder Australien haben sie uns ja auch nicht einreisen lassen. Es sei denn, wir hätten dort reiche Verwandte gehabt, die für uns bürgen. Es wundert mich nicht, dass viele der Passagiere auf den unteren Decks auch nach Schanghai wollen. Um dorthin zu kommen, braucht man lediglich Schiffspassagen, aber auch die sind schwer zu bekommen. Wenn deine Mutter nicht gewesen wäre …«, hier versagte Herrn Finkelstein die Stimme.

Inge fiel der kleine Junge in Berlin ein, der jetzt mit Scharlach im Bett lag, während sie an seiner Statt mit ihren Eltern übers Meer fuhr. Doch diesen Gedanken schob sie gleich wieder weg.

»Morgen nach dem Frühstück hab ich mich mit Max verabredet«, verkündete sie stattdessen. »Paolo sagt, dass wir heute Nacht in Port Said anlegen. Und morgen fahren wir durch den Suezkanal. Da sieht man endlich mal was anderes als immer nur Wasser. Wir haben uns schon einen Platz auf dem Promenadendeck gesucht, von wo man eine prima Aussicht hat.«

***

Am nächsten Morgen hielt es Inge kaum am Frühstückstisch. Immer wieder wanderte ihr Blick durch die Panoramascheiben des Speisesaals nach draußen. An der Hafenmole, wo die »Conte Biancamano« über Nacht angelegt hatte, stand die riesige steinerne Statue eines Mannes. In der einen Hand hielt er eine Planskizze, mit der anderen lud er zur Einfahrt in den Kanal ein.

»Wer ist das denn?«, entfuhr es ihr.

»Das ist Ferdinand de Lesseps, der Erbauer des Suezkanals.« Wie auf Knopfdruck wurde der sonst so stille Rüdiger gesprächig. Hier sah er eine Gelegenheit, vor der Kleinen mit seinem Schulwissen zu protzen. »Dieser Durchstich zwischen dem Mittelmeer und dem Golf von Suez hat den Schifffahrtsweg nach Ostasien um viertausendfünfhundert Seemeilen verkürzt. Das heißt, wir kommen einige Tage früher in Schanghai an.«

»Unser Rüdiger hat immer beste Noten in Erdkunde. Kein Wunder, er ist ja schon so viel rumgekommen mit seinen jungen Jahren.« Frau Schwab betrachtete ihren Sohn mit stolzem Mutterlächeln.

Klugscheißer, dachte Inge und ließ den Löffel mit Wucht auf die Spitze ihres Frühstückseis niedersausen. Dann konnte sie es sich aber doch nicht verkneifen zu fragen: »Und vorher? Musste man da um Afrika rumfahren?« Auch Inge konnte man in Erdkunde nichts vormachen.

»Ja. Die Umrundung des Kaps der Guten Hoffnung war nicht nur zeitraubend, sondern auch gefährlich. Stürme und Piraten bedrohten die Handels- und Passagierschiffe«, dozierte Rüdiger weiter. »Jetzt benötigt man für die Durchfahrt der hunderteinundsechzig Kilometer langen Wasserstraße nur noch sechzehn bis achtzehn Stunden, je nach Gegenverkehr.«

»Er liebäugelt mit einer Stellung bei der Handelsmarine«, kommentierte seine Mutter.

Inge ignorierte sie; sie wollte dem neunmalklugen

Rüdiger noch ein paar nützliche Informationen entlocken, die sie später an Max weitergeben konnte.

»Und wie funktioniert das mit dem Gegenverkehr?«

»Für zwei große Passagierdampfer oder Frachtschiffe ist der Kanal zu schmal. Die können nur an den Ausweichstellen passieren. Die Ausweichstellen heißen *gares*, wie französisch für Bahnhof. Dabei haben die von Süden kommenden Schiffe Vorfahrt.«

»Das heißt, wir müssen ausweichen«, kam es prompt von Inge. Das versprach ja interessant zu werden.

Ganz blöd ist sie nicht, die Kleine, schien der Blick zu sagen, mit dem Rüdiger sie bedachte. Dann wandte er sich wieder seinem Sandwich zu. Die Fragestunde mit dem Experten war beendet.

»Darf ich aufstehen?«, bat Inge die Mutter, sobald sie fertig war. Vorher hatte sie noch rasch zwei Croissants in ihrer Serviette verschwinden lassen. Ohne eine Antwort abzuwarten, rutschte sie vom Stuhl, warf ein »Wiedersehen« in die Runde und schlängelte sich durch die Tische davon.

»Um zwölf bist du wieder in der Kabine«, rief die Mutter ihr nach, aber das hörte Inge schon nicht mehr.

Mittlerweile fand Inge sich auf dem Schiff bestens zurecht. Ein paar Gänge entlang, die Treppe hinauf, schon war sie auf dem Promenadendeck und sah Max an der Reling stehen, ein schlaksiger Junge, etwas älter als sie, mit einem Käppi über dem roten Bürstenschnitt, das seine empfindliche Haut vor der Sonne schützen sollte. Dünne Beine mit knubbeligen Knien stakten aus kurzen Hosen, dazu trug er ein kurzärmeliges kariertes Hemd. Und er war nicht allein. Inge kam eben dazu, wie ein Schiffssteward ihn anblaffte: »Non é permesso. Geh nach unten, wo du hingehörst.«

Das war nicht der Ton, den Inge von der Besatzung gewöhnt war, auch wenn dieser Steward sehr viel besser Deutsch sprach als Paolo. Instinktiv ließ sie die Serviette mit dem Proviant hinter dem Rücken verschwinden, dann sah sie sich Hilfe suchend um. Prompt entdeckte sie ihren Retter, der drüben am Pool gerade die Deckchairs aufstellte.

»Paolo!«

Er kam herüber und schien die Situation mit einem Blick zu erfassen.

»Paolo, das ist mein Freund Max, und wir wollten doch nur …«, sprudelte Inge hervor. »Du hast doch gesagt …«

»Va bene, Signorita«, beruhigte er Inge und wechselte dann ein paar Sätze in Stakkato-Italienisch mit seinem Kollegen. Mit großer Geste forderte er die beiden anschließend auf, ihm zu folgen.

»Ich euch zeige extra Platz mit beste Aussicht.« Sie folgten ihm eine weitere Treppe bis fast auf die Höhe der Kapitänsbrücke, dort befand sich ein kleiner Ausguck. Hier waren sie der strengen Klassengesellschaft des Schiffes enthoben. »Und wenn jemand schimpfen, dann sagen: ›Paolo a permesso.‹ Capito?«

»Capito«, wiederholte Inge. »Grazie mille, Paolo.«

»Haidenai!«, entfuhr es Max, der die ganze Aktion in ehrfürchtigem Schweigen mitverfolgt hatte. »Und fremde Sprachen ko des Mädle au.«

Inge sonnte sich in der Bewunderung des Älteren.

Dann zog sie, um das Maß vollzumachen, die Serviette mit den Croissants hinter dem Rücken hervor. »Und ein bisschen Schiffszwieback hab ich dir auch mitgebracht.«

Nachdem Max seine Verblüffung überwunden hatte, griff er sofort zu und senkte die Zähne in das weiche Gebäck.

»Inge, auf dich isch Verlass«, erklärte er kauend.

Noch lag das Schiff an der Mole vertäut.

»Sieh mal, wer uns da besuchen kommt.«

Erst als sie sich über die Reling beugte, sah Inge, was sich unmittelbar zu Füßen des »Grafen« alles abspielte; es war, als hielte er Hof. Um seinen steil aufragenden Bug tummelten sich unzählige Boote, auf denen Einheimische Früchte, bunte Tücher und Andenken feilboten. Die Ware konnte man in einem Körbchen, in das man vorher das Geld legte, an Bord ziehen. Die Verständigung funktionierte mit Zurufen und Handzeichen. Längsseits hatten flache Lastkähne festgemacht. Schwitzende Männer mit freiem Oberkörper balancierten schwere Kohlelasten auf dem Kopf über schwankende Planken und hievten sie durch die Ladeluken in den Bauch des Schiffes. »Kohlen bunkern« nannte man das. Über das Fallreep kam ein würdevoll aussehender Mann in Uniform an Bord. Der Kapitän ging ihm entgegen, begrüßte ihn herzlich und brachte ihn auf die Brücke. Inge und Max machten sich so unsichtbar wie möglich, konnten von ihrem Platz aber alles bestens verfolgen.

»Das muss der Lotse sein«, vermutete Max. »Kein

Schiff darf ohne einen Lotsen durch den Kanal fahren.«
Offenbar hatte auch er Erkundigungen eingezogen.

»Guck mal, das große Haus da drüben. Sieht aus
wie aus Tausendundeiner Nacht.« Inge deutete auf
ein prächtiges Gebäude mit Kuppeln und Türmchen
direkt am Hafenbecken.

»Das ist das Verwaltungsgebäude der Kanalgesell-
schaft. Mein Vater hat gesagt, die Schiffe müssen ziemlich hohe Gebühren zahlen, wenn sie durch den Kanal
fahren wollen. Kein Wunder, dass die sich so einen
Palast bauen können.« Max schien dabei weniger an
Märchen als an das einträgliche Geschäftsmodell zu
denken.

»Dafür geht's ja auch viel schneller«, bemerkte Inge und erklärte ihm die Sache mit der Zeitersparnis.

Bald darauf wurden die Leinen der »Conte Biancamano« von Hafenarbeitern gelöst. Schreiend und ges-
tikulierend vertrieben sie die Boote der Einheimischen, die sofort Kurs auf den nächsten Neu-
ankömmling nahmen. An der Mole herrschte ein
ständiges Kommen und Gehen; Zeit war kostbar im
Kanal. Wieder tutete die Schiffssirene, die Schrauben
legten los, und der Dampfer drehte die Nase langsam
in Richtung Kanaleinfahrt. Dann begann das sanfte,
langsame Gleiten über die Wasserstraße. Schiffe durften hier nicht schneller als zehn Knoten fahren, darüber wachte der Lotse, der die Kraft der Maschinen auf
ein Minimum drosseln ließ, um das Schiff sicher
durch die enge Fahrrinne leiten zu können.

Inge kam sich vor wie auf den teuersten Plätzen im
Filmpalast, nur dass hier alles wirklich und in Farbe

war; interessante Gerüche streiften ihre Nase, und der Wind zerrte an den Zöpfen. Zu beiden Seiten zog jetzt die Landschaft vorbei. Links, unter flimmernder Sonne, nichts als fahlgelbe Sandwüste; rechts ein Schienenstrang, dahinter ein See. Jenseits des Deiches, der die beiden Wasserflächen voneinander trennte, konnte man die großen, spitzen Dhau-Segel der ägyptischen Boote erkennen. Das Tempo war genau richtig, um alles in Ruhe zu betrachten.

»Da fährt unser Schatten«, sagte Max und deutete auf das rechte Ufer. Dieser dunkle, über die Deichböschung huschende Doppelgänger machte ihnen erst bewusst, wie hoch die Aufbauten der »Conte Biancamano« über dem schmalen Wasserweg aufragten. Vom Land aus musste das ziemlich komisch aussehen: Ein Schiff, das mitten durch die Wüste fuhr.

»Jetzt sind wir ein Wüstenschiff«, fasste Inge die Situation zusammen.

»Und da drüben sind welche mit vier Beinen.«

Inge musste die Augen gegen die Sonne schützen, um die gemächlich schwankenden Silhouetten zu erkennen, die sich in langer Reihe auf dem Deich abzeichneten.

»Mensch, Max, das sind ja richtige Kamele.«

Inge war völlig hingerissen. Diese Tiere mit den langen Wimpern, der hängenden Oberlippe und dem klugen, aber immer etwas hochmütigen Blick kannte Inge nur von Bildern und aus der Tierschau. Sie hatten ihr in ihrer herablassenden Arroganz schon immer imponiert. Und hier kam gleich eine ganze Karawane vorbei. Das Leittier und das Kamel am Schluss trugen vermummte Gestalten, die anderen waren mit großen Säcken beladen. Inge leuchtete sofort ein, warum die Reiter so eingemummelt und in Tücher gehüllt waren.

»Knirscht's bei dir auch zwischen den Zähnen?«, fragte sie Max.

»Das ist Sand aus der Gobi«, erwiderte er sachkundig.

»Glaub ich nicht, die ist zu weit weg.«

»Auf jeden Fall ist das da drüben Asien«, sagte Max und deutete nach links.

»Dann ist das hier Afrika«, konterte Inge und wies in die andere Richtung.

»Morgenland«, sagte Max und wandte den Kopf nach links.

»Abendland.« Inge schaute in die Gegenrichtung.

»Morgenland, Abendland, Morgenland, Abendland«, sangen sie gemeinsam und warfen die Köpfe hin und her wie bei einem Tennismatch, bis sie vor Lachen nicht mehr konnten.

»Wir fahren genau zwischen zwei Erdteilen durch.«

Noch bevor Inge diese Erkenntnis richtig verdauen konnte, tutete es. Vor ihnen tauchte der Bug eines anderen Schiffes auf.

»Die haben Vorfahrt, weil sie von Süden kommen.« Inge hüpfte vor Aufregung von einem Bein auf das andere. Zum Glück tat sich rechts von ihnen eine Ausweichstelle auf. Oder hatten die Lotsen das vorher untereinander ausgemacht?

»Wirst sehen, wir fahren jetzt gleich in den Bahnhof da drüben.« Inge deutete auf die Ausbuchtung im

Kanalverlauf. Rüdigers vornehmes französisches Wort hatte sie längst vergessen.

»Bahnhof?«, fragte Max nach, als die »Conte Biancamano« auch schon fügsam in die Ausweichstelle einbog, um die Fahrrinne freizugeben.

»Ein Union Jack – das müssen Engländer sein.« Max hatte die Flagge des entgegenkommenden Schiffes als Erster erspäht.

Sobald der Schiffsrumpf nahe genug war, buchstabierten sie zweistimmig: »Ja-pa-ne-se Prin-cess London.« Die japanische Prinzessin, etwas kleiner als der italienische Graf, schob sich elegant an ihnen vorbei. Besatzung und Fahrgäste beider Schiffe drängten sich an der Reling zu vielstimmigem Hallo und gegenseitiger Begrüßung. Von drüben wehten die Klänge von »Jingle Bells« herüber.

Die sind Weihnachten daheim, dachte Inge wehmütig, während sie hinüberwinkte. Wer jetzt wohl in Vaters Backstube die Plätzchen buk? Diese Frage ließ sich leicht beantworten, nur dass in Inge jedes Mal eine hilflose Wut hochkochte, wenn sie daran dachte: Herr Wallenburger, der Leiter der Brandenburger Konditorinnung, dem Vaters Betrieb schon immer ein Dorn im Auge gewesen war. Nun hatte er sich, die Notlage der Finkelsteins nutzend, für eine lächerlich geringe Summe einen Konkurrenten vom Hals geschafft und einen gut gehenden Zweitbetrieb erworben. Inge hätte ihm am liebsten in den Teig seiner Weihnachtsplätzchen gespuckt.

Doch unter der südlich heißen Mittagssonne verflüchtigen sich solche Gedanken rasch. Weiter ging's,

vorbei an den Hütten der Kanalaufseher, die wie Bahn-
wärterhäuschen an der Strecke lagen, vorbei an vereinzelten Palmen und großen Schaufelbaggern, die die
Fahrrinne vom angewehten Wüstensand frei hielten.
Dann weitete sich der enge Kanal plötzlich zu einer
glitzernden Bucht. Hier lag das Städtchen Ismailia, wo
der Dampfer kurz anlegte, weil der Lotse wechselte.
Wieder belagerten Boote mit reichhaltigem Warenangebot das Schiff. Inge bewunderte gerade das Obst
und die verschiedenen Dattelsorten, als unter ihr der
Gong erscholl: »Platz nehmen zum zweiten Menü!«

»Ach herrje, ich muss zum Essen.«

»Geht ja ganz schön vornehm zu bei euch«, bemerkte Max. »Uns muss keiner zum Essen rufen. Da
werden bloß ein paar Schüsseln auf den Tisch gestellt,
und wer zu spät kommt, hat das Nachsehen. Und mit
Extrabestellungen ist nicht. Dafür würde meine Mutter niemals Geld rausrücken.«

»Ja, ja, ›Wer weiß, was noch kommt‹, das kenn ich
von meiner«, ergänzte Inge. »Bis nachher. Ich muss
los.«

Frau Finkelstein erwartete ihre verschwitzte unge-
kämmte Tochter schon am Esstisch. »Hab ich dir
nicht gesagt …«, zischte sie.

Inge ließ sämtliche Vorwürfe stoisch über sich ergehen. Sie wusste genau, dass ihre Mutter mit Rücksicht
auf die Schwabs nicht laut werden würde. In Rekord-
geschwindigkeit schlang sie ihr Essen hinunter. Den
Mittagschlaf, der sich seit Antritt der Schiffsreise ein-
gebürgert hatte, konnte sie diesmal erfolgreich ab-

wehren: »Das geht heute nicht, Mama, auf gar keinen Fall. Wirklich nicht. Ich muss wieder rauf zu Max. Paolo hat uns einen tollen Ausguck gezeigt, ganz oben beim Kapitän. Die Fahrt durch den Kanal ist so spannend, schlafen kann ich noch, wenn wir wieder auf dem Meer sind.«

»Du tust ja gerade so, als käme das Schiff ohne euch nicht durch den Kanal«, bemerkte Frau Finkelstein, ließ ihre Tochter aber schließlich doch ziehen. »Und vor dem Abendessen wird sich umgezogen, mein Fräulein. Ich schicke Paolo, wenn du nicht pünktlich bist.«

»Capito!« Darauf würde sie's gern ankommen lassen, dachte Inge. Im Vorbeigehen griff sie sich noch ein paar Petit Fours vom Nachspeisenbuffet.

Auf dem Weg zurück zum Ausguck rannte sie prompt in Paolo. Sein Blick fiel auf die mit süßen Teilchen gefüllte Serviette.

»Sie nicht satt geworden, Signorita?«, fragte er mit gespieltem Entsetzten.

»Ich wachse doch noch, Paolo«, konterte Inge dem Kabinensteward mit unschuldigem Augenaufschlag.

Der kurze Halt in Ismailia lag längst hinter ihnen, sie durchquerten jetzt die Bitterseen. Platz gab es hier eigentlich genug, dennoch mussten sich die Schiffe an die enge, mit Pfählen markierte Fahrrinne halten. Nur dort war tief genug ausgebaggert, dass die Dampfer mit ihrem beträchtlichen Tiefgang nicht stecken blieben.

Inge und Max spielten Flaggenraten. Richtig international ging es hier zu, und sie kannten bei Weitem nicht alle Hoheitszeichen der entgegenkommenden Personen- und Frachtschiffe. In einem solchen Fall mussten sie warten, bis am Bug des entgegenkommenden Schiffs der Heimathafen zu entziffern war.

Gegen Abend legte sich unvermittelt ein rosiger Schimmer über die eintönige Landschaft; es wurde so schnell dunkel, als hätte jemand das Licht ausgeknipst. Die beiden hatten gar nicht gemerkt, wie die Zeit vergangen war. Vorn am Bug wurde ein zusätzlicher Scheinwerfer angeschaltet. Er bildete einen Lichtkorridor, durch den das riesige Schiff – mittlerweile wieder in den engen Begrenzungen des Kanals – in gespenstischer Stille dahinglitt. An den unbeleuchteten Ufern war kaum noch etwas zu erkennen.

Ende, Fin, The End – die Kinovorführung war für heute beendet.

Inge und Max verabredeten sich für den nächsten Morgen am gewohnten Platz, ganz gleich, wo das Schiff sich dann befinden würde. Diesmal schaffte Inge es sogar noch rechtzeitig in die Kabine, wusch sich endlich mal die Hände und tauschte das verschwitzte, vom Ruß der Schiffsschlote leicht angegraute Kleid gegen ein frisches. Dabei informierte sie ihre Eltern atemlos über alles, was die wieder mal verpasst hatten. Warum sie bloß ständig in dieser langweiligen Kabine rumsaßen? Da gab's doch rein gar nichts zu sehen?

Als Inge später in ihrem Kämmerchen im Bett lag, spürte sie, wie unter ihr die Maschinen der »Conte Biancamano« zu voller Kraft ansprangen. Endlich wieder das gewohnte Stampfen und Beben. Der von den Lotsen gebändigte Riese war wieder frei. Jetzt ging es »Volldampf voraus« durchs Rote Meer in den Indischen Ozean. Und morgen, dachte Inge, bevor sie endgültig einschlief, wache ich im Morgenland auf.

Mensch ärgere dich nicht

Auf See, 1938 – Jahr des Tigers

虎

Dank ihres neuen Spielkameraden gingen die Tage dahin wie Ferien; sie spielten, erkundeten das Schiff und dachten sich ständig neuen Blödsinn aus, wobei Paolo, wenn sie es nicht zu toll trieben, seine schützende Hand über die beiden hielt. Nur dass es eben doch keine Ferien waren. Auf der großen Landkarte am Eingang zum Speisesaal wanderte das vom Kapitän täglich neu platzierte Fähnchen stetig weiter über die blaue Fläche des Ozeans.

»Sag mal, Max, war dein Vater auch in so einem Lager?«, erkundigte sich Inge, als sie ihn gut genug kannte, um sich das fragen zu trauen.

»Nein, zum Glück nicht. Mein Onkel hat ihn gewarnt. Er konnte sich bei einem Bauern im Heuschober verstecken. Als die SA unseren Laden kaputt geschlagen hat, waren Mutter und ich allein. Sie wollten ihn abholen, aber meine Mutter hat gesagt, sie weiß nicht, wo er ist. Später hat sie dann die Schiffskarten besorgt. Er ist schon voraus, irgendwie hat er's über die Grenze nach Italien geschafft. Wir haben ihn erst in Genua wiedergetroffen.«

»Und? War er noch wie vorher?«

»Natürlich nicht. Schließlich hatte er sein Geschäft

verloren, das er von meinem Opa übernommen hat. Er musste von einem Tag auf den anderen weg von zu Hause.«

»Und sonst? Ich meine, hatte er seine Haare noch?«

»Ja, wieso?«

»Weil sie meinem Vater im Lager die Haare abgeschnitten haben. Den ganzen Kopf haben sie ihm kahl rasiert. Deshalb mag er den Hut nicht abnehmen und ist überhaupt so komisch. Er redet kaum, lacht nie.«

»Haare wachsen nach. Daran allein kann's nicht liegen.«

»Das hab ich mir auch gedacht. Wahrscheinlich haben die noch andere schlimme Sachen mit ihm gemacht, aber er spricht nicht darüber. Mir sagt jedenfalls keiner was. Aber ich muss doch wissen, was mit ihm los ist und was man dagegen tun kann.«

»Ich hab mitgekriegt, wie meine Eltern über diese Lager geredet haben. Die Häftlinge mussten ganz schwere Arbeit tun. Sie haben zu vielen in Baracken geschlafen, und die Aufseher konnten sie beleidigen und mit ihnen machen, was sie wollten. Die Leute wurden wie Verbrecher behandelt, nur weil sie Juden sind.«

»Bloß ein Mal, da ist mein Vater richtig wütend geworden.« Inge war froh, sich endlich mit jemand austauschen zu können, dem es ähnlich ergangen war. »Das war beim Packen. Aber ich hab's nicht so recht verstanden. Es ging um seine Auszeichnung als Frontkämpfer im Ersten Weltkrieg. Auf die war er furchtbar stolz, sie hing in einem Rahmen über seinem Schreibtisch. Er hat sie von der Wand genommen und gesagt: ›Und zum Dank machen die mich zum »Israel« und stempeln mir ein »J« in den Pass.‹ Dann hat er das Ding in den Papierkorb geschmissen, dass es gekracht hat.«

»Das mit dem ›Israel‹ ist ein neues Gesetz. Alle jüdischen Männer bekommen zusätzlich diesen Vornamen in den Pass. Und du und deine Mutter, ihr heißt Sara.«

»Tun wir nicht, weil wir nämlich evangelisch sind«, verkündete Inge.

»Ach so.« Max sah sie verblüfft an. »Dann musstet ihr ja eigentlich gar nicht weg.«

»Klar doch, wegen Papa.« Da ließ Inge keine Zweifel aufkommen und fragte dann gleich weiter: »Waren bei euch auch solche Aufpasser beim Kofferpacken?«

»Ja, aber der bei uns war schwer in Ordnung. Er hat meine Mutter gefragt, ob er mal austreten darf. Da hat sie schnell was von ihrem Schmuck in den Koffer getan, bevor er versiegelt wurde.«

»Ha, weißt du, wie meine Mama das gemacht hat?« Inge sah sich rasch um, dann beugte sie sich zu Max hinüber und flüsterte ihm die Geschichte von Gundels kostbaren Innereien ins Ohr.

Max grinste. »Isch doch zu ebbes nutz, wenn Mädle mit Puppe spieled.« Vor lauter Begeisterung fiel er ins Schwäbische, das er sonst aus Rücksicht gegenüber Inge unterdrückte.

»Tu ich gar nicht, dafür bin ich viel zu groß. Meine Puppen hab ich alle der Ina geschenkt, bis auf die Gundel.«

Da musste Max erst recht grinsen.

***

Inge überlegte krampfhaft, was sie tun könnte, um ihren Vater auf andere Gedanken zu bringen. Wenn die Eltern sie über einen Kummer hinwegtrösten wollten, wurde zur Ablenkung immer gespielt. Sie taten dann freiwillig, worum man sonst ewig betteln musste. Wieso sollte das nicht auch andersherum funktionieren? Zumal jetzt, wo der Vater nichts anderes zu tun hatte. Inge holte die rote Schachtel mit dem »Mensch-ärgere-dich-nicht«-Spiel aus ihrem Schulranzen.

»Papa, können wir 'ne Runde spielen? Mir ist so langweilig«, fragte sie, als der Vater wieder einmal allein an der Reling stand und aufs Meer starrte. Es dauerte eine Weile, bis er in der Gegenwart anlangte und seine Tochter überhaupt bemerkte. Erstaunt sah er sie an.

»Kannst du nicht mit deinem Freund spielen, mit dem du ständig zusammensteckst?«

»Ich will aber lieber mit dir spielen, Papa.«

Im Bitten und Benzen war Inge gut. Als Einzelkind beherrschte sie die Kunst, ihre Eltern zu manipulieren. Und natürlich konnte Herr Finkelstein seiner einzigen Inge schwer etwas abschlagen. Nur dass es diesmal nicht um sie ging, sondern um ihn, aber das wusste er nicht. Nach einigen weiteren Anläufen, willigte er schließlich ein.

»Da hinten können wir uns hinsetzen«, sagte Inge und zerrte den Vater unter eines der Sonnensegel, wo sie zwei Stühle an einen Tisch gerückt hatte. Bald darauf beugten sich ein hagerer Mann mit Hut und dunklem Anzug und ein Mädchen mit blonden Zöpfen und luftigem Sommerkleid über das Spielbrett.

»Welche Farbe willst du?« Ausnahmsweise überließ Inge die Farbwahl ihrem Vater.

»Auf keinen Fall die Schwarzen«, kam es, ohne zu überlegen.

»Bleibt noch rot, grün oder gelb«, stellte Inge mit ungewohnter Großzügigkeit fest.

»Na gut, dann grün. Grün ist die Hoffnung.«

»Ich nehme rot.« Das war zwar strategisch ungünstig, weil die grünen Männchen des Vaters ihr dann unmittelbar auf den Fersen waren, aber Inge vertraute fest auf die positive Wirkung der Farbe Rot. Das war nicht nur die Glücksfarbe der Chinesen, wie Ina ihr erzählt hatte, sondern immer schon ihre Lieblingsfarbe gewesen.

Nun wurde ausgewürfelt, wer anfangen durfte. Herr Finkelstein hatte die höhere Zahl und lief los. Inge schickte ebenfalls einen ihrer Mannen ins Rennen, und das Spiel nahm seinen Lauf. Eigentlich war »Mensch-ärgere-dich-nicht« zu zweit langweilig, aber darum ging es jetzt nicht. Als ein Roter, der eben ausgerückt war, in die Schusslinie eines Grünen geriet, wurde er prompt rausgeworfen und ins Depot zurückgeschickt. Inge verzog keine Miene. Bei den Finkelsteins war immer hart und fair gespielt worden.

Trotzdem sagte sie nach einer Weile: »Irgendwie ist es schon gemein, gleich zu Anfang rausgeschmissen zu werden.«

»Tja, manchmal geschieht etwas im Leben, mit dem man nicht gerechnet hat und das man als ganz und gar ungerecht empfindet.«

»Aber dass man sich nicht mal darüber ärgern soll, finde ich 'n bisschen viel verlangt«, meinte Inge.

»Ärgern kann man sich schon, es ändert bloß nichts.«

»Aber vielleicht ist einem wohler, wenn man mal ordentlich schimpft.«

»Es gibt Dinge, über die kommt man auch durch Schimpfen nicht hinweg.«

»Meinst du, man kann lernen, sich Ungerechtigkeiten nicht so zu Herzen zu nehmen? Zum Beispiel durch ein Spiel wie ›Mensch-ärgere-dich-nicht‹?«

»Das ist schwer. Aber man kann immerhin versuchen, sich nicht unterkriegen zu lassen.«

»Weil man könnte ja einen Sechser kriegen, und dann darf man gleich noch mal würfeln.«

»Falls man Glück hat.«

»Und was ist mit dem anderen? Darf der sich freuen, wenn er jemanden rausschmeißt?«

»Schadenfreude ist nicht schön. Vor allem nicht, wenn sie in Grausamkeit ausartet und Menschen sich am Leid hilfloser Opfer weiden.« Inge zog die Luft ein, jetzt hatte sie den Vater da, wo sie ihn haben wollte. »Aber hier im Spiel ist das was anderes«, fuhr er nach kurzem Innehalten fort. »Da haben wir beide gleiche Chancen. Du kannst es mir jederzeit heimzahlen, indem du die richtige Zahl würfelst und mich rausschmeißt. Neues Spiel, neues Glück.«

Inge konzentrierte sich ganz aufs Würfeln, und tatsächlich gelang es ihr, einen Grünen aus dem Spiel zu kegeln. Ha! Schadenfreude war halt doch ein schönes Gefühl. Allmählich leerte sich das Brett, und die meisten Figuren standen in ordentlicher Reihe im jeweiligen Depot. Inge lag vorn und hatte nur noch eines ihrer Männchen nach Hause zu bringen, dazu musste sie allerdings am feindlichen Lager vorbei. Ihr Glück konnte sich jederzeit wenden. Normalerweise wäre sie jetzt furchtbar aufgeregt und durch nichts von ihrem Endspurt abzulenken gewesen. Aber das hier war kein normales Spiel. Vater wie Tochter war klar, dass sie nicht nur über den Spielverlauf gesprochen hatten. Plötzlich konnte Inge nicht länger an sich halten, sie sah vom Spielbrett auf, dem Vater direkt in die Augen: »Papa, ich find das alles so ungerecht, so gemein! Dass die alles kaputt gemacht und dich mitgenommen haben! Dass wir wegmussten! Und dass ich jetzt keine Freundinnen mehr hab und nicht mehr in die Schule kann! Und du bist auch nicht mehr wie früher.«

Eigentlich hatte sie ja den Vater trösten wollen, doch ganz unbemerkt hatte sich der eigene Kummer vorgedrängt und so breitgemacht, dass für nichts anderes mehr Platz war.

Als sie sah, wie der Vater unter ihrem Redeschwall noch tiefer in den Korbstuhl rutschte, bedauerte sie ihren Ausbruch sofort. Schweigend und wie geprügelt blickte er aufs Meer hinaus. Inge musste lange auf eine Antwort warten.

»Ich bin dagegen genauso machtlos wie du. Gegen das, was mit uns passiert ist, und gegen die Erinnerung daran.«

Das war es, dachte Inge, dieses machtlose Ausgeliefertsein. Zum ersten Mal sah sie ihren Vater hilflos und resigniert.

»Warum redest du nicht wenigstens darüber.«

»Weil ich das alles hinter mir lassen will. Genau wie das Land, in dem es passiert ist. Schlimm genug, dass mir die Erinnerungen daran unauslöschlich im Kopf und in den Knochen stecken. Aber wenn ich darüber spreche, holen sie mich ein. Dann verfolgen sie mich bis auf dieses Schiff, bis in unsere Kabine. Deshalb will ich möglichst viel Wasser zwischen mich und diese Erlebnisse bringen. Verstehst du das, Inge?«

»Schaust du deshalb immer aufs Meer? Ob es schon mehr geworden ist?«

»Ja, vielleicht.« Die Mundwinkel versuchten ein Lächeln, und sein Gesicht sah plötzlich aus, als hätte es einen Sprung. »Und jetzt sieh zu, dass du den letzten Roten ins Depot bringst.«

***

Seit sie im Indischen Ozean unterwegs waren, breitete sich eine gewisse Trägheit auf dem Schiff aus. Die Tage dehnten sich, die blaue Fläche, die das Fähnchen noch auf der Landkarte zurückzulegen hatte, wurde kleiner, und die Temperaturen stiegen. Zu sehen gab es rein gar nichts, die Erwachsenen lagen in den Deckchairs, und selbst den Kindern war es zu heiß zum Toben. Richtig angenehm war es eigentlich nur im Pool, aber da durfte Max nicht hin. Selbst Paolo konnte daran nichts ändern. Es war der Ort, wo Inge ihre Brandenburger Freundinnen am meisten vermisste: die resolute Lotte, die mittlerweile begeisterte Scharführerin bei den Jungmädel der Hitlerjugend war, und Ina aus China, die innerhalb eines Jahres von der Außenseiterin zu ihrer besten Freundin geworden war. Das zierliche Mädchen mit den Mandelaugen hatte einfach nicht begreifen können, warum der Makel des Andersseins plötzlich auf die blonde, blauäugige Inge übergegangen war, die von einem Tag auf den anderen nicht mehr ins Schwimmbad und später auch nicht mehr in die Schule gedurft hatte. Ihre Rollen hatten sich verkehrt.

Erst jetzt, wo sie selbst einer ungewissen Zukunft entgegenfuhr, begriff Inge, wie es ihrer chinesischen Freundin zumute gewesen sein musste, als sie in Gegenrichtung unterwegs gewesen war. Dabei hatte Ina nicht mal ihre Eltern dabeigehabt, bloß ihre Cousine Martha, die Lehrerin werden wollte und in ihrer Besserwisserei manchmal ganz schön lästig war. Inas Vater hatte die Tochter vor den Angriffen der Japaner auf Schanghai in Sicherheit bringen wollen. Und nun war es ausgerechnet diese Stadt, die deutschen Juden ein Obdach bot, während so viele andere Länder die Grenzen vor ihnen verschlossen.

Inges stille Hoffnung auf Landgänge, die ja zumindest für sie und ihre Mutter möglich gewesen wären, hatten sich zerschlagen. Die Eltern hatten ihr eingeschärft, dass sie auf dem Schiff, wo Kost und Logis durch die Schiffspassagen gedeckt war, zwar Luxuspassagiere waren, ihre Barschaft aber aus lächerlichen 30 Reichsmark bestand, die sie nicht für exotische Ausflüge verschwenden konnten. »Wer weiß, was noch kommt« war der Spruch, mit dem Frau Finkelstein Inges Unternehmungslust regelmäßig ausbremste. Zu allem Übel mussten sie sich bei Tisch die blumigen Berichte von Rüdiger und seiner Mutter anhören, die natürlich keine Gelegenheit ausließen, sich die Reise unterhaltsam zu gestalten. Colombo: eine Stadtrundfahrt in der Rikscha; Singapur: ein Ausflug in den berühmten botanischen Garten, Hongkong: High Tea im Hotel Peninsula.

»Das ist eben der feine Unterschied zwischen Auslandsdeutschen und jüdischen Emigranten«, kommentierte der Vater bissig, sobald sie wieder in der Kabine waren. Die Konversation mit Frau Schwab war jedes Mal eine Tortour für ihn, die er auf ein Minimum zu beschränken wusste.

In Max hatte Inge einen Verbündeten, der ihr Schicksal teilte. Auch er durfte nicht vom Schiff. Den beiden blieb nur der sehnsüchtige Blick auf die großartigen Kulissen der Hafenstädte mit den klangvollen Namen. Aber der findige Max hatte immerhin eine Idee entwickelt, wie sie die Liegezeiten für ein bisschen Tauschhandel nutzen konnten. Er hatte herausgefunden, dass die runden Gepäckaufkleber mit dem Emblem des Lloyd Triestino bei den Einheimischen sehr beliebt waren. Inges Aufgabe war es, von Paolo immer ausreichend Nachschub an Aufklebern zu erbetteln. Wenn im Hafen dann die Boote der Obst- und Andenkenhändler den Rumpf der »Conte Biancamano« umschwärmten, ließen sie ihre Tauschware statt Münzen in den Körben an den langen Schnüren hinunter. Nach heftigem Handeln, Feilschen und Gestikulieren lagen dann mit etwas Glück beim Hochziehen frische Ananas, Mangos oder ein paar Litschis im Korb. Stolz brachten sie ihre Beute zu Paolo, der ihnen zeigte, wie man diese fremdartigen Früchte aß.

Happy New Year?

Auf See, 1939 – Jahr des Tigers

虎

»Happy New Year 1939« – stand auf einem Banner über dem Eingang zum Speisesaal der »Conte Biancamano«. Dort war in der Silvesternacht der Champagner geflossen, die Bordkapelle hatte gespielt, und ein weiß befrackter Kapitän hatte die Damen – darunter auch Frau Schwab – zum Wiener Walzer aufgefordert. Sie war noch immer ganz erfüllt davon.

»So ein fescher Mann. Und wie der tanzen kann!«, verkündete sie beim Frühstück. »Sein Deutsch ist übrigens ausgezeichnet. Wir haben uns über die Allianz unseres Führers mit dem Duce unterhalten. Auf die Italiener ist eben Verlass, ganz gleich, ob in der Politik oder auf dem Tanzparkett.«

Herr Finkelstein verschluckte sich fast an seinem Kaffee.

Von jenen Passagieren, die sich das Reiseziel Schanghai nicht freiwillig ausgesucht hatten, war der Jahreswechsel eher verhalten begrüßt worden. Sie hatten ihre Zweifel, ob es ein glückliches Jahr für sie werden würde. Zu ungewiss war die Zukunft, die sie erwartete. Und diese Zukunft lag jetzt nur noch wenige Seemeilen entfernt.

Auch die Finkelsteins waren am Silvesterabend in

der Kabine geblieben. Inge hatte dazu ohnehin ihre eigenen Ansichten: Sie würden jetzt in China leben, dort galt der Mondkalender, und das neue Jahr würde erst im Februar beginnen, also hatte sie ihr Neujahr noch vor sich. Nach dem chinesischen Horoskop mit den zwölf Tieren würde dann der Hase den Tiger ablösen. Tigerjahre, so hatte Ina ihr erklärt, waren Zeiten des Umbruchs und der dramatischen Veränderung. Davon hatte Inge jetzt erst mal genug. Der Tiger hatte ihr und den Eltern die Krallen gezeigt. Da kam ihr der friedliche Hase gerade recht. Sie selbst war im Jahr des Drachen geboren, dem beliebtesten Zeichen des Tierkreises, etwas, worauf man stolz sein konnte.

»Wer weiß, was noch kommt?« Je näher sie ihrem Bestimmungsort kamen, desto öfter wiederholte Inges Mutter ihre bange Frage, auf die sie auch beim Bleigießen keine Antwort bekommen hätte. Also blieb für den Silvesterabend nur das »Mensch-ärgere-dich-nicht«-Spiel mit seinen immer gleichen Herausforderungen: würfeln, ziehen, andere rausschmeißen oder rausgeschmissen werden, sich ärgern oder nicht ärgern.

»Aber wenigstens darf ich heute bis Mitternacht aufbleiben«, bettelte Inge.

»Wozu denn? Auf dem Schiff darf sowieso nicht geknallt werden«, hielt ihr der Vater entgegen. »Wie soll man auch wissen, wann man die Feuerwerkskörper zünden muss? In China hat das Jahr 1939 wegen der Zeitverschiebung längst begonnen.« Dann erklärte er Inge die komplizierte Sache mit der Datumsgrenze, wobei er einen Apfel und eine Orange aus der Obstschale zu Hilfe nahm.

Unterdessen pflügte der »Graf Weiße Hand« mit seiner eigenen Zeit an Bord durchs Chinesische Meer. Aber nicht mehr lange. Bald würden sie an den Ufern jener anderen Zeit andocken, sich dem Takt eines fremden Landes anpassen müssen.

Beim morgendlichen Blick aus dem Bullauge fiel Inge auf, dass das Meer über Nacht die Farbe gewechselt hatte. Aus dem tiefen Blaugrün war ein schlammiges Gelbbraun geworden. Als sie diese Beobachtung beim Frühstück kundtat, schnappte Rüdiger prompt nach dem ausgelegten Köder.

»Wir fahren jetzt bald in den Jangtse ein. Das ist der längste Fluss Chinas. Er durchquert das Land in west-östlicher Richtung fast zur ganzen Länge und bringt dabei viele Sedimente mit, die an der Mündung als Schlamm ins Meer gespült werden.«

Inge musste sich beherrschen, um nicht mit den Augen zu rollen. Lange würde sie Rüdiger, das wandelnde Lexikon, nun nicht mehr ertragen müssen, aber solange sie noch mit ihm an einem Tisch saß, konnte sie ihn ebenso gut ein bisschen aushorchen. Schließlich wohnte er schon seit Jahren in dieser Stadt.

»Und an diesem Fluss liegt Schanghai?«

»Nein, nicht am Jangtse selbst, sondern in dessen Mündungsgebiet. Die Stadt liegt am Huangpu, einem Nebenfluss des Jangtse.«

Jetzt mischte sich auch die Frau Kommerzienrätin in die Unterhaltung ein. »Wo werden Sie denn wohnen, Frau Finkelstein?«, erkundigte sie sich. Herrn

Finkelstein ignorierte sie geflissentlich, seit sie ihn als unergiebigen Gesprächspartner erkannt hatte; ihm war das nur recht.

»Wir müssen uns erst einmal orientieren«, erwiderte Inges Mutter ausweichend.

»Eines kann ich Ihnen gleich sagen. Wir Schanghailänder wohnen vorwiegend in der Französischen Konzession.«

Als Rüdiger Frau Finkelsteins verständnisloses Gesicht sah, spulte er sofort die nötige Information herunter: »Schanghai besteht aus verschiedenen Konzessionen oder Vierteln mit unterschiedlicher Verwaltung und Gerichtsbarkeit. In der Internationalen Konzession haben die Engländer und Amerikaner das Sagen.«

Inge, die das alles schon von Ina wusste, beschäftigte eine ganz andere Frage: »Was sind denn Schanghailänder?«, konsultierte sie ihr wandelndes Lexikon.

»So nennen sich Angehörige ausländischer Nationalitäten, die in Schanghai leben«, antwortete Rüdiger. »Wir Deutschen sind innerhalb dieser Community gut organisiert. Es gibt sogar schon eine Ortsgruppe der NSDAP, samt Jugendorganisationen.«

Rasch sah Inge sich nach dem Vater um. Der hatte sich zum Glück mit einer Zeitung in den Rauchsalon verzogen und war außer Hörweite. Frau Schwab war in ein hausfrauliches Gespräch mit Inges Mutter vertieft.

»An der Uferpromenade, dem Bund, befinden sich alle wichtigen Verwaltungsgebäude, Banken, Reedereien und so weiter«, erklärte sie Frau Finkelstein. »Auch das Konsulat des Deutschen Reiches. Und zum Einkaufen geht man am besten in die Nanking Road, aber zum Wohnen ist es dort viel zu unruhig und umtriebig.«

»Die Französische Konzession steht, wie der Name sagt, unter französischer Oberhoheit«, fuhr Rüdiger unbeirrt fort, als ob eine Rille in der Schallplatte seine Ausführungen kurzzeitig unterbrochen hätte, doch nun lief die Nadel wieder: »Und dann gibt es noch den Stadtteil Hongkou, der früher zum Internationalen Settlement gehörte, aber 1932 von den Japanern bombardiert wurde und seither von ihnen besetzt wird.«

»Sag nichts gegen die Japaner«, schaltete sich Frau Schwab ein. »So ein zackiges Volk, man nennt sie auch die Preußen Asiens. Mit diesen Angriffen haben sie uns allerdings ganz schön Angst eingejagt. Erst letzten Sommer haben sie wieder Bomben über der Chinesenstadt abgeworfen. Aber man kann ja nie sicher sein, wo die Dinger runtergehen.«

Plötzlich erinnerte sich Inge, dass diese japanischen Angriffe der Grund gewesen waren, warum ihre Freundin Ina nach Brandenburg in die Obhut einer deutschen Offizierswitwe geschickt worden war. Ina fand die Japaner längst nicht so toll wie Frau Schwab. Sie war immer schrecklich sauer gewesen, wenn man sie in Brandenburg für eine Japanerin gehalten hatte. Jetzt verstand Inge, warum.

»Die Chinesenstadt ist die Altstadt von Schanghai, aber dort wohnen keine Weißen«, schloss Rüdiger seine Ausführungen.

»Wie gesagt, wohnen kann man nur in der Französischen Konzession. Dort sind die Straßen von Platanen gesäumt, und es gibt hübsche Villen im europäischen

Stil mit großen Gärten und Mauern drum herum. Sonst ist das Klima ja kaum zu ertragen, vor allem in den feuchtheißen Sommern. Außerdem braucht man viel Platz mit all dem Personal.«

Inges Mutter schaltete sich nun ebenfalls in das Gespräch ein. »Das wollte ich Sie immer schon mal fragen, Frau Schwab. Ist das Klima wirklich so schlimm, wie es immer heißt. Dass alles schimmelt und so?«

Bisher war die Unterhaltung ja ganz aufschlussreich gewesen, fand Inge, aber jetzt kam wieder dieser Hausfrauenkram. Das würde sie sich nicht antun, zumal es draußen bestimmt Interessantes zu sehen gab. Ausnahmsweise hatte sie den Rat ihrer Mutter befolgt (»Iss, Kind, wer weiß, was noch kommt«) und sich heute für das »English Breakfast« entschieden. Jetzt tupfte sie mit einem Toast den letzten Rest Eigelb vom Teller und legte das Besteck weg. Für Max, den sie regelmäßig mit durchfütterte, packte sie zum letzten Mal eine Wurst in ein aufgeschnittenes Brötchen. Den vorwurfsvollen Blick der Mutter konterte sie mit der Erklärung: »Ich krieg hier immer gleich wieder Hunger, muss die Seeluft sein.«

Sie musste sich unbedingt noch mit Max besprechen, bevor der Ankunftstrubel losging. Adressen tauschen – aber welche? Rüdiger würde sie gewiss nicht vermissen, der konnte ihretwegen in seiner Französischen Konzession verschwinden, aber mit Max wollte sie unbedingt in Verbindung bleiben. Während die Mütter in ein Gespräch über Schimmel- und Ungeziferbekämpfung vertieft waren, rutschte sie stillschweigend von ihrem Stuhl und verließ den Speisesaal.

Max wartete schon an ihrem Stammplatz, weit über die Reling gebeugt wippte er auf den Ballen und sah sich um. Die allgemeine Aufregung hatte ihn erfasst. Auch Inge fühlte unter der soliden Grundlage ihres Frühstücks ein Kribbeln im Bauch.

»Da bist du ja endlich«, begrüßte er sie. »Hab schon befürchtet, dass du das Wichtigste verpasst da oben in deiner Luxusklasse. Der Lotse ist schon an Bord, wir sind bald da.« Die bevorstehenden Ereignisse hielten ihn jedoch nicht davon ab, dankbar in Inges improvisierten Hotdog zu beißen.

Jetzt, wo sie vom breiten Jangtse-Delta in den Huangpu eingebogen waren, wurde der Verkehr auf dem Wasser immer dichter. Majestätisch bahnte sich der »Graf« seinen Weg durch das Gewimmel aus Dschunken, Sampans und den zu Ketten verbundenen Lastkähnen. Diese Boote schienen den Menschen, die sie steuerten, nicht nur als Fortbewegungsmittel zu dienen. Von ihrer erhöhten Warte konnte Inge direkt in ihre Wohn-, Schlaf- und Esszimmer schauen – ein paar Quadratmeter Holzplanken auf Wasserniveau. Ina hatte ihr erklärt, dass der Name auf Chinesisch eigentlich »drei Bretter« bedeutete, und viel mehr waren es auch nicht. Dort stillten Mütter ihre Säuglinge, angebundene Kleinkinder spielten auf Deck, und Hunde kläfften zu Artgenossen auf anderen Booten hinüber, während ausgemergelte Männer das schwimmende Domizil mit einem einzigen Heckruder antrieben. Wettergegerbte Gesichter mit schmalen Augenschlitzen und breiten Wangenknochen lächelten unter spitzen Strohhüten zu ihr hinauf. Zum ersten Mal bekam Inge eine Ahnung davon, wie sehr sie unter den Asiaten, die von nun an das Straßenbild bestimmen würden, auffiel mit ihren blonden Zöpfen und blauen Augen. Jetzt konnte sie nachempfinden, wie sich ihre Freundin Ina anfangs in den Straßen Brandenburgs gefühlt haben musste.

»Puh, hier stinkt's ja ganz schön«, bemerkte Max.

»Kein Wunder, sieh mal, was da alles im Wasser treibt.« Natürlich hatten die schwimmenden Wohnungen weder Mülltonnen noch Toiletten.

Immer mehr Leute erschienen an Deck. Plötzlich entdeckte Inge ihre Eltern in der Menge der Schaulustigen, die sich an der Reling drängten.

»Papa, Mama, hi-er!« Hektisch winkte Inge von ihrem Ausguck herunter. Am Ufer gingen die Gemüsefelder allmählich in dichtere Besiedelung über. Bald darauf erreichten sie Schanghaier Stadtgebiet, und das Bild veränderte sich: Zur Rechten sahen sie zerbombte oder ausgebrannte Häuser, dazwischen Ruinen und Brachflächen.

»Das müssen die Japaner gewesen sein«, dachte Inge laut vor sich hin.

Hafenanlagen kamen in Sicht, dann machte der Fluss einen Knick, von rechts mündete ein Seitenarm, den eine geschwungene Eisenbrücke überspannte. Und wieder tat sich eine völlig neue Welt auf: Prächtige Hochhäuser reihten sich an einer breiten Uferstraße, ein schlanker Turm mit kupfergrünem Spitzdach, behäbige Steinpaläste mit Säulen und Türmchen, vertraute westliche Architektur, nur größer und gewaltiger als alles, was Inge kannte.

»Hier sieht's aus wie in Amerika.« Nicht dass Inge gewusst hätte, wie es in Amerika aussah; aber das hier entsprach jedenfalls nicht ihrer Vorstellung von China. Sie hatte keine Wolkenkratzer erwartet, sondern zierliche Pagoden mit geschwungenen Giebeln, an denen kleine Glöckchen hingen, so wie auf dem Teeservice ihrer Tante. Auch das Wetter passte nicht. Nach den tropischen Temperaturen auf See machte ein frischer Wind sie frösteln. Jetzt war sie froh über den Mantel, der ihr in Genua so lästig gewesen war.

»Das ist der Bund«, rief jemand in der Menge.

Mittlerweile drängten sich so viele Passagiere an der Reling, dass die »Conte Biancamano« zur Stadt hin beinahe Schlagseite bekam, denn nur an einem Flussufer gab es etwas zu sehen, am anderen lagen Felder, Schuppen und Fabrikhallen.

Immer näher schob sich der Ozeanriese an die Kais heran, die den Flusshafen bildeten.

»Toll, dass man hier mit dem Schiff direkt bis vor die Haustür fahren kann«, rief Max begeistert. Offenbar würden sie unmittelbar an dieser Prachtstraße anlegen.

»Bestimmt nicht vor deine Haustür«, dämpfte Inge seine Begeisterung.

»Du weißt schon, wie ich's meine.«

Als Inge sich vorbeugte, um besser sehen zu können, bemerkte sie von oben, dass mit ihrem Vater etwas nicht stimmte. Er war leichenblass geworden und schob sich langsam rückwärts von der Reling weg durch die Menge der Schaulustigen, dabei starrte er auf einen ganz bestimmten Fleck am Ufer. Als sie seinem entsetzten Blick folgte, entdeckte sie an einem

Eckhaus des Bund eine große rote Fahne mit schwarzem Hakenkreuz. Auch er musste sie gesehen haben.

»Papa!«, rief sie zu ihm hinunter, doch er hörte nicht.

»Max, ich muss zu meinem Vater.« Damit rannte sie die Treppe hinunter. Auch die Mutter hatte den Vorfall bemerkt und folgte dem Vater Richtung Kabine.

»Willi, warte doch!«

In der Kabine fanden sie ihn. Er saß, den Hut noch immer auf dem Kopf, zusammengesunken im Sessel zwischen den gepackten Koffern. Die Hände hatte er vors Gesicht geschlagen.

»Musste ich um die halbe Welt fahren, um so empfangen zu werden?«, stieß er hervor. »Im Lager haben sie zu mir gesagt: ›Nimm dich in Acht, Finkelstein, unser Arm ist lang.‹ Und ich hatte mir eingebildet, ich könnte ihnen entkommen.«

»Aber Willi, das wird das Deutsche Konsulat sein. Du bist doch ein freier Mann. Was können die dir hier anhaben?«

Frau Finkelstein versuchte verzweifelt, ihren Mann zu beruhigen. Jetzt, wo die Landung unmittelbar bevorstand, weigerte er sich womöglich, auszusteigen. Inge stand hilflos daneben. Das Meer war also doch nicht groß genug gewesen. Die »Mensch-ärgere-dich-nicht«-Partie fiel ihr wieder ein, und plötzlich wusste sie, wie sie ihn trösten konnte: »Lass dich von denen nicht noch mal rausschmeißen, Papa. Denk dran, neues Spiel, neues Glück.«

Wilhelm Finkelstein sah seine Tochter einen Moment lang verständnislos an. Dann lösten sich seine erstarrten Gesichtszüge zum Ansatz eines Lächelns.

Wieder einmal war es Paolo, der die Situation rettete: »Signora, Signor. Fertigmachen zum Landgang! Ist Ihne nicht gut, Signor Finkelstein? Soll ich Rollestuhl holen?«

Angesichts dieser Drohung riss der Vater sich zusammen und stemmte sich aus dem Sessel, während Paolo sich die Koffer schnappte. Wie schon in Genua zuckte er kurz unter dem Gewicht, ließ sich aber nichts anmerken.

»Was ich sehen, Signorina? Keine Abzeichen von unsere wunderbare Schiff auf Ihre Koffer? Ich hoffen, Sie werden denken gerne an uns.« Rasch zog er ein paar der begehrten Aufkleber aus der Tasche seiner blütenweißen Uniformjacke und überreichte sie Inge, die schuldbewusst den Kopf senkte. Sie hatten alle Aufkleber unterwegs bei den Hafenhändlern gegen Essbares eingetauscht. Ach, Paolo, wenn du wüsstest, wie ich dich vermissen werde. Aber das sagte sie natürlich nicht laut, sondern machte nur stumm einen verschämten Knicks – als Dank und zum Abschied.

Die Passagiere der ersten Klasse durften auch als Erste an Land gehen, und zwar über eine Treppe, die an das Schiff herangerollt worden war und ihnen den Kontakt mit den Massen auf den unteren Decks ersparen sollte. Über dieses Privileg war Inge gar nicht glücklich. Wegen der Aufregung um den Vater hatte sie Max völlig aus den Augen verloren, und jetzt war es zu spät, um etwas auszumachen. Sie drehte sich beim Hinuntersteigen immer wieder um, konnte ihn zwischen all den Köpfen jedoch nirgends entdecken. Stattdessen sah sie unter sich plötzlich die Finkelstein'schen Koffer, wie sie an der Tragestange eines chinesischen Kulis baumelnd über eine dünne Planke balanciert wurden. Schlagartig wurde Inge bewusst, dass die »Ferienreise« nun unwiderruflich zu Ende war. Und hier schwebte die gesamte Existenz der Finkelsteins über dem brackigen Hafenwasser – Mutters Nähmaschine eingeschlossen. »Die Singer!« Inge schlug sich die Hand vor den Mund. Dann konnte sie aufatmen: Der Kuli stand samt Koffern wieder auf festem Boden.

Doch der Boden, auf den Inge gleich darauf selbst die Füße setzte, fühlte sich nach der wochenlangen Seereise ganz und gar nicht fest an. China schien ihr unter den Füßen wegzukippen. Sie musste sich an der Kante des Tisches festhalten, auf dem ein Zollbeamter ihre Pässe stempelte. »Patsch!« Das Aufklatschen des Gummistempels hatte etwas Endgültiges – sie waren in China angekommen. Ein Zurück gab es nicht, wenngleich man die jüdischen Emigranten in Deutschland dazu gezwungen hatte, ein teures Rückreiseticket zu kaufen. Wer da wohl wieder dran verdient hatte?

Inge warf einen letzten sehnsüchtigen Blick auf den gewaltigen Schiffsbauch, der einen Monat lang ihr Zuhause gewesen war, eine schützende, schwimmende Festung zwischen zwei Welten. »Auf Wiedersehen, Graf weiße Hand!«

Ein Heim in Schanghai

Januar 1939 – Jahr des Tigers

Als der Beamte das »J« im Pass ihres Vaters bemerkte, wurden sie zu einem weiteren Tisch gewiesen: »This way please.«

Dort saß hinter dem Schild »Jewish Relief Committee« ein freundlich lächelnder Herr, der sie auf Deutsch ansprach: »Das Jüdische Hilfskomitee heißt Sie in Schanghai herzlich willkommen. Wir haben vorläufige Übernachtungsmöglichkeiten für Sie vorbereitet. Bitte begeben Sie sich mit Ihrem Gepäck zu den Lastwagen dort drüben. Sie werden dann zu Ihren Unterkünften gebracht.« Mit diesen Worten drückte er Herrn Finkelstein ein Merkblatt in die Hand und wandte sich dem nächsten Ankömmling zu.

Die Finkelsteins wurden von den Menschenmassen weitergeschoben; alles drängte, rief und winkte auf der Suche nach Gepäckträgern, Angehörigen oder Rikschas. Schließlich standen sie mit ihrer Habe vor einem Lastwagen, zu dessen Ladefläche eine steile Holzplanke hinaufführte.

»Sollen wir da rauf oder unser Gepäck?«, fragte Inge.

»Beides, mein Fräulein«, kam die Antwort, und schon halfen fremde Hände ihr nach oben. Das Gepäck wurde nachgereicht.

Inge konnte einen Platz am Rand ergattern, wo man etwas sehen und sich festhalten konnte. Doch bald standen die Menschen so dicht gedrängt, dass Umfallen ohnehin nicht möglich gewesen wäre. Damen in Hüten und Pelzjacken, Herren in schwarzen Anzügen und Wintermänteln, Kinder im Sonntagsstaat – von denen war mit Sicherheit keiner je auf der Ladefläche eines Lastwagens gefahren. »Wie Vieh«, raunte eine Dame, als die Klappe geschlossen wurde. Dann fuhren sie los.

Inge fand diese Art der Beförderung gar nicht schlecht. Von hier oben konnte man alles überblicken, vor allem die Alternativen: überfüllte Busse mit elektrischer Oberleitung, eine rumpelnde Straßenbahn, Fahrräder mit und ohne Ladefläche, vereinzelte Automobile und viele, viele Rikschas. Nun sah sie diese seltsamen Gefährte zum ersten Mal in Aktion: Sie hatten zwei große Räder, eine Sitzbank mit aufklappbarem Verdeck und lange Deichseln, zwischen denen zaundürre Männer ihren Fahrgast im Laufschritt durchs Verkehrsgetümmel manövrierten. Und nicht nur das, oft hatten sie zusätzlich noch jede Menge Gepäck zu befördern.

Sie hatten den Bund hinter sich gelassen und fuhren über die Eisenbrücke, die Inge schon vom Schiff aus gesehen hatte. Auf dem höchsten Punkt stand ein Wachtposten mit schwarzen Wickelgamaschen und überkreuzten weißen Schulterriemen. Obwohl auch er asiatische Gesichtszüge hatte, war ihr sofort klar, dass es sich um einen Japaner handelte. Man sah es an seinem Gewehr mit dem aufgepflanzten Bajonett und daran, dass alle vorbeigehenden Chinesen anhalten und sich vor ihm verneigen mussten. Der Lastwagen wurde durchgewinkt. Inge war direkt froh um ihren »Viehtransport«; so musste sie diesem grimmigen Kerl nicht Auge in Auge begegnen.

Am anderen Ufer des Soochow Creek – so hieß der Seitenarm des Huangpu – war Schanghai längst nicht so prächtig wie am Bund. Je weiter sie fuhren, desto trister wurde die Gegend. Kleine zweistöckige Häuser mit Ladenfronten flankierten die Straßen, dazwischen klafften Lücken, wo Gebäude zerbombt oder in Schutt und Asche gelegt worden waren. Schließlich hielten sie vor einem heruntergekommenen roten Backsteingebäude – das waren die Unterkünfte, die der Mann bei der Einreise gemeint hatte –, und das die Emigranten »Heim« nannten. Inge fand es ganz und gar nicht heimelig; es sah aus, als wäre es früher eine Schule gewesen. Jetzt hingen die Laubengänge voller Wäsche; überall standen Leute herum, redeten und rauchten. Wieder hieß es Schlange stehen und sich registrieren lassen. Jeder bekam eine Emailschüssel, einen Becher und einen Löffel, dazu eine Decke und ein Leintuch. Der Familie wurde eine Ecke in einem der Schlafsäle zugewiesen, den sie mit schätzungsweise 70 Personen teilte.

Sofort ging Frau Finkelstein entschlossen zu Werk. Mit einer der Decken teilte sie die drei Schlafplätze – ein Stockbett und eine Pritsche – zu einem kleinen Separée ab, wie sie es bei den Mitbewohnern gesehen hatte. Die Kleider wurden an Stricken aufgehängt, die halb leeren Koffer zu einem Tisch zusammengeschoben. Inge musste an die Bootsleute auf dem Strom denken. Immerhin hatten sie hier mehr als »drei Bretter«, und schwammen nicht auf einem stinkenden Fluss.

»Da drauf können wir »Mensch-ärgere-dich-nicht« spielen.« Inge klopfte gerade auf den improvisierten Tisch, als sich ein Kopf durch die wollene Trennwand schob. »Guten Tag und herzlich willkommen im Ward-Road-Heim«, begrüßte sie ein freundlicher älterer Herr. »Um sechs Uhr gibt es an der Essensausgabe der Gemeinschaftsküche eine warme Mahlzeit. Ich empfehle Ihnen, früh da zu sein, dann ist die Schlange nicht so lang.«

»Vielen Dank, das ist sehr aufmerksam von Ihnen«, erwiderte Frau Finkelstein ein wenig gequält. Sie war es nicht gewöhnt, Almosenempfängerin zu sein. »Wir sind die Finkelsteins aus Brandenburg.«

»Fred Frankfurter aus Wien, derzeit wohnhaft im Nachbarbett. Freut mich, Sie kennenzulernen, meine Gnädigste.« Er deutete einen Handkuss an.

Als sie mit ihrem Essgeschirr aus dem Gebäude traten, war es bereits stockdunkel. Dass in dieser Weltgegend immer unvermittelt jemand das Licht ausknipste, hatte Inge schon an Bord gemerkt. Und wie rasch der Tag vergangen war, das sagte ihr der leere Magen. Seit dem Frühstück hatte sie nichts mehr gegessen. Beim Warten in der Schlange dachte sie sehnsüchtig an das feine Porzellan, den blütenweißen Damast und das vielteilige, schwere Silberbesteck, mit dem sie gespeist hatte. Zum Glück war es ein komplettes Englisches Frühstück gewesen, das einige Zeit vorhielt. Wie es Max wohl erging? Eigentlich müsste der doch auch hier sein. Sie sah sich nach ihm um, konnte ihn aber in der Schlange nirgends entdecken. Als sie an der Reihe war, bekam sie eine Kelle Hirsebrei und Kompott aus Backpflaumen in ihre Blechschüssel geschöpft, dazu einen Becher wässrigen Tee. Inge warf einen angewiderten Blick auf die undefinierbare Masse in ihrer Schüssel. Das sollte chinesisches Essen sein? Wie konnte man so was mit Stäbchen essen? Wozu hatte sie zu Hause damit geübt? Selbst Torte konnte man mit Stäbchen essen, nicht aber eine derartige Pampe. Überhaupt hatte sie sich ihre Ankunft in Schanghai anders vorgestellt.

Als die Familie wieder in ihrer »Bettenburg« saß, war die Stimmung gedrückt.

»Mein Gott, Marianne, was hab ich euch da angetan«, seufzte Herr Finkelstein.

»Aber du kannst doch nichts dafür, Willi. Sind wir froh, dass wir hier in Sicherheit sind«, sagte seine Frau.

Doch ihr Mann wollte sich nicht beruhigen lassen. »Ein Versager bin ich. Von einem jüdischen Heim ins andere, weiter hab ich's nicht gebracht. Und dich hab ich gleich mit ins Unglück gestürzt. Dabei habe ich so hart gearbeitet: Lehre, Abendschule, der Meister, die eigene Konditorei. Ich wollte meiner Marianne das Leben versüßen – und jetzt das hier: Hirsebrei aus dem Blechnapf.«

Inge saß auf dem oberen Stockbett, baumelte mit den Beinen und hörte zu. Es war nicht immer leicht, die Vertraute der Erwachsenen zu sein. Manchmal wünschte sie sich die Zeiten zurück, als man solche Dialoge noch von ihr fernhielt.

»Und was machen wir jetzt?« Diese Frage offenbarte die ganze väterliche Hilflosigkeit und Resignation.

»Hast du am Hafen nicht so ein Merkblatt bekommen?«, überlegte seine Frau. »Vielleicht steht da was Nützliches drauf.« Herr Finkelstein griff in die Tasche seines Jacketts und förderte einen Zettel zutage. Mit gedämpfter Stimme las er vor:

Merkblatt des Komor-Komitees, Schanghai, für jüdische Einwanderer:

— Trinken Sie kein Wasser aus der Leitung und putzen Sie sich keinesfalls die Zähne damit, wenn Sie nicht Typhus bekommen wollen.
— Trinken Sie keine Milch und essen Sie kein frisches Obst oder Gemüse.
— Machen Sie einen weiten Bogen um die japanischen Wachen an den Checkpoints.
— Gehen Sie nicht in die chinesische Altstadt oder in den japanischen Sektor von Hongkou.
— Tragen Sie keine Wertsachen bei sich und trauen Sie niemals der Polizei.
— Gehen Sie nicht ohne Tropenhelm in die Sonne. Tragen Sie ein dünnes Handtuch um den Hals, das den Schweiß absorbiert und vor Frieselausschlag schützt. Wenn Sie von Moskitos gestochen werden, bekommen Sie Malaria, beißt Sie ein Floh, der von einer toten Ratte stammt, droht die Pest.

»Mein Gott, wo sind wir denn hier gelandet«, stöhnte Frau Finkelstein, als er zu Ende war.

»Offenbar genau da, wo man nicht hinsoll: im japanischen Sektor von Hongkou«, schaltete sich Inge ein. »Aber einen Sonnenstich und Frieselausschlag können wir um diese Jahreszeit schon mal nicht kriegen.«

Das Wort Frieselausschlag gefiel ihr, auch wenn sie die Sache selbst lieber nicht ausprobieren wollte.

Der Vater schwieg.

***

»Hier bleiben wir nicht, auf gar keinen Fall«, verkündete Inges Mutter, als sie am nächsten Morgen mit der Zahnbürste aus dem Waschraum zurückkehrte. Ihre zusammengekniffenen Lippen und das vorgeschobene Kinn machten deutlich, dass sie es ernst meinte. Bei Marianne Finkelstein war es die Hygiene, die sie an die Grenzen ihrer Leidensfähigkeit brachte.

Inge lag in ihre dünne Wolldecke gewickelt auf der Pritsche und weigerte sich, wach zu werden. Sehnlich wünschte sie sich zurück in ihre schwimmende Ankleidekammer. Sie hatte lange nicht einschlafen können in diesem Saal, der erfüllt war von den Geräuschen und Gerüchen so vieler fremder Erwachsener.

»Wo sollen wir denn hin?« Das war wieder der Vater.

»Als Erstes tausche ich unser Geld um. Für zehn Reichsmark kriegt man sieben US-Dollar. Das hat mir gestern eine Frau in der Warteschlange gesagt. Damit kommt man, in chinesisches Geld umgerechnet, ziemlich weit, meinte sie. Und als Nächstes müssen wir an die Anlegestelle zurück. Gestern hab ich dort Leute stehen sehen, die nach Arbeitskräften Ausschau hielten. Einer hatte ein Schild ›Konditor gesucht‹. Und dann haben wir ja noch die Gundel.«

Typisch, dachte Inge nicht ohne Stolz. Kaum steht sie in der Schlange an, schon weiß sie, wo's langgeht. Und natürlich wollte Inge die Mutter nicht alleine losziehen lassen, egal wohin. Plötzlich war sie hellwach.

»Ich komme mit!«

»Es ist aber nur sinnvoll, an die Anlegestelle zu gehen, wenn dort gerade ein Schiff aus Europa ankommt«, gab Herr Finkelstein zu bedenken. »Auf diesem Merkblatt, das ich euch gestern vorgelesen habe, stand doch eine Adresse.« Er zog den zerknüllten Zettel aus der Tasche. »Hier: ›Committee for the Assistance of European Jewish Refugees in Shanghai. Auskunft jeder Art wird im Büro des Komitees 1, South Tiandong Road (Embankment Building) erteilt. Zentralregistrierung sämtlicher Emigranten, Berufsberatung und Arbeitsvermittlung, Organisation englischer Sprachkurse für Erwachsene, Beratung in Umschulungsfragen von Kindern. Sprechstunden 9 bis 12 Uhr (außer Samstag, Sonntag und Feiertag).‹«

»Stimmt, da sollten wir zuerst hingehen. Und du kommst mit, wegen der Schule«, sagte Frau Finkelstein mit einem Seitenblick auf Inge. »Was ist heute eigentlich für ein Wochentag? Ich bin völlig aus der Zeit gefallen.«

»Jedenfalls nicht Wochenende. Da waren wir noch in Hongkong«, erwiderte der Vater.

»Also, dann ab mit dir zur Morgentoilette, Entlein.

Auch ein Schanghaier Schulkind muss sich hinter den Ohren waschen.«

Die Aussicht auf eine Schule, wo sie niemanden kannte und wo der Unterricht womöglich in einer fremden Sprache abgehalten wurde, erschien Inge gar nicht verlockend. Andererseits brannte sie darauf, zu sehen, wie es außerhalb des Heims aussah. Mit Zahnbürste und Handtuch machte sie sich auf den Weg über den Hof zu einer kleinen Baracke. Mehr als eine Katzenwäsche war in dem Gemeinschaftsbad, wo Frauen und Mädchen sich mit kaltem Wasser an einer Rinne aus blankem Beton wuschen, sowieso nicht drin.

Als Inge vor der Waschrinne stand, sah sie sich suchend nach einem Stück Seife um.

»Hier, nimm meine«, half eine junge Frau ihr aus. »Seife muss man hier selbst mitbringen.«

Inge dankte schüchtern.

Das Frühstück an der Essensausgabe bestand aus Tee und einer Scheibe Weißbrot. Inges Vater blickte stumm auf das schwammige Etwas, das unter seinen Fingern zerbröselte. Sie beobachtete ihn aus dem Augenwinkel. Jetzt war auch für den Konditormeister die Schmerzgrenze erreicht. Als sie außer Hörweite anderer Heiminsassen waren, sagte er zu seiner Frau: »Ich will ja nicht undankbar sein, aber das ist ein Grund mehr, zu dieser Beratungsstelle zu gehen.«

Mutter und Tochter tauschten einen wissenden Blick. Es war das erste Mal seit seiner Rückkehr aus dem Lager, dass Wilhelm Finkelstein Unternehmungsgeist zeigte. Vielleicht hat es ja damit zu tun, dass seine Haare langsam nachwachsen, überlegte Inge.

Nachdem die drei sich gestärkt hatten, traten sie auf die Straße hinaus. Man hatte ihnen erklärt, sie müssten nur der Ward Road folgen, die später in die Seward Road übergehe, irgendwann kämen sie dann an den Soochow Creek. Wenn sie sich dort rechts hielten, könnten sie das riesige Apartmenthaus mit dem Eckturm nicht verfehlen. In eine Rikscha zu steigen trauten sie sich nicht. Mit den frisch getauschten, schmuddeligen Geldscheinen musste sparsam umgegangen werden. Außerdem wäre es peinlich gewesen, wenn ein einziger schmächtiger Chinese sie alle drei hätte ziehen müssen.

Inge war das nur recht. Nachdem sie auf ihrer ersten Fahrt die neue Welt von oben betrachtet hatte, steckte sie jetzt mittendrin im Geschehen. Und an Geschiebe und Gedränge mangelte es hier nicht. Die Straße war offensichtlich nicht nur zur Fortbewegung da, sie diente auch als Verkaufsfläche, Garküche, Wohnzimmer, Werkstatt, Spielplatz und Esslokal. Entsprechend schwierig war das Vorwärtskommen.

»Was ist denn los? Haben die heute einen Feiertag?«

»Ich fürchte, das ist hier immer so«, entgegnete ihr Vater.

Durch dieses Getümmel schoben sich nun auch die Finkelsteins – oder besser, sie wurden geschoben. Einen Moment lang versuchte Inge, ihre kleine Schar von außen zu betrachten, so wie die Chinesen sie sahen: Ein hochgewachsener, hagerer Mann mit Hut und schwarzem Anzug; eine hübsche, rundliche Frau mit hellbraunem dauergewelltem Haar, die sich ein weißes Batisttüchlein an die Nase presste und ihre

Handtasche fest umklammert hielt, und ein stroh-
blondes, schlaksiges Mädchen im blauen Wintermantel, das eine Hand in die des Vaters geschoben hatte,
um in der Menschenmenge nicht verloren zu gehen.

Inge wurde bald klar, dass sie mit ihren blonden
Haaren und hellen Augen eine echte Sensation dar-
stellte. Viele Chinesen blieben stehen, drehten sich
nach ihr um und starrten sie hemmungslos an, einige
Kinder versuchten sogar, ihre Zöpfe zu berühren.
Ständig im Mittelpunkt der allgemeinen Aufmerk-
samkeit zu stehen war ziemlich lästig, aber verständ-
lich in einem Land, wo es nur Schwarzköpfe gab.
Wahrscheinlich zweifelten die Leute, dass solche
Haare echt waren. Jetzt bin ich diejenige, die einen
Hut braucht, überlegte Inge. Aber so leicht würde sie
sich den Schneid nicht abkaufen lassen.

»Wie seht ihr denn aus mit euren Schlitzaugen und
Mondgesichtern!«, murmelte Inge wie einen Abwehr-
zauber und starrte genauso hemmungslos zurück. Zu
Hause hätte ihr die Mutter das streng verboten, aber
die gewohnten Regeln des guten Benehmens waren
hier ohnehin außer Kraft gesetzt. Jemanden anzustar-
ren schien durchaus nicht anstößig zu sein. Und zu
starren gab es jede Menge. Die Männer trugen statt
Mänteln seitlich geknöpfte Gewänder, die fast bis
zum Boden reichten; Frauen und Mädchen hatten
wattierte Jacken aus buntem Baumwollstoff an, dazu
Stoffschuhe oder Holzpantinen. Die Hosen der Aller-
kleinsten hatten hinten einen Schlitz, der sich als
praktisch erwies, wenn sie vor aller Augen in den
Rinnstein pinkelten oder ihr Geschäft machten. Puh!

Jetzt hätte auch Inge sich am liebsten die Nase zugehalten.

An jeder Ecke hockten zerlumpte Bettler, die ungeniert ihre Verstümmelungen und schwärenden Wunden zur Schau stellten; kein schöner Anblick, aber offenbar die Voraussetzung, um als Bettler konkurrenzfähig zu sein. In unmittelbarer Nachbarschaft brodelten Kochkessel auf tragbaren Herden, brutzelten winzige Fleischspießchen über glühender Holzkohle, garten geheimnisvolle Köstlichkeiten in hübschen Bambuskörbchen. Beim Anblick der appetitlich aufgereihten dampfenden Teigtäschchen und knusprigen Lauchpfannkuchen schoss Inge augenblicklich der Speichel in den Mund. Das war schon eher, was sie sich unter chinesischer Kost vorstellte. Sie nahm sich vor, ihre Essstäbchen künftig immer bei sich zu haben.

Dann kamen sie an einer offenen, überdachten Markthalle vorbei, wo Gemüse- und Obststände mit Waren lockten, wie Inge sie noch nie gesehen hatte. All diese Wurzeln, Blattgemüse, Kürbisse, Knollen und Schoten mussten wohl essbar sein, denn chinesische Hausfrauen prüften sie kritisch mit Nase und Fingern und packten sie sich dann unter lautem Feilschen in ihre Netze und Einkaufskörbe. So etwas wäre undenkbar gewesen auf dem Brandenburger Wochenmarkt. Vor der Halle, wo der Betrieb am größten war, hockten Leute auf winzigen Schemelchen und flickten Kleidung, schärften Messer, rasierten ihre Kunden oder schrieben für sie Briefe. Und jeder, der eine Ware oder Dienstleistung anzubieten hatte, versuchte, durch lautes Rufen auf sich aufmerksam zu machen. Das alles spielte sich auf offener Straße ab; nicht einmal Gehsteige gab es, sodass Straßenhändler, Kunden, spielende Kinder und Fußgänger sich die Straße mit Rädern, Rikschas und Lastkarren teilen mussten.

Inge fühlte sich meilenweit entfernt von der westlichen Pracht der Uferpromenade, an der sie gestern angelegt hatten; nun war sie wirklich in China angekommen. Hier lag alles so dicht nebeneinander, dass einem ganz schwindelig wurde: Reichtum und Armut, Leckerbissen und Hungersnot, verlockende Düfte und Gestank, brodelnde Aktivität und lähmende Gebrechen, dazu die vielen, vielen fremden starrenden Gesichter.

Als sie endlich ans Wasser kamen, lichtete sich das Getümmel, man konnte wieder freier atmen. Das musste der Soochow Creek sein, den sie vom Schiff aus gesehen und auf dem Lastwagen überquert hatten. Auch er war nicht einfach ein Flussarm, sondern eine Wasserstraße, auf der Menschen entlangfuhren, wohnten, arbeiteten und Güter transportierten. Weiter hinten wölbte sich die Garden Bridge, die, wie Inge inzwischen wusste, zwei Welten voneinander trennte: Hongkou, wo sich arme Chinesen und europäische Emigranten auf engstem Raum zusammendrängten, und gegenüber das Internationale Viertel und die Franzosenstadt, wo die Häuser und der Luxus schier in den Himmel wuchsen. Und dazwischen wachte der furchterregende japanische Militärposten.

»Das da vorne muss es sein«, sagte Frau Finkelstein und deutete nach rechts, wo ein modernes Wohngebäude gleich den ganzen Straßenzug einnahm. Inge erinnerte es an einen Block Schichtnougat, immer eine helle und eine dunkle Schicht, sie zählte elf Stockwerke.

Sie fuhren mit dem Aufzug in eine der oberen Etagen, die der Hausbesitzer, ein reicher Jude namens Sassoon, dem Jüdischen Hilfskomitee zur Verfügung gestellt hatte. Während die Eltern sich beraten ließen, genoss Inge den weiten Rundblick. (Das mit der Schule würde sie noch früh genug erfahren.) Von hier oben konnte man fast bis dorthin schauen, wo sie gestern angekommen waren. Sie stellte sich auf die Zehenspitzen. Ob der »Graf weiße Hand« wohl noch am Kai lag oder längst auf dem Heimweg war? Eines war Inge jedoch klar: Aus diesem Schlamassel würde kein weißer Märchenprinz sie retten.

Wussten die, dass wir kommen?

Januar 1939 – Jahr des Tigers

»Es gibt eine Schule für Emigrantenkinder, die Kadoori School, in der auf Englisch unterrichtet wird«, verkündete Frau Finkelstein ihre Erkenntnisse von der Beratungsstelle, als sie am Abend wieder in der Bettenburg saßen. Schule? Auf Englisch? Inge hielt vor Schreck die Luft an. »Aber wir wollen erst mal abwarten, wie's weitergeht«, fuhr die Mutter fort. »Hier im Heim bleiben wir jedenfalls keinen Tag länger als nötig. Wir müssen uns möglichst bald auf eigene Füße stellen. Wer weiß, wo wir dann unterkommen. Bis dahin warten wir noch mit deiner Einschulung.« Erleichtertes Aufatmen. Inge zweifelte nicht, dass ihre Mutter diesen Entschluss in die Tat umsetzen würde. Wer seine Familie vor den Nazis gerettet hat, der wird auch im wilden Schanghai Unterschlupf finden.

Damit war die Sache mit der Schule erst mal vom Tisch – vom Koffertisch. Eine Folge der räumlichen Enge war, dass man Inge nicht ins andere Zimmer schicken konnte, wenn »Erwachsenenangelegenheiten« besprochen wurden. Außerdem ließ sich diese fremde Welt nicht in Kinder- und Erwachsenenangelegenheiten unterteilen. Sie war, wie sie war: hart und schonungslos; hier wurden keine Rücksichten genommen. Seit Inge in die kostbaren Eingeweide ihrer Gundel geblickt hatte, konnte man ihr ohnehin nichts mehr vormachen.

Gespannt hörte sie zu, wie ihre Eltern die nächsten Schritte planten. Bei der Beratungsstelle hatten sie den Scheck einer amerikanischen Hilfsorganisation überreicht bekommen, eine wertvolle Starthilfe für die jüdischen Flüchtlinge, die mit nur zehn Reichsmark pro Person aus Deutschland und dem »angeschlossenen« Österreich hier ankamen.

Für alles ist gesorgt, überlegte Inge. Am Hafen wartet ein Empfangskomitee; es gibt Unterkünfte, eine Schule und eine Beratungsstelle, sogar Geld wird verteilt.

»Sag mal, Papa, woher wussten die eigentlich, dass wir kommen?« Inge beschäftigte diese Frage schon länger. »Wir haben es doch selbst nicht gewusst.«

»Gut gefolgert, Entlein«, erwiderte ihr Vater nachdenklich. Wie immer ließ er sich Zeit mit seiner Antwort. »Wenn ich mir gegenüber ehrlich gewesen wäre, hätte ich vorhersehen können, dass sie die Juden aus Deutschland vertreiben würden. Und wenn ich klug gewesen wäre, hätte ich früher gehandelt. Aber ich hab einfach nicht glauben wollen, dass die Nazis mehr sind als eine vorübergehende Erscheinung. Ich hätte nie gedacht, dass sie so brutal vorgehen, wo doch viele von uns im Ersten Weltkrieg für dieses Land gekämpft haben. Außerdem wollte ich deiner Mutter nicht noch mehr zumuten. Also habe ich den Kopf in den Sand gesteckt. Am Ende hat dann sie die Initiative ergriffen, und ich bin ihr unendlich dankbar dafür. Sie ist bei Weitem die Mutigere von uns beiden.« Er warf seiner Frau einen eindringlichen Blick zu. »Ich hoffe, dass ich in Zukunft wieder für unseren Unterhalt sorgen kann. Gleich morgen gehe ich zu diesem Herrn Fiedler in der Bubbling Well Road.«

Der Gang zur Anlegestelle war den Finkelsteins erspart geblieben. Die Beratungsstelle des Hilfskomitees registrierte ebenfalls Stellengesuche und gab sie an neu eintreffende Emigranten mit entsprechender Qualifikation weiter. Dort hatten sie die Adresse von Curt Fiedler erhalten, einem Deutschen, der seit zehn Jahren in Schanghai eine Konditorei mit Café betrieb. Er suchte dringend eine Fachkraft. Erleichtert stellte Inge fest, dass ihr Vater langsam aus seiner Erstarrung erwachte und wieder einen gewissen Tatendrang entwickelte. So kannte sie ihn, und so brauchte sie ihn jetzt. Trotzdem hatte er ihre Frage nicht wirklich beantwortet, hartnäckig hakte sie nach.

»Wer hat das hier denn alles so gut organisiert?«

»In Schanghai hat es schon immer Juden gegeben. Reiche Familien aus Bagdad, die hier Handel treiben. Sie heißen Sassoon oder Kadoori und haben einige der schönen Gebäude am Bund errichtet, auch Synagogen und Schulen für ihre Glaubensbrüder. Wir sind nämlich nicht die Ersten, die vertrieben wurden und hier Zuflucht suchten. Vor uns sind zum Beispiel viele russische Juden hergekommen. Offenbar haben diese einflussreichen Leute die politische Entwicklung in Europa viel realistischer eingeschätzt als wir selbst. Sie haben rasch gehandelt, als sie erkannten, dass

Schanghai einer der letzten Freihäfen ist, wo Juden ohne Visum und Bürgschaft einreisen können. Deshalb haben sie Unterkünfte für Emigranten einrichten lassen.« Dann fügte er bitter hinzu: »Und wir werden nicht die Letzten sein. Ein ›Volk ohne Raum‹ besetzt welchen.«

Der Mann mit dem komischen Namen hatte also auch die Schule gebaut, in die sie eines Tages vielleicht gehen würde. Juden schienen zusammenzuhalten, ganz gleich, aus welchem Land sie kamen. Früher hatte Inge sich nie Gedanken über den Glauben ihres Vaters gemacht. Er war in dem Waisenhaus, in dem er aufgewachsen war, zwar in der jüdischen Tradition erzogen worden, aber dieser Glaube hatte ihm persönlich nie etwas bedeutet. Vermutlich weil er keine Eltern gehabt hatte, die es ihm vormachten. So hatte Inge sich das zumindest erklärt. Im Alltag der Familie Finkelstein, wo Weihnachten und Ostern statt Chanukka und Pessach gefeiert wurden, hatte er jedenfalls keine Rolle gespielt. Er war ihr erst in dem Moment bewusst geworden, als er zum tödlichen Makel wurde und sie aus diesem Alltag vertrieb. Jetzt war sie froh, dass es in dieser fremden Stadt ein solches Netzwerk gab, auch wenn Schule nicht zu ihren wichtigsten Bedürfnissen gehörte.

»Papa, nimmst du mich mit, wenn du morgen zu dieser blubbernden Quelle gehst?«

»Das ist vielleicht gar keine schlechte Idee«, sagte Herr Finkelstein mit einem Seitenblick auf seine Frau. »Wo du doch unsere Chinaexpertin bist. Womöglich müssen wir eine Rikscha nehmen. Ich hab ja keine Ahnung, wo das ist. Da brauche ich dich zum Verhandeln.«

»Ja, es ist wohl besser, wenn wir nicht gleich alle dort anrücken«, meinte seine Frau. »Die kriegen sonst womöglich einen Schreck. Und in eine Rikscha setze ich mich sowieso nicht. Ich höre mich lieber ein bisschen in der Heimküche um. Da werden noch Helfer zum Gemüseputzen gesucht, und beim Möhrenschnippeln bekommt man wichtige Informationen.«

***

Am nächsten Morgen nach einem weiteren Frühstück an der Essensausgabe und den dringlichen Ermahnungen der Mutter, auf jeden Fall auch die Unterkunftsfrage anzusprechen, zogen Vater und Tochter los. In der Ward Road entdeckte Inge eine leere Rikscha und winkte das zweirädrige Gefährt kennerhaft mit nach unten weisender Handfläche heran. Der Kuli machte zwar Anstalten, die Fahrbahn zu überqueren, konnte sich jedoch nicht durch das Verkehrsgewühl zu ihnen durchkämpfen. Da fiel Inge wieder ein, dass man in Schanghai ja links fuhr. In dem auf den Straßen herrschenden Gewühl war im Chaos einander ausweichender Fahrzeuge keine eindeutige Fahrtrichtung auszumachen gewesen.

»Papa, ich glaub, wir müssen auf die andere Straßenseite, wenn wir über die Brücke wollen.«

»Du hast wieder mal recht, Entlein«, sagte ihr Vater, nachdem er sich verwirrt umgeschaut hatte. »Ich hab überhaupt nicht aufgepasst. Wenn ich dich nicht hätte!« Kopfschüttelnd folgte Herr Finkelstein seiner Tochter über die Straße. Dort probierten sie es noch einmal, und gleich darauf hielt eine Rikscha.

»What side, missy, master?«, fragte der Fahrer.

Verständnislos sah Inge ihren Vater an. Alles hatte sie erwartet – Chinesisch, das näselnde Schanghaierisch, irgendeinen fremdländischen Dialekt – nicht aber dieses verquere Englisch. War das die Pinguin-Sprache, die Frau Schwab erwähnt hatte? Das klang ja tatsächlich, als unterhielten sich zwei dieser komischen Vögel.

»Das ist Pidgin-Englisch, Entlein. Eine Mischsprache, die die Chinesen im Umgang mit den Ausländern entwickelt haben.« Er zeigte dem Kuli den Zettel mit der Adresse.

»Savvy. Can do. This side largee joss-house. All plopa!« Der Mann bedeutete ihnen einzusteigen.

So einfach wollte Inge sich die Sache nicht aus der Hand nehmen lassen. Allerdings würde sie sich mit den Chinesen nicht in dieser albernen Vogelsprache unterhalten. Wozu hatte ihr die Freundin Chinesisch beigebracht?

»*Duōshao qián?*«, fragte sie den Rikschakuli. Dabei gab sie sich besondere Mühe mit den unterschiedlichen Tönen, so wie sie es bei Ina gelernt hatte.

»*Oh, das kleine Fräulein spricht Chinesisch*«, erwiderte er überrascht, diesmal in ordentlichem Hochchinesisch, wobei auch er sich um eine deutliche Aussprache bemühte.

»*Duì, wǒ shuō zhōngwén*«, bestätigte Inge stolz.

Der dürre, sonnengegerbte Mann lächelte ihr anerkennend zu und sagte dann zum Vater: »Special pricee for missy, master«, wobei er wieder in das im Umgang mit Weißen gebräuchliche Pidgin-Englisch zurückfiel.

Befriedigt ließ Inge sich auf die Sitzbank fallen und knuffte ihren Vater triumphierend in die Seite. »Wie gut, dass du mich mitgenommen hast. Der gibt uns Rabatt.«

Es war schon ein seltsames Gefühl, sich von einem Menschen ziehen zu lassen, aber Inge musste zugeben, dass er sich mit unglaublichem Geschick und Tempo durch die dichte Menschenmenge schlängelte. Ein Auto hätte sich da schwergetan. Das erste Stück des Wegs kannte sie bereits, hier waren sie gestern entlanggekommen. Ihre Nase signalisierte ihr, wo sie sich gerade befanden: Garküchen, Markthalle, schließlich der faulige Geruch des Wassers. Dann schickte der Mann sich an, die steile Garden Bridge zu erklimmen. Inges erster Impuls war, aus der Rikscha zu springen, um es ihm leichter zu machen, doch ihr Vater hielt sie mit einer Handbewegung zurück. Unmittelbar vor ihnen, auf dem Scheitelpunkt der Brücke, stand der Furcht einflößende japanische Wachtposten mit Gewehr und Bajonett. Quälend langsam, die Muskeln zum Zerreißen gespannt, den Kopf so tief zwischen die Deichseln seines Gefährts gesenkt, dass man es für eine Verbeugung hätte halten können, zog der Kuli seine Last unter den Augen des Soldaten vorbei. Dieser musterte die Fahrgäste genau, verzog dabei aber keine Miene. Als er sah, dass es sich um »Langnasen« handelte, winkte er sie mit einer sparsamen Handbewegung durch. Nun ging es auf der anderen Seite wieder hinunter, was für den armen Kuli nicht minder anstrengend war. Mit ganzer Kraft musste er sich gegen sein Gefährt stemmen. Inge verstand jetzt, warum sich das Wort Kuli aus den Schriftzeichen für »bitter« und »Kraft« zusammensetzte. Doch solange sie noch in Reichweite des japanischen Soldaten waren, wagte sich Inge nicht von ihrem Sitz. Unten angelangt passierten sie den britischen Wachtposten, ein Zeichen, dass sie sich im Internationalen Viertel befanden. Unwillkürlich atmete Inge auf.

Ein kurzes Stück ging es den Bund entlang, dann bogen sie an dem Hotel mit dem grünen Spitzdach nach rechts in die Nanking Road. Hier herrschte nicht weniger Betrieb als drüben auf der anderen Seite des Soochow Creek, aber er war von ganz anderer Art. Vornehme chinesische Damen in langen, geschlitzten, seitlich geknöpften Seidenkleidern, elegante Europäerinnen, denen chinesische Bedienstete gut gefüllte Einkaufstaschen und verschnürte Pakete nachtrugen, sowie Männer aller Nationalitäten, die – ganz gleich ob sie ein langes blaues Gewand, Turban oder dunklen Anzug trugen – eilends ihren Geschäften nachgingen. Inge erinnerte sich, dass Frau Schwab die Nanking Road als Schanghais wichtigste Einkaufsstraße bezeichnet hatte. Abgesehen von den Fußgängermassen musste der Kuli hier auch noch der Tram, dem Oberleitungsbus und zahlreichen Limousinen ausweichen.

Sie folgten der Straße, bis sich links ein großes, freies Oval auftat, gesäumt von vornehmen Hotels und Geschäftshäusern in westlichem Baustil. Das war die Pferderennbahn mitten im Zentrum der Stadt, an der sie ein Stück entlangfuhren. Gleich darauf war die Straße beiderseits wieder von Ladenfassaden umschlossen, die mit chinesischen Ladenschildern und bunten Stoffbannern warben. Sie folgten den Straßenbahnschienen bis zu einer großen Kreuzung, wo der Kuli seinen gleichmäßigen Trab verlangsamte. An der Straßenecke ragte zur Linken ein mehrstöckiges Backsteingebäude mit weißen Fenstereinfassungen auf, seine Fassade war zur Kreuzung hin abgerundet und von einem riesigen Kinoplakat geziert. Unter dem küssenden Hollywood-Liebespaar stand in Neonschrift »Uptown Theatre«. Ein paar Meter weiter hielt die Rikscha vor den Auslagen einer Konditorei. Über der Eingangstür hing das Schild »Café Federal«, daneben zwei Schriftzeichen, die sich aus vielen winzigen Strichlein zusammensetzten: 飛 達.

»Bubbling Well Road 1199«, verkündete der Fahrer, das Nummernschild am Hauseingang bestätigte seine Aussage.

Jetzt ging es ans Bezahlen. Inge wiederholte ihre Frage nach dem Preis: »*Duōshao qián?*«, während der Vater die abgegriffenen chinesischen Banknoten zückte, die sie im Heim getauscht hatten. Er reichte dem Fahrer so viele, wie dieser Finger in die Höhe reckte.

»*Xièxie*, master, missy. *Zàijiàn.*«

Auch Inge verabschiedete sich mit einem »*zàijiàn*«, obwohl sie bezweifelte, dass sie den Mann in dieser riesigen Stadt jemals »wiedersehen« würde. Dann wurde ihre Aufmerksamkeit von dem Caféhaus gefesselt, beim Anblick der Auslagen lief ihr das Wasser im Mund zusammen.

»Da gibt's ja Sachertorte und Schwarzwälder Kirsch!«

Doch mit der süßen Erinnerung an zu Hause kamen auch die Bilder von den zerschlagenen Schaufenstern des väterlichen Cafés in Brandenburg. Plötzlich wusste Inge wieder, warum sie hier war. Entschlossen hakte sie sich bei ihrem Vater unter. »Aber längst nicht so schön wie deine,« versicherte sie ihm. Dann betraten die beiden mit dem Klingeln der Ladenglocke das Geschäft.

Im Erdgeschoss befand sich die Konditorei; aus einer großen gläsernen Vitrine wurde Kuchen verkauft, den man mitnehmen oder ins Café im ersten Stock bestellen konnte. Der große, hagere Mann mit Hut und dunklem Anzug und das Mädchen mit den blonden Zöpfen fielen hier nicht weiter auf. Die Gäste bestanden etwa zur Hälfte aus Chinesen, zur anderen aus Langnasen, ebenso gemischt war das Personal. Wilhelm Finkelstein ließ seinen Blick prüfend über Einrichtung und Warenangebot schweifen. Da er keine Anstalten machte, etwas zu kaufen, fragte ihn ein chinesischer Kellner, der gerade mit einem Tablett in den ersten Stock unterwegs war: »Would you like to drink a cup of coffee upstairs, Sir?«

»No, thank you, I want to talk to Mr. Fiedler, please.«

»Just a moment, Sir, I'll get him for you.«

Inge war beeindruckt, sie hatte ihren Vater noch nie Englisch sprechen hören, und es klang erstaunlich gut. Wie viele Sprachen musste man eigentlich beherrschen, um in dieser Stadt zurechtzukommen? Während Inge sich das fragte, umrundete ein kleiner dicker Herr die Vitrine, der sie zum Glück auf Deutsch ansprach.

»Sie müssen Herr Finkelstein sein«, sagte er und streckte die Hand aus. »Das Komitee hat Sie mir schon angekündigt. Und das Fräulein Tochter haben Sie auch mitgebracht?«

Inge machte einen verschämten Knicks. Der Mann hatte rote Wangen und ein rundes Bäuchlein und schien selbst sein bester Kunde zu sein. Seine freundlichen Augen unter den buschigen Brauen flößten Inge sofort Vertrauen ein.

»Kommen Sie doch mit nach oben, da können wir bei einer Tasse Kaffee alles besprechen. Kakao für das kleine Fräulein? Und such dir was von der Kuchentheke aus.«

Tapfer ignorierte Inge die Torten und entschied sich wohlerzogen für ein bescheidenes Eclair. Dann folgten sie Herrn Fiedler, vorbei an dem schon vormittags gut besuchten Café, die Treppe hinauf in den zweiten Stock, wo sich die Wohnung der Fiedlers befand. In einem Wohnzimmer, das eine eigentümliche Mischung aus Ost und West darstellte, servierte der lächelnde Kellner von vorhin ihnen Getränke und Gebäck. Während Inge noch versuchte, die Einrichtungsgegenstände den jeweiligen Erdteilen zuzuordnen, kam ein leibhaftiges west-östliches Mischwesen zur Tür hereinspaziert.

»Das ist mein Sohn Simon, aber alle nennen ihn Sanmao, weil er als Kleinkind ein bisschen so aussah wie die Comic-Figur – großer Kopf und bloß drei Haare.«

Ein Junge, etwas älter als Inge, war ins Zimmer getreten, und quittierte die Vorstellung seines Vaters mit einem gnädigen Lächeln. Er hatte den Spruch wohl schon öfter gehört. Sanmao war alles andere als eine Witzfigur. Inge konnte den Blick gar nicht abwenden von diesem Gesicht, in das sich beide Welten eingeschrieben und aufs Beste miteinander verbunden hatten: Mandelaugen und eine schmale Nase mit hohem Rücken, helle Haut und samtig dunkle Augen mit langen, gebogenen Wimpern, ausgeprägte Backenknochen und über allem ein Schopf ungebärdiger schwarzer Haare. Von wegen »Drei-Haar«! Sie bekam ganz weiche Knie, so was war ihr noch nie passiert.

Was glotzt du so, schien der Blick zu sagen, mit dem er Inge bedachte. Er war es gewohnt, angestarrt zu werden, und er schätzte es ganz offensichtlich nicht.

Natürlich wusste Inge, dass das ungehörig war, noch dazu bei einem Jungen. Aber man war doch in China. Sie hatte gedacht, das sei hier so üblich. Außerdem wollte sie herausfinden, was ihr dieses Gesicht so fremdländisch und zugleich so vertraut erscheinen ließ. Die Chinesenkinder fielen ihr ein, die auf der Straße versucht hatten, ihre blonden Zöpfe zu berühren. Jetzt musste sie selbst den Impuls unterdrücken, ihr fremdes Gegenüber auf die gleiche Weise zu »begreifen«.

Der Junge schien ihre Gedanken zu lesen und musterte sie spöttisch aus intelligenten Augen. Dann deutete er einen raschen Diener in Richtung der Gäste an.

»Meine Frau ist in der Backstube leider unabkömmlich, die werden Sie später kennenlernen«, hörte sie Herrn Fiedler sagen. Plötzlich wurde Inge klar, woher der chinesische Teil der Wohnzimmereinrichtung und Sanmaos Mandelaugen stammten: Herr Fiedler war mit einer Chinesin verheiratet.

»Das ist nämlich unser Problem«, fuhr Herr Fiedler fort. »Wir sind hoffnungslos unterbesetzt, sodass sie immer wieder einspringen muss.« Daraufhin begann er, Wilhelm Finkelstein die Einzelheiten seines Betriebs auseinanderzusetzen, und bald waren die beiden in ein Fachgespräch vertieft.

Inge stocherte an ihrem Eclair herum, das seinen Reiz schlagartig verloren hatte, sobald Sanmao ins Zimmer getreten war. Jetzt musste sie unbedingt verhindern, dass er es wieder verließ. Krampfhaft suchte sie nach etwas, das sie ihn fragen könnte.

»Gehst du auch in die Kaiser-Wilhelm-Schule?«, brachte sie schließlich heraus. Schule war sonst keines ihrer bevorzugten Themen, aber auf die Schnelle fiel ihr nichts Besseres ein.

»Nö, denen bin ich nicht arisch genug«, erwiderte Sanmao lässig.

Das Wort gab Inge einen Stich. Spielte so was auch in Schanghai eine Rolle? Doch dann erkannte sie, dass sich hier eine willkommene Gemeinsamkeit zwischen ihr und diesem Jungen auftat.

»Ich bestimmt auch nicht«, erwiderte sie mit schiefem Grinsen.

»Da gehen nur Diplomatensöhnchen oder Kinder von deutschen Geschäftsleuten hin. Schanghailänder eben«, erklärte er.

»Aber dein Vater ist doch ein deutscher Geschäfts-mann«, warf Inge ein.

»Aber meine Mutter ist Chinesin. Ein Halbdrache wie ich passt da nicht hin.«

Halbdrache – mit diesem Wort konnte Inge wesent-lich mehr anfangen als mit Begriffen wie »arisch« oder »jüdisch«. Da wusste man doch gleich, woran man war. »Und ich bin ein Ganzdrache«, entgegnete sie stolz. »Im Jahr des Drachen geboren.«

Jetzt musste auch Sanmao grinsen. Ein Ganzdrache aus Deutschland. Blitzschnell rechnete er nach. Dann war die Kleine also zehn, höchstens elf. Auf den Mund gefallen war sie jedenfalls nicht. Schon löcherte sie ihn mit weiteren Fragen.

»Und wie spricht man in deiner Schule?«

»Im Unterricht Englisch. Untereinander meistens auch, weil dort Kinder mit vielen verschiedenen Mut-tersprachen hingehen.«

»Gibt's auch Chinesisch-Unterricht?«

»Klar. Ein paar Stunden pro Woche, aber da geh ich nicht hin. Bin ja zweisprachig, durch meine Mutter.«

»Und was für ein Chinesisch sprichst du?« Inge wusste inzwischen, dass es da Unterschiede gab.

»Mit meiner Mutter Schanghai-Dialekt, aber Hoch-chinesisch kann ich natürlich auch.«

Natürlich. Inge blieb ihm die Antwort darauf nicht schuldig: »*Wǒ yě huì shuō zhōngwén.*«

Jetzt fiel Sanmao wirklich die Kinnlade runter. Ein Ganzdrache aus Deutschland, der Chinesisch sprach. Dieser Blondschopf hatte es wirklich faustdick hinter den zierlichen Ohren.

Mittlerweile hatten die Väter ihre Unterredung beendet und schienen zu einem Ergebnis gekommen zu sein. Jedenfalls schüttelten sie sich freundlich die Hände. Inge hörte, wie Herr Fiedler »Bis morgen also« sagte. Dann sah er sie mit gespieltem Entsetzen an: »Und das Eclair? Hat es Ihnen nicht geschmeckt, junges Fräulein? Ich bin erschüttert.«

»Äh, doch«, druckste Inge mit einem verlegenen Blick auf das angebissene Teilchen. Sie konnte ja schlecht erklären, dass ihr sonst so unersättlicher Appetit auf Süßes diesmal von anderen Attraktionen verdrängt worden war. »Vielleicht könnten wir es einpacken«, schlug sie vor.

Auf dem Heimweg in der Rikscha öffnete Inge die Tüte, die ihr der nette Kellner beim Abschied überreicht hatte, und fand darin gleich drei Eclairs – keines davon angebissen. Inge hoffte inständig, dass sich ihr neues Heim in der Nähe von Sanmao und den Eclairs befinden würde.

Frühlingserwachen und
Musterhafte Person

Februar 1939 – Jahr des Tigers

虎

Inges Wunsch ging in Erfüllung: Ihr Vater bekam die Stelle in Herrn Fiedlers Backstube, und die Finkelsteins bezogen zwei Dachkämmerchen im Hinterhaus des »Café Federal«. Also wurde der Koffertisch wieder in seine Einzelteile zerlegt, und die waren rasch gepackt.

Inge war überglücklich, als sie in ihrem neuen Domizil anlangten, doch die Mutter äußerte Bedenken.

»Also, das ist aber ziemlich primitiv hier, Willi. Wasserhahn auf dem Flur, und zur Toilette müssen wir über den Hof«, klagte sie.

»Immerhin gibt es eine«, hielt ihr Mann dagegen. »Ich habe mir sagen lassen, dass das in Schanghai keineswegs selbstverständlich ist.«

Inge tat der Vater leid. Jetzt, wo er eine Stelle und ein Heim für seine Familie gefunden hatte und sein Selbstvertrauen allmählich wieder zurückkehrte, fing die Mutter mit ihrem Hygienefimmel an.

»Glaubst du vielleicht, mir fällt es leicht, in einer fremden Backstube zu arbeiten, nachdem ich jahrelang meinen eigenen Betrieb geführt und meine Gäste bedient habe? Du weißt genau, wie gern ich meiner Frau etwas Besseres bieten würde, aber jetzt muss ich dich bitten, vernünftig zu sein, Marianne. Wir haben ein Dach über dem Kopf und eine Tür, die wir hinter uns zumachen können. Das ist wesentlich mehr als gestern noch.«

Für den schweigsamen Herrn Finkelstein war das ein ungewöhnlich langer Monolog. Das schien auch seiner Frau aufzufallen, sie war es nicht gewohnt, dass er ein Machtwort sprach.

»Wir werden sehen«, erwiderte sie vage.

Für Inge war die Welt fast schon wieder in Ordnung: Morgens erwachte sie mit dem süßen Duft von Gebäck in der Nase, und wenn sie aufstand, war ihr Vater längst in der Backstube. Und da war Sanmao. Inge hatte sich fest vorgenommen, den Vierzehnjährigen aus dem Vorderhaus zu ihrem Führer und Vermittler in dieser neuen Welt zu machen. Er wusste zwar noch nichts davon, aber sie würde ihm das schon klarmachen.

Inge ihrerseits wusste jetzt, wem Sanmao seine Mandelaugen verdankte. Xiaochun Fiedler war ein zierliches, energiegeladenes Persönchen, sie lachte gern und nahm das Leben von der praktischen Seite. Ihr Name bedeutete Frühlingserwachen, und tatsächlich hatte man das Gefühl, dass es wärmer und heller wurde, sobald sie den Raum betrat. Sie war es auch, die nicht lange gezögert hatte und für den neuen Mitarbeiter ihres Mannes samt Familie zwei Räume im Rückgebäude leer räumte, die früher als Lager gedient hatten.

Der Familienname ihrer neuen Mieter war für Frau Fiedler allerdings ein echter Zungenbrecher; *Fang-ke-*

se-dan hieß das bei ihr und klang immer ein wenig wie »Frankenstein«. Auch die beiden Silben von »In-ge« wollten ihr nicht so recht über die Lippen.

»Was du brauchst, ist ein chinesischer Name«, ließ sie Inge durch Sanmao ausrichten; sie konnte zwar ein bisschen Deutsch, aber mit ihrem Mann sprach sie meist Englisch und mit dem Sohn Schanghai-Chinesisch.

»Das mit den Namen ist gar nicht so einfach«, erklärte ihr Sanmao. »Dazu nimmt man die erste Silbe des Nachnamens, der steht bei den Chinesen vorn, und dann eine oder zwei Silben des Vornamens. Natürlich soll der Name was Positives ausdrücken und zu seinem Träger passen, deshalb muss man die Schriftzeichen sorgfältig auswählen. Meine Mutter ist da gut, ihr kannst du deine chinesische Taufe ruhig anvertrauen.«

Inge war denn auch ganz feierlich zumute, als sie mit Sanmao das Wohnzimmer der Fiedlers zum zweiten Mal betrat.

»*Láilái.*« Xiaochun klopfte einladend neben sich auf das Sofa. »Komm auf meine west-östliche Divan. Sagt nicht so eure große Dichter?« Inge wusste zwar nicht, wovon die Rede war, setzte sich aber erwartungsvoll neben ihre chinesische Taufpatin. Vor ihnen auf dem Tisch lag ein Lexikon. Es war dick wie ein Ziegelstein, zeigte starke Gebrauchsspuren und enthielt ausschließlich chinesische Schriftzeichen.

»So viele?«, stieß Inge ungläubig hervor, als Xiaochun das Buch aufschlug; dort wimmelte es nur so von diesen winzigen, rätselhaften Gebilden. »Kann man die jemals alle lernen?« Sie sah Sanmao fragend an.

»Das ist das ›Meer der Wörter‹«, erklärte er. »Die Schriftzeichen, die da drinstehen, kennt auch ein Chinese nicht alle. Für den täglichen Gebrauch reichen etwa drei- bis viertausend Zeichen, die selteneren muss man immer wieder nachschauen. Aber sie im Lexikon zu finden ist nicht so einfach, das musst du auch erst lernen. Dazu zählt man die Striche und muss die Reihenfolge kennen, in der sie geschrieben werden.«

Na danke. Inge fand die vier Töne schon kompliziert genug und brachte sie regelmäßig durcheinander. Auf diese Weise hatte sie beim Einkaufen schon die seltsamsten Missverständnisse produziert. Einmal hatte sie statt dem gewünschten Reis, *mǐ*, Honig, *mì*, bekommen. Dass die Aussprache aus den Zeichen nicht ersichtlich war wie bei einer Alphabetschrift, machte die Sache nicht besser.

Sanmaos Mutter hatte die Silben, für die sie eine chinesische Entsprechung suchte, auf ein Blatt geschrieben: *Fang* für Finkelstein und die beiden Silben *ying* und *ge* für Inge. Aber da es mehrere Schriftzeichen gab, die so ausgesprochen wurden, überlegte sie lange, welches wohl am besten zur Trägerin des Namens passte. Dabei blickte sie Inge immer wieder prüfend von der Seite an. In rascher Strichfolge notierte sie Zeichen aufs Papier, schlug nach, verwarf, kaute am Bleistift und suchte erneut. Inge sah ihr gebannt zu. So kompliziert hätte sie sich ihre chinesische Namensfindung nicht vorgestellt.

Endlich räusperte sich Xiaochun und unterbreitete ihr Ergebnis. »Also, *fāng* steht für ›aufrichtig‹, ›anständig‹, ›prinzipientreu‹. Das ist nicht schlecht für eine Familienname. Was du denkst?«

Einen Moment lang sah Inge Gundels geöffneten Bauch mit seinem kostbaren Inhalt vor sich; dann nickte sie mit Nachdruck.

»*Yīng* ist eine herausragende Person, ein Held, und *gé* bedeutet ›Norm‹, ›Muster‹.«

»Damit bist du also eine ganz und gar musterhafte und herausragende Person mit Prinzipien«, fasste Sanmao das Ergebnis zusammen und konnte sich angesichts der verdutzten Namensträgerin ein Kichern nicht verkneifen. »Bist du damit einverstanden?«

Inge blickte ratlos zwischen Mutter und Sohn hin und her. Das entsprach zwar nicht so ganz der Vorstellung, die sie von sich selbst hatte, aber sie würde sich bemühen, ihrem neuen Namen gerecht zu werden. Außerdem konnte sie ja schlecht widersprechen, nachdem Frühlingserwachen sich solche Mühe gegeben hatte.

»Ja, schon«, sagte sie mit fester Stimme und nahm den Zettel entgegen, den Xiaochun ihr mit beiden Händen überreichte. »方英格, Fang Ying'ge, dein chinesischer Name.«

Die zierlichen Bildzeichen gefielen Inge sehr viel besser als die moralische Verpflichtung, die darin enthalten war.

»Das musst du nicht so ernst nehmen«, sagte Sanmao, als sie draußen auf der Treppe waren, und knuffte sie aufmunternd in die Seite. Er hatte bemerkt, wie kleinlaut Inge auf einmal war. »Das ist ein sehr chinesischer Name, den kannst du in der Schule oder zu offiziellen Anlässen verwenden. Aber für zu Hause brauchst du einen Spitznamen, und den gebe ich dir. Ich hab gehört, dass deine Eltern manchmal Entlein zu dir sagen. Ente heißt *yāzi*, aber die Silbe *yā* kann in der Verbindung *yātou* auch ›kleines Mädchen‹ bedeuten. Eine mit Zöpfen, so wie du. Wir nennen dich Yatou, was je nach Schreibung ›Entenkopf‹ oder ›Kleine‹ heißt.«

Inge lächelte ihn dankbar an. Ein Entenkopf mit Zöpfen, damit konnte sie leben.

***

»Sag mal, Sanmao, was ist eigentlich ein *joss house?* Als uns der Rikschafahrer neulich herbrachte, hat er gesagt, eure Adresse sei gleich beim *joss house*.« Inge hatte sich das Pidgin-Wort gemerkt und ständig gerätselt, was es wohl bedeutete.

»Ach, der meinte den Tempel, der weiter unten an der Bubbling Well Road liegt, den Jing'an-Tempel.«

»Gehst du mal mit mir hin?« Den chinesischen Göttern, die in ihrer unmittelbaren Nachbarschaft wohnten, wollte Inge gern einen Besuch abstatten. Die waren es ja wohl gewesen, die ihren Wunsch erhört und gnädig erfüllt hatten.

»Können wir gleich machen. Ich hab heute Nachmittag keine Schule.«

»Au ja!« Inge machte einen kleinen Luftsprung, der Sanmao einen Schritt zurückweichen ließ. Solche Gefühlsausbrüche war er nicht gewöhnt.

Inge tat nichts lieber, als die Gegend zu erkunden,

am liebsten natürlich zusammen mit Sanmao. Insgeheim hatte sie sich zum »furchtlosen Erkunder« der Familie erklärt. Diese Rolle fiel eindeutig ihr zu, denn die Eltern waren in dieser Hinsicht völlig unbrauchbar, und einer musste schließlich herausfinden, wo sie jetzt wohnten. Während der Vater von morgens bis abends in der Backstube stand, verließ die Mutter nur selten den geschützten Raum des Hinterhauses. Meist verbrachte sie die Nachmittage in ihren Pelzmantel gewickelt auf dem Sofa, das Inge nachts als Bett diente. Die beiden Dachstuben waren schlecht isoliert und nur mit einem Kanonenöfchen zu heizen. Die Kohlebriketts dafür musste man selber »backen«. Inges Erwartungen an ein subtropisch mildes Klima waren bislang enttäuscht worden; der Februar in Schanghai war empfindlich kalt.

Für ihren Ausflug mit Sanmao zog sie sich den Wintermantel über, dazu Mütze, Schal und Handschuhe genau wie zum Schlittschuhlaufen in den Havelauen. Dann hüpfte sie die Treppe des Hinterhauses hinunter, winkte kurz durchs Fenster in die Backstube, wo ihr Vater gerade Nusshörnchen füllte, und pfiff in der Toreinfahrt einmal schrill durch die Finger. Das war ihr mit Sanmao vereinbartes Geheimsignal. Inge war sehr stolz gewesen, ihrem großen Beschützer zur Abwechslung auch mal was beibringen zu können. Es hatte ein bisschen gedauert, bis er den Kniff raushatte, aber mittlerweile pfiff er genauso gellend durch zwei Finger wie sie.

Die beiden verließen das Haus durch die Toreinfahrt, wandten sich nach links und folgten der Bubbling Well Road mit ihren Trambahnschienen Richtung Westen. Je weiter man sich vom Fluss entfernte, desto ruhiger wurde es. Die Häuser waren hier nicht mehr so hoch und imposant wie in der Innenstadt, und die Straßen wurden von Alleebäumen überwölbt. Die hatten jetzt zwar keine Blätter, aber Inge erkannte an der fleckigen Rinde und den stacheligen Samenbällchen, die wie Christbaumkugeln in den Zweigen hingen, dass es Platanen waren. Auf der linken Straßenseite lag das Hotel »Burlington«. Daran schloss sich eine hohe Mauer an, hinter der sich ein riesiger verwilderter Park über den ganzen Straßenzug erstreckte.

»Wieso heißt diese Straße eigentlich blubbernde Quelle? Sie führt durch die halbe Stadt, aber Wasser hab ich nirgendwo gesehen.« Inge hatte ein unerschöpfliches Reservoir an Fragen, mit denen sie Sanmao löcherte, und fast immer hatte er eine Antwort für sie parat. Offenbar hatte er Gefallen an seiner Rolle als Sprach- und Fremdenführer gefunden.

»Ich zeig sie dir gleich, allerdings blubbert da schon lange nichts mehr. Ganz früher soll die Quelle mal heilkräftig gewesen sein, deshalb hat man den Tempel dort erbaut, aber sie ist längst versiegt.«

Jetzt konnte Inge die verschachtelten Dächer aus gelb glasierten Ziegeln mit den aufgewölbten Giebeln schon sehen, ein unbekannter, süßlich-harziger Geruch stieg ihr in die Nase. Sie schnupperte.

»Was du da riechst, sind *joss-sticks* – Räucherstäbchen, die die Gläubigen im Tempel anzünden. Deshalb heißt er auf Pidgin ja auch ›*joss-house*‹«, erklärte Sanmao. Doch bevor er seinen Schützling durch das große Tor treten ließ, zog er sie zu dem Grünstreifen in der Straßenmitte, wo sich eine kleine gemauerte Einfriedung befand, an allen vier Ecken von steinernen Löwen bewacht. Chinesische Löwen, das war Inge bereits aufgefallen, sahen allerdings eher aus wie kleine Hunde mit Lockenfrisur.

Neugierig beugte sie sich über die Mauer, zog die Nase aber sofort wieder zurück. »Bah, das stinkt!« Sie blickte in einen Schacht, auf dessen Grund Schlamm und fauliger Müll lagen.

»Da hast du deine blubbernde Quelle«, lachte Sanmao.

»Ist ja eklig. Jetzt brauch ich dringend so einen *joss-stick*.«

Sanmao nahm sie bei der Hand und stieg mit ihr über die hohe Holzschwelle am Eingang des Tempels. Gleich darauf standen sie vor einer Mauer, die sie erst umrunden mussten, bevor sie in den Tempelvorhof gelangten.

»Das ist ja wie beim Hindernislauf. Einmal drüber, einmal außen rum – die machen's den Tempelbesuchern nicht gerade leicht«, bemerkte Inge.

»Damit sollen die bösen Geister abgeschreckt werden, die können nämlich nicht um die Ecke gehen und auch nicht über hohe Schwellen steigen.«

»Wenn die sich so leicht ausbremsen lassen, können sie nicht sehr gefährlich sein«, kicherte Inge, doch sie verstummte sofort, als Sanmao ihr ein »Pssst« zuzischte. Hatte sie was Falsches gesagt?

»Sieht ein Kamel und hält es für ein Pferd mit Höckern«, murmelte ihr Begleiter. Was sollte das nun wieder heißen? Doch Sanmao, der von seinen Eltern immer gut mit Taschengeld ausgestattet war, steuerte bereits auf einen der vielen Stände im Vorhof des Tempels zu, wo er ein Bündel Räucherstäbchen kaufte. Interessiert inspizierte Inge das Angebot: auf Draht aufgefädelte weiße Blüten, die einen betörenden Duft verströmten, vielfältige Amulette an roten Seidenkordeln, aus Silber- und Goldpapier gefaltete kleine Geldbarren und dicke Packen mit Geldscheinen – ob die echt waren?

Das Ganze glich eher einem Jahrmarkt und hatte nichts von der Ehrfurcht gebietenden Kühle der Gotteshäuser, die sie aus Brandenburg kannte. Hier brodelte das Leben, und die aus Holz geschnitzten Götter – oder waren es Göttinnen? –, die in der Haupthalle des Tempels thronten, schienen durchaus menschliche Bedürfnisse zu haben. Inge beobachtete, wie die Gläubigen ihnen Teller mit ordentlich aufgetürmten Früchten und Süßigkeiten hinstellten, dazu kleine Schälchen mit Schnaps. Solche Götter waren ihr sympathisch: die hatten Hunger und Durst, brauchten Geld und liebten Wohlgerüche.

Inge hatte jede Scheu vor den dunklen Gesichtern abgelegt und schwenkte, Sanmaos Beispiel folgend, ihre glimmenden Räucherstäbchen vor den einzelnen Figuren, als Dank für die Erfüllung ihres Wunsches. Sie mussten schon viele Wünsche erfüllt haben, denn sie waren ganz schwarz von all der qualmenden Zuwendung.

Was sie da gerade machten, sei ein *bàibài*, erklärte Sanmao. Nachdem sie ihre Runde beendet und alle

Götter etwas von dem wohlriechenden Rauch abbekommen hatten, steckten sie die glimmenden Stängel in das weiche Aschebett des riesigen, bronzenen Räucherfasses. Die duftenden Rauchschwaden, die von ihm aufstiegen, hüllten den gesamten Hof ein.

»Jetzt musst du dir was von dem Rauch ins Gesicht wedeln, damit du selber auch geschützt bist.«

Inge fächelte sich mit beiden Händen den Sandelholzduft ins Gesicht.

Jetzt hatte sie einen chinesischen Namen und den Segen der Götter aus dem Kietz. Inge wusste, dass sie allen Grund hatte, dankbar zu sein. Sie war auf der richtigen Seite der Garden Bridge gelandet. Aber zuvor hatte sie einen Blick auf die andere Seite getan, in das von den Japanern zerbombte und besetzte Hongkou, wo arme Chinesen und mittellose Neuankömmlinge auf engstem Raum leben mussten; sie hatte die verstümmelten Bettler und die verstörten Flüchtlinge mit den tief in die grauen Gesichter gezogenen Hüten gesehen. Und mit jedem weißen Schiff aus Europa wurden es mehr.

»*Xièxie*, ihr Götter! Danke!«

»Und jetzt gehen wir was essen«, unterbrach Sanmao ihre Gedanken. »Am Tempel gibt's immer die besten Fressstände, das musst du dir merken, Entenkopf.«

»Gut zu wissen.« Zum Essen ließ Inge sich niemals lange bitten. Endlich bekam sie Gelegenheit, die Garküchen auszuprobieren, die ihr schon bei ihrem ersten Gang durch Hongkou den Mund gewässert hatten. Und noch dazu unter sachkundiger Führung; allein hätte sie sich das vielleicht doch nicht getraut.

Sie verließen den Tempelhof durch einen Nebeneingang und standen in einer Gasse, in der sich eine Imbissbude an die andere reihte. Köstliche Düfte stiegen Inge in die Nase, ihr Blick wanderte über die Fülle des köstlichen Angebots. Doch Sanmao schob sie zielsicher weiter. Plötzlich drang ihr ein stechender Geruch in die Nase. »Igitt, was stinkt denn hier so?« Wenn Inge nicht gewusst hätte, dass es in China keinen Käse gab, hätte sie auf reifen Romadur getippt.

»Das ist *chòu dòufu* – stinkender Tofu.«

»Und so was isst man?«

»Klar, ihr esst doch auch vergorene Milch. Und das hier ist aus vergorener Sojamilch gemacht.« Er hatte bereits eine Portion der kleinen weißen, in Öl ausgebratenen Würfel gekauft und löffelte großzügig scharfe rote Soße darüber. Dann reichte er ihr einen Holzsticker.

»Schmeckt besser, als es riecht«, versprach er.

Inge zögerte, dann begriff sie, dass das eine Art Mutprobe war, vor der ein furchtloser Erkunder nicht zurückschrecken durfte. Nase zu und durch! Immerhin waren es keine Regenwürmer, die sie essen musste. Vorsichtig biss sie in einen der weichen Würfel und versuchte dabei, ihren Geruchssinn auszuschalten. Was ihr die Geschmacksnerven meldeten, war gar nicht so unangenehm. Der leicht nussige Geschmack des Tofu mischte sich auf Beste mit der prickelnden Schärfe der Peperoni. Sanmao verfolgte gespannt jede Veränderung ihrer Gesichtszüge: von der angeekelt kraus gezogenen Nase, über das prüfende Kauen bis zum entspannten Lächeln.

»Nicht schlecht«, kommentierte Inge. »Da kann man sich dran gewöhnen. Scheinbar hat jedes Volk seinen Romadur.« Dann stach sie mit ihrem Sticker ein zweites Mal zu, und bald darauf hatten sie ihre Portion gemeinsam verputzt.

Komm Glück

Februar 1939 – Jahr des Tigers

Von ihrem Ausflug zum Tempel zurückgekehrt, wurde sie schon auf der Treppe von hysterischen Schreien empfangen: »Inge, Inge, eine Ratte!« Frau Finkelstein kauerte völlig aufgelöst und mit angezogenen Beinen auf dem Schlafsofa.

Inge blickte in die Richtung, in die ihre Mutter deutete. Vor der Kommode hatte sie eine Barrikade aus sämtlichen Koffern errichtet. »Da! Da unten sitzt sie.«

Inge ließ sich auf die Knie nieder und spähte unter das Möbelstück.

»Aber Mama, das ist doch nur ein niedliches kleines Mäuslein. Wahrscheinlich hat es früher zwischen den Mehlsäcken gehaust, und wir haben es aus seinem Schlaraffenland vertrieben.«

»Inge, was soll das«, empörte sich die Mutter. »Das sind Überträger von gefährlichen Krankheitserregern, die überall ihren Kot hinterlassen! Überhaupt ist alles so unhygienisch hier. Hast du die Kakerlaken in der Toilette gesehen?«

Wie hätte Inge diese widerlichen Insekten übersehen können, die in dunkle Ecken davonstoben, sobald man Licht machte. Inge hatte sich immer an dem klangvollen Wort »Kakerlake« erfreut, das auf dem Schiff regelmäßig in den Gesprächen der Erwachsenen auftauchte – aber nur so lange, bis sie ihr erstes lebendes Exemplar zu Gesicht bekam. Die braunen, fast fingerlangen Insekten mit den tastenden Fühlern und glänzend braunen Flügeln waren wirklich widerlich und dabei echte Überlebenskünstler. Auf ihren sechs Beinen stets fluchtbereit, hatte die Natur sie mit einem sicheren Instinkt dafür ausgestattet, aus welcher Richtung gleich ein Schuh auf sie niedersausen würde – und flohen in die entgegengesetzte. Sie waren kaum zu erwischen und konnten sich im Notfall sogar in die Luft erheben. Erwischte man sie tatsächlich einmal, so war das kein wirklicher Triumph; denn dann hatte man ihren zermatschten, stinkenden Kadaver an der Sohle kleben und wusste nicht, wohin damit. Aber jetzt galt es erst einmal, die Mutter zu beruhigen.

»Mama, das ist wirklich nur eine winzige Maus und keine Ratte. Die heißen hier zwar alle *lǎoshǔ* – ›alte Ratte‹, aber sie sind viel kleiner als Ratten bei uns.«

»Hör mit deinen altklugen chinesischen Sprüchen auf und schaff mir dieses Tier vom Hals.« Frau Finkelstein wurde immer hysterischer. »Du kannst ja gar nicht ermessen, was es für eine deutsche Hausfrau bedeutet, in so einem Loch, in so einer Stadt zu leben!«

Wie kann man sich nur so anstellen, dachte Inge und war sich plötzlich ganz sicher: Wenn die Tatsache, eine deutsche Hausfrau zu sein, dich daran hinderte, spannende Abenteuer in fremden Ländern zu erleben, dann wollte sie lieber keine werden. Bloß gut, dass Papa nicht da war, der würde bloß wieder ein schlechtes Gewissen kriegen.

»Ich lauf nur schnell ins Vorderhaus. Bin sofort wieder da.« Gleich darauf ertönte ihr Pfiff.

Natürlich wusste man dort Rat – *xiǎng bànfǎ* – Chinesen fanden immer eine Lösung. Frühlingserwachen kramte eine rostige Mausefalle hervor, in der ein Stück Speckschwarte befestigt wurde. Sanmao half ihr, die Falle zu spannen, und gemeinsam versenkten sie sie unter der Kommode. Im Verlauf dieses Manövers, bei dem die Koffer beiseitegerückt werden mussten, gelang der Maus die Flucht. Sie entwischte durch die Tür. Insgeheim war Inge heilfroh. Die Falle ließen sie zur Beruhigung der Mutter unter der Kommode stehen.

Inge machte sich allmählich Sorgen um die Mutter. So beherzt sie in Brandenburg Schiffspassagen besorgt und die Freilassung ihres Mannes betrieben hatte, so passiv und deprimiert reagierte sie nun auf die neue Umgebung. Alles fand sie schrecklich, jammerte andauernd und verließ kaum den schützenden Bezirk des Hinterhauses. War das Heimweh? Oder Hüttenkoller? Oder Angst vor der Fremde?

Selbst der Einkauf in der nahe gelegenen Markthalle an der Seymour Road war ihr zu viel.

»Der Dreck und dieser Gestank, das ist ja unerträglich!«, hatte sie von vornherein erklärt. Außerdem hatte Frau Schwab ihr den Floh ins Ohr gesetzt, dass man dort übers Ohr gehauen wurde.

Na klar, dachte Inge, wenn sich die Langnasen so blöd anstellen. Seither hatte Inge das Einkaufen übernommen und sich von den chinesischen Hausfrauen die richtigen Methoden abgeschaut.

Auch zum Kochen konnte Frau Finkelstein sich nur selten aufraffen. Dazu musste man nämlich den kleinen Kohleherd auf dem Treppenabsatz anwerfen. Zugegeben, es war schwer, ihn in Gang zu bringen. Er wurde mit runden Briketts gefüttert, und bis die richtig zum Glühen kamen, musste man ihnen mit einem Fächer Luft zufächeln. Das war meist Inges Aufgabe, die sie sich unterhaltsamer gestaltete, indem sie vorgab, eine vornehme chinesische Dame zu sein, die sich mit einem elegant bestickten Seidenfächer Kühlung verschafft. Inzwischen war sie auch Meisterin im Backen von Briketts. Dazu wurde Kohlenstaub mit Wasser angerührt – eine herrliche Matscherei, die man sonst nie ungestraft hätte veranstalten dürfen. Den schwarzen Brei presste man dann in einer Art Waffeleisen zu Briketts, die anschließend in der Sonne trockneten.

Im Café der Fiedlers zu essen oder eines der zahlreichen anderen westlichen Lokale der Gegend – das »Snow Garden«, das »Resi Seitz« oder das Restaurant im »Burlington« – zu besuchen, wäre auf die Dauer viel zu teuer gewesen. So lebten sie meist von den Tüten aus Keksbruch und Kuchen vom Vortag, die der Vater von der Arbeit mitbrachte. Gegen diese Diät hatte Inge nichts einzuwenden. Und sie hatte längst Mittel und Wege gefunden, sie auf eigene Faust zu ergänzen.

Das tat sie an den Imbissständen im Umkreis der Markthalle. Für ein paar Mao besorgte sie sich Lauchpfannkuchen, die man aus der Hand aß, eine Schale heiße Nudelsuppe oder ein Stück gebratenen Rettichkuchen. Das war ihr *squeeze* oder *cumshaw*, der Nachlass, den die chinesischen Bediensteten durch geschicktes Feilschen den Markthändlern abhandelten und für sich behielten.

Dennoch versuchte Inge immer wieder, die Mutter aus ihrer Höhle zu locken, zum Beispiel, indem sie vorgab, nicht zu wissen, was sie aus dem reichhaltigen Gemüseangebot nach Hause bringen sollte.

»Mama, komm doch mal mit in die Markthalle. Da gibt's so viel Grünzeug, das ich nicht kenne.«

»Frag Frühlingserwachen, die kennt sich aus.«

»Aber du musst doch was draus kochen. Also musst du es dir ansehen«, argumentierte Inge. Der Hinweis auf die Essenszubereitung traf Frau Finkelstein an einem wunden Punkt; dass sie nur so selten für ihre Familie kochte, bereitete ihr, der guten deutschen Hausfrau, ein schlechtes Gewissen.

»Na gut«, willigte sie schließlich ein, »geh ich halt mal mit.«

Doch so einfach war das nicht. Um das Haus zu verlassen, musste Frau Finkelstein sich erst »zurechtmachen«, wie sie das nannte. Die Tochter wollte schier verzweifeln, bis die Mutter endlich fertig war, dabei waren es doch bloß ein paar Schritte bis zur Markthalle. Fest untergehakt manövrierte Inge die Mutter über den Fahrdamm. Selbst nach Monaten hatte sie sich noch nicht an den Linksverkehr gewöhnt.

Am Eingang, wo all die Essstände ihre mundwässernde Ware feilboten, zog die Mutter dann prompt ihr Taschentuch aus der Handtasche und hielt es sich vor die Nase. Inge war das unendlich peinlich. Dabei waren sie ja noch gar nicht in der oberen Etage, wo lebende Hühner und rohes Fleisch – von Fliegen umschwirrt – verkauft wurden. Dort stank es nun wirklich; aber das würde sie ihrer Mutter ersparen, denn sonst würden die Finkelsteins vermutlich in Zukunft vegetarisch leben müssen.

Im Parterre bei Obst und Gemüse kannte jeder das blonde Mädchen mit dem Einkaufsnetz, das feilschen konnte wie eine chinesische Hausangestellte.

»*Lái, lái, lái*«, rief man ihr aus allen Ecken zu, doch Inge hatte bereits ihre *guānxi* entwickelt, gute Beziehungen zu einigen ausgesuchten Händlern. Sie zog die Mutter zu einem Stand mit unzähligen Gemüsesorten, hinter dem eine rotwangige Frau ihr fröhlich zuwinkte.

»*Yātou, nǐ hǎo, ist das deine Mama? Hat sie Schnupfen, die Arme?*«

Inge bejahte erleichtert, dann deutete sie auf hellgrüne kugelige Gebilde und erklärte der Mutter: »Guck mal, Mama, das sind Rettiche. Die sind innen rot und heißen *xīnlǐmǎ* – ›im Herzen schön‹. Ist das nicht toll? Sollen wir von denen welche nehmen?« Ohne eine Antwort abzuwarten, drückte Inge an dem Gemüse herum, um zu testen, ob es noch frisch war.

»Nimm die Finger da weg«, zischte Frau Finkelstein ihrer Tochter zu. »Wenn das die Verkäuferin sieht.« Doch die gab lächelnd Ratschläge.

»Das macht man hier so«, erwiderte Inge gelassen.

»Also Rettiche.« Frau Finkelstein nickte gottergeben. Nur schnell wieder raus hier. Aber nun begannen die ausgedehnten Preisverhandlungen, die ihre Tochter in so fließendem Singsang führte, dass Frau Finkelstein aus dem Staunen nicht mehr herauskam. Zum Glück verstand sie nichts, denn sie hätte sich in Grund und Boden geschämt.

»*Das ist Wucher*«, klagte Inge in aller Freundschaft, nachdem die Händlerin den Preis genannt hatte, »*Willst du mich und meine Kinder in den Hungertod treiben?!*« Dieser Spruch, den Inge von einer chinesischen Amah übernommen hatte, wirkte aus dem Mund einer blonden Zehnjährigen immer. Und wenn sie dann noch mit unschuldigem Augenaufschlag hinzufügte: »*Gibst du sie mir billiger, wenn ich zwei kaufe?*«, konnte keiner widerstehen. Die Händler liebten dieses Spiel ebenso wie Inge. Ihre Mutter bekam von all dem nichts mit, sah nur, wie das Netz sich langsam füllte und Scheine und Münzen den Besitzer wechselten. Ein bisschen erschrocken, aber auch voller Bewunderung musste sie erkennen, dass ihre Tochter in dieser ihr so fremden Welt längst zu Hause war.

»Ich wäre froh, wenn du in Zukunft den Einkauf wieder allein machen könntest. Du kennst dich doch schon so gut aus«, sagte sie zu ihrer Tochter, als sie wieder im Hinterhaus angekommen waren.

»Kein Problem«, erwiderte Inge. Ihr war klar gewesen, dass es darauf hinauslaufen würde, aber ein wenig Anerkennung konnte schließlich nicht schaden.

Die Mausefalle war natürlich auf Dauer keine Lösung, und Inge bangte jeden Morgen, was sie darin finden würde. Das musste anders geregelt werden. Und Inge hatte auch schon eine Idee.

»Sag mal, Sanmao, könnten wir nicht eine Katze gegen die Mäuseplage halten? Meine Mutter dreht sonst noch völlig durch. Die kann nachts kaum schlafen, weil sie's überall rascheln hört. Und dann ist sie am Morgen immer besonders unausstehlich.«

»Hmm, gute Idee. Meine Eltern hätten sicher nichts dagegen. Aber wir müssen überlegen, wo wir einen guten Mäusejäger herkriegen. Da werde ich am besten meine *guānxi* einschalten.«

Wenn es um *guānxi* ging, war Sanmao ganz Chinese. Auch er hatte ein solches Netzwerk aus guten Beziehungen, das man durch gegenseitige Gefälligkeiten knüpfte und pflegte. Offenbar waren die Chinesen darin genauso gut wie die Juden. Inge fand es zwar ein bisschen albern, wenn Sanmao so großspurig daherredete, aber nützlich waren solche Verbindungen schon, vor allem, wenn er sie für ihre Belange einsetzte. Hoffentlich würden sie sich auch in Sachen Katze als nützlich erweisen. Die Eltern hatte sie in ihren Plan nicht eingeweiht. Warum Pferde scheu machen und eine Lawine lostreten, solange man gar nicht wusste, ob's überhaupt klappte. Nachdem Sanmao seine Aussagen gern durch chinesische Sprichwörter untermauerte, die er wörtlich ins Deutsche übertrug, hatte auch sie angefangen, ihre Sprache nach bildhaften Redewendungen und Sprichwörtern zu durchforsten. Die passten zwar nicht immer in die neue Umgebung, klangen aber umso lustiger: in Schanghai, wo es weit und breit weder Berge noch Schnee gab, eine Lawine lostreten!

Endlich, nach mehreren Tagen bangen Wartens,

hörte sie eines Nachmittags Sanmaos Pfiff und stürzte ans Fenster. Er stand im Hof, hielt einen Pappkarton im Arm und winkte, dass sie runterkommen sollte.

»Mama, ich bin mal kurz unten bei Sanmao«, erklärte sie ihrer Mutter und kürzte etwaige Diskussionen dadurch ab, dass sie auf eine Erwiderung gar nicht erst wartete.

»Hast du sie?«, fragte sie atemlos, obwohl Sanmaos triumphierende Miene die Frage überflüssig machte.

»Ihn – es ist eine Er-Katze.«

»Ein Kater«, verbesserte Inge.

Vorsichtig lupfte er den Deckel des Kartons und ließ Inge hineinschauen. In einer Ecke zusammengekauert saß ein grau-schwarz getigertes Etwas und fauchte sie an. Als das Kätzchen wehrhaft das Kinn hob, entdeckte Inge dort einen winzigen weißen Fleck.

»Wo hast du ihn her?«

»Bei einem meiner Schulkameraden hat's Nachwuchs gegeben. Er hat mir den hier gegen eine Tüte Keksbruch überlassen. Er ist der wildeste des ganzen Wurfs, niemand wollte ihn. Aber du wirst schon mit ihm fertig.«

Sollte Inge das als Kompliment auffassen? Langsam schob sie ihre Hand in den Karton und bekam – patsch! – von scharfen Krallen eins über den Handrücken. Erschrocken zog sie die Hand zurück, auf der sich blutige Striemen bildeten.

»Wer keine dicke Haut hat, soll sich nicht vom Tiger streicheln lassen«, kommentierte Sanmao spöttisch.

»Ein echtes Stück Raubtier«, imitierte Inge Sanmaos chinesisch eingefärbtes Deutsch. Doch als das

Stück Raubtier gleich darauf ein jämmerliches Maunzen hören ließ, war Inges Herz gewonnen. Außerdem wollte sie Sanmaos Erwartungen als furchtlose Katzenmutter gerecht werden. »Wie sollen wir ihn nennen?«

»Wenn einem in China ein Tier zuläuft, egal ob Hund oder Katze, dann bringt es einem Glück ins Haus. Darum nennt man es oft Laifu – Komm Glück. Man darf es nicht abweisen, sonst verjagt man sein Glück.«

»Ha, das ist gut, das sag ich meinen Eltern.«

»Er ist dir ja praktisch zugelaufen, auch wenn ich ein bisschen nachgeholfen habe.« Damit drückte er Inge den Karton in den Arm.

Jetzt kam der schwierigste Teil der ganzen Aktion. Inge stieg mit der Schachtel die Treppe des Hinterhauses hoch. Sie würde auf den Überraschungseffekt setzen.

»Mama, schau mal, was ich hier habe!«, rief sie betont fröhlich und ließ die Mutter einen Blick in die Schachtel tun.

»Um Himmels willen, Inge, was willst du denn mit dieser Katze?«

»Die soll hier Mäuse fangen, dann brauchst du keine Angst mehr zu haben und kannst besser schlafen. Außerdem bringt sie uns Glück, deshalb heißt sie ›Laifu‹. Übrigens ist es ein Kater, also bekommt er keine Kinder«, listete Inge die Vorzüge des neuen Hausgenossen auf.

So leicht ließ sich die Mutter freilich nicht überzeugen. »Dafür verspritzt er überall seinen Urin, um sein Revier zu markieren.«

»Die Mäuse müssen ja merken, dass er da ist. Sonst wirkt's nicht.«

»Außerdem haben solche Tiere Flöhe, und Flöhe übertragen Typhus.«

»Ich werde ihn waschen«, versprach Inge, war sich aber sicher, dass sie dabei den Kürzeren ziehen würde. Ihre blutige Hand hatte sie vorsichtshalber hinter dem Rücken verborgen. Jetzt galt es, im Rededuell mit der Mutter das letzte Wort zu behalten.

»Was wird dein Vater dazu sagen?«

Die Erwähnung des Vaters war ein gutes Zeichen; es bedeutete nämlich, dass Frau Finkelstein die Argumente ausgingen.

»Der hat doch schon in Brandenburg immer gesagt, dass in jedes Getreidelager eine Katze gehört. Die Mäuse werden immer wiederkommen, solange sie das Mehl nebenan riechen. Schließlich haben die vor uns hier gewohnt. Aber wenn sie Laifu wittern, verziehen sie sich. Vielleicht fängt er ja sogar Kakerlaken.«

Frau Finkelstein zögerte. Sie schien ein Übel gegen das andere abzuwägen. Am Ende siegte ihre Angst vor Mäusen über die Bedenken gegen den neuen Hausgenossen.

»Na gut, dann lass ihn draußen im Treppenhaus und im Speicher jagen. Aber er kommt mir nicht in die Zimmer, hörst du? Das Tier schleppt uns bloß Krankheiten ein.«

»Jippi!« Inge vollführte einen Indianer-Freudentanz um den Karton. Und über den Zugang zu den Wohnräumen war das letzte Wort noch nicht gesprochen. Inges Schlafcouch stand schließlich nicht im selben Zimmer wie das Bett ihrer Eltern. Aber zuerst musste sie sich mit dem Mäusejäger anfreunden. Hier gab es keine Milch. Was konnte sie ihrem Glücksbringer anbieten?

»Ich bring dir einen Fisch aus der Markthalle mit, ja?«

Der kleine Kater reckte ihr zustimmend das weiße Kinn entgegen und maunzte treuherzig aus seiner Kartonecke. Offenbar hatte er bereits verstanden, an wen er sich halten musste.

Neujahr auf Chinesisch

Februar 1939 – Jahr des Hasen

Frau Finkelstein gönnte sich jetzt manchmal eine Tasse Kaffee im Vorderhaus. Auch sie schien allmählich zu begreifen, welchen »Massel« sie hatten, dem überfüllten Hongkou entkommen zu sein und bei den Fiedlers Arbeit und Unterkunft gefunden zu haben.

Das »Café Federal« war Treffpunkt und Informationsbörse zugleich. Aus dem zweisprachigen »Shanghai Jewish Chronicle« erfuhr sie die neuesten Nachrichten aus der Emigrantengemeinde oder schnappte von den internationalen Gästen die neuesten Gerüchte auf.

Da waren die Weißrussen, die vor den Bolschewiken geflohen und schon länger in der Stadt waren. Das Caféhaus war für sie der Ort, wo man bei Tee und Torte das Leben in Moskau oder Sankt Petersburg heraufbeschwören konnte, in dem sie alle so viel einflussreicher, bedeutender, wohlhabender gewesen waren. Auch hochrangige japanische Militärs gehörten zu den Stammgästen und bewiesen eine erstaunliche Leidenschaft für Strudel. Und natürlich stillten die in Schanghai ansässigen deutschen Geschäftsleute hier ihr kulinarisches Heimweh. Es konnte also passieren, dass Herr Finkelstein in der Backstube Torten und

Sahneschnittchen für überzeugte Nationalsozialisten herstellte, die ihm das in Deutschland längst untersagt hätten.

Die Engländer und Amerikaner aus der Nachbarschaft gingen lieber zum High Tea ins »Burlington«. Allerdings stattete die Journalistin Emily Hahn dem Café regelmäßige Besuche ab, und zwar wegen Mr. Mills' Leidenschaft für Apfelkuchen. Es war jedes Mal eine Sensation, wenn die elegant gekleidete junge Amerikanerin mit dem dunklen Bubikopf ihren Gibbon mitbrachte, den sie in einem teuren Kinderbekleidungsgeschäft nach der neuesten Mode ausstaffierte. Der Affe stahl ihr dann mit langen, spitzen Fingern die Äpfel vom Kuchen.

In dieser bunten Gesellschaft konnte Frau Finkelstein stundenweise ihre Sorgen vergessen und blühte langsam wieder auf. Eines Nachmittags Mitte Februar kam sie gestärkt vom Kaffee und angeregt vom Gespräch mit einer anderen Emigrantin ins Hinterhaus zurück.

»Inge, wir müssen uns jetzt ernsthaft um deine Schule kümmern. So geht das nicht weiter.«

Damit meinte sie offenbar, dass Inge ihre Zeit vorwiegend mit Sanmao und der Erziehung von Laifu verbrachte. Letzterer hatte sich, wie alle Katzen, als unerziehbar erwiesen, wusste aber seinerseits sehr wohl, wie er »seinen Menschen« um die Kralle wickeln konnte. In kalten Nächten machte er sich durch leises Kratzen an Inges Tür bemerkbar. Dann ließ sie ihn ein, und er kuschelte sich zu ihren Füßen ins Bett, ein Arrangement, das in der ungeheizten Dachkammer beiden zugutekam. Sie musste nur zusehen, dass sie ihn morgens rechtzeitig wieder entließ, damit die Eltern nichts merkten.

»Eben habe ich mich mit einer Frau unterhalten, deren Kinder auch in diese Kadoori-Schule gehen. Offiziell heißt sie Shanghai Jewish Youth Association School. Wusstest du, dass die hier ganz in der Nähe ist, in der Seymour Road.«

»Na klar, wenn du öfter mit in die Markthalle gehen würdest, hättest du das auch gewusst«, gab Inge zurück. Als furchtloser Erkunder hatte Inge das schnell herausgefunden. Schließlich lag das »Café Federal« an der Ecke Seymour Road, und wenn man von der Markthalle nur ein kleines Stückchen weiterging und die nächste große Straße, die Avenue Road, überquerte, kam man zur Ohel-Rachel Synagoge. Diesem prächtigen Gebetshaus im europäischen Stil, das Mr. Kadoori zu Ehren seiner Frau hatte erbauen lassen, war eben jene Schule angeschlossen, die ihnen bereits in der Beratungsstelle des Embankment Building empfohlen worden war. Aber das hatte Inge ihren Eltern natürlich nicht auf die Nase gebunden.

»Gleich morgen gehe ich da hin und melde dich an.«

Einerseits war Inge froh über den neu erwachten Tatendrang ihrer Mutter. Aber warum musste er sich ausgerechnet so äußern?

Sie spielte gerade mit Laifu im Hof, als ihre Mutter zurückkam. Frau Finkelstein hatte sich »in Schale geworfen«, was mehr Aufwand bedeutete als »zurechtmachen«. Wintermantel mit Fuchskragen, Hut, hochhackige Schuhe, passende Handtasche und einen Hauch Lippenstift. Im Gegensatz zu Hongkou fiel sie im International Settlement in solcher Garderobe keineswegs auf. Hier lebten viele wohlhabende Ausländer und Geschäftsleute aller Nationalitäten.

»Inge, lass die Katze in Ruhe und komm mit rauf. Nach dem chinesischen Neujahrsfest, am 24. Februar, ist dein erster Schultag. Ich habe mit der Schulleiterin, einer Mrs. Hartwich, gesprochen. Sie ist Engländerin, hat aber früher in Deutschland unterrichtet. Der Unterricht ist auf Englisch. Sie hat daher vorgeschlagen, dass du zunächst in den angeschlossenen Kindergarten gehen sollst, damit du Englisch lernst. Nach den Sommerferien kommst du dann in deine Klasse.«

»Was? Ich soll in den Kindergarten?«, rief Inge entrüstet. »Mama. Ich bin elf!«

»Du wirst elf, Entlein, am 7. Mai. Aber darum geht's jetzt gar nicht. Dort werden auch noch andere größere Kinder, die eben erst in Schanghai angekommen sind, sprachlich auf die Schule vorbereitet. Wie willst du denn dem Unterricht folgen, wenn du kein Englisch kannst?«

»Wir sind in China, falls du das noch nicht bemerkt hast. Wozu habe ich denn Chinesisch gelernt?«, gab Inge zurück.

Ausnahmsweise ließ Frau Finkelstein ihrer Tochter diese Unverschämtheit durchgehen. Jetzt war Motivation gefragt. »Dein Vater und ich sind ja auch sehr froh, dass du uns mit deinem Chinesisch helfen kannst. Aber Schanghai ist eben eine internationale Stadt.« Sie zog Inge an sich und strich ihr eine widerspenstige Strähne aus der Stirn. »Jetzt komm schon, Entlein. So wie dir fremde Sprachen zufliegen, wirst du diese Vorbereitungsklasse sowieso bald hinter dir lassen. Nimm dir ein Beispiel an deinem Vater. Der hat sein Englisch mühsam in der Abendschule lernen müssen, und jetzt ist er froh drum.« Das Wort »Kindergarten« vermied sie tunlichst und wechselte gezielt das Thema. »Lass uns mal deine Sachen durchsehen. Du bist in den letzten Monaten so gewachsen, dass ich manches anstückeln muss. So kann ich dich unmöglich in eine ordentliche Schule schicken.«

Mit dieser neuen Aufgabe blühte Frau Finkelstein zusehends auf. Jetzt kam die Singer zum Einsatz, die im Koffer gereist war und deren Gewicht Paolo so irritiert hatte.

»Inge, du musst mir helfen, einen Schreiner zu finden, der mir die Maschine auf einen Tisch montiert.«

Kein Problem für Inge, den furchtlosen Erkunder, Unterhändler und Preisdrücker. Nach ein paar Tagen lieferte der Handwerker aus einem der benachbarten Hinterhöfe den fertigen Nähmaschinentisch auf seinem Lastenfahrrad und wuchtete ihn in Frau Finkelsteins Dachstübchen hinauf. Da es eine »Versenkbare« war, würde Inge an dem Tisch sogar ihre Hausaufgaben machen können.

Aber so weit war es noch nicht. Während Frau Finkelstein sich mit Eifer Inges Schulgarderobe widmete, genoss diese die letzten Tage ihrer Freiheit. Sanmao hatte ihr einen neuen »Spielplatz« ganz in der Nähe gezeigt – den riesigen Hatong Park, den Mr. Silas Aaron Hardoon, auch so ein reicher Jude und Wohltäter, für seine Frau Jialing, genannt Lisa, hatte erbauen lassen. Er erstreckte sich über einen ganzen Straßenzug und begann gleich hinter dem »Burlington«. Dort wusste Sanmao ein Loch in der Mauer, durch das sie unbemerkt in das Anwesen schlüpfen konnten. Seit Sir Silas' Tod lebte dort nur noch seine Witwe mit den vielen Adoptivkindern, und der Park war, vor allem in seinen äußeren Bezirken, ziemlich vernachlässigt. Solange sie nicht bis in den »Inner Garden« vordrangen, konnten sie dort unbehelligt umherstreifen.

»Und falls einer fragt, können wir immer sagen, dass wir Ruby besuchen wollen. Das ist einer der Hardoon-Söhne, der zeitweilig mal in meine Klasse ging. Auch so ein Halbdrache wie ich«, sagte er leichthin, doch Inge hatte längst bemerkt, dass dieses Thema für ihn durchaus schwerwog.

Sanmao führte sie vorbei an halb verfallenen Pavillons, Pagoden und künstlichen Felsformationen, mit Wässerfällen, Bächlein und zierlichen Brückchen. Ein Lotosteich war so vollständig mit großen, tellerrunden Blättern bedeckt, dass man verlockt war, darauf spazieren zu gehen. Hinter verwilderten Bambushainen und ausgewachsenen Hecken taten sich immer neue Überraschungen auf. Alles war üppig und grün – selbst im Winter! Verzaubert von dieser Traumlandschaft stapfte Inge hinter ihrem Führer durchs hüfthohe Gras. Gerade die Verwahrlosung der Parkanlage, der man das ordnende Konzept menschlicher Planung eben noch ansah, gab ihr den besonderen Reiz.

»Das alles hat ein berühmter buddhistischer Mönch zu Beginn des Jahrhunderts angelegt«, erklärte Sanmao, ohne dass Inge extra nachfragen musste. »Hardoon ist nämlich aus Liebe zu seiner Frau zum buddhistischen Glauben übergetreten.« Dieses Thema schien ihn zu interessieren. »Und jetzt zeig ich dir meinen Lieblingsplatz. Aber vorher musst du mir was versprechen, Yatou. Du darfst niemand anderen hierherführen. Das ist nämlich ein ganz besonderer Ort.«

»Großes Indianerehrenwort.« Inge hob drei Finger zum Schwur.

Sanmao sah sie verblüfft an. Wahrscheinlich hatte er, der in Schanghai aufgewachsen war, nie Bücher von Karl May gelesen. Bei was schworen die Chinesen? Doch allein Inges ernsthafte Miene schien ihn zu überzeugen.

»Also, komm mit.« Sie folgten einem von Brennnesseln überwucherten, gerade noch erkennbaren Pfad, der sich auf eine Anhöhe schlängelte. Oben stand ein kleiner offener Tempel, dessen rundes Dach auf weißen, mit Kapitellen verzierten Säulen ruhte. Inge hätte ihn eher ins antike Griechenland als nach China eingeordnet, aber diese Stadt war ohnehin ein einziger architektonischer Mischmasch.

Hinter Sanmao stieg sie drei bröckelnde Stufen hinauf, dann standen sie vor einem Stein mit zweisprachiger Inschrift.

»Das Chinesische kann ich lesen«, sagte Sanmao. »*Ài* heißt ›lieben‹, und *Lì* steht für Lisa, den Namen seiner Frau, für die er den Park hat anlegen lassen. Er heißt deshalb auch Aili-Park, aber die Schanghaier sagen alle *Hatong Huāyuán*.« Andächtig fuhr er mit dem Finger die beiden großen Schriftzeichen nach, die dort eingraviert waren. Dann deutete er auf eine zweite Inschrift. »Weißt du vielleicht, was da steht?«

»Das ist Hebräisch.« Inge erkannte die Schrift sofort. »Ich kann das nicht lesen, aber wahrscheinlich muss ich's bald lernen, wo ich doch jetzt in diese jüdische Schule soll.«

»Würde mich schon interessieren, was das heißt.«

Inge spürte, dass dieses Monument einer west-östlichen Liebe für Sanmao von besonderer Bedeutung war. Auch ihr Interesse war geweckt, und sie überließ sich dem Zauber dieses verwunschenen Orts.

»Schön hier«, sagte sie an die Balustrade gelehnt, von wo sich der Ausblick über eine Lichtung auftat. Azaleen und Kamelien säumten als wild wuchernde Büsche die Wiese und öffneten erste Knospen in Weiß, Rot und zartem Rosa. »Vielleicht haben die beiden auch hier gestanden, so wie wir jetzt. Wann ist dieser Herr Hardoon eigentlich gestorben?«

»Neunzehnhunderteinunddreißig, da war ich noch ganz klein, aber ich erinnere mich an den großen Trauerzug, der durch die Bubbling Well Road kam. Überall waren große Trauertore errichtet. Er ist in einem Mausoleum hier im Park begraben, aber das liegt in dem Teil, wo wir nicht hinkönnen.«

Sie schlenderten zurück zu ihrem Schlupfloch.

»Ach, beinahe hätte ich's vergessen. Am Sonntag ist chinesisches Neujahr, da beginnt das Jahr des Hasen. Am Samstag ist unser Silvesterabend. Meine Mutter lässt fragen, ob du mit deinen Eltern zum Abendessen kommen möchtest.«

»Au prima! Danke! Ich sag's ihnen.«

Zu Hause musste Inge sich wieder mal über ihre Eltern ärgern. Nachdem sie die Einladung der Fiedlers überbracht hatte, fand das Ehepaar Finkelstein alle möglichen Gründe, warum es keine gute Idee sei, diese anzunehmen.

»Herr Fiedler ist mein Arbeitgeber und unser Vermieter«, sagte der Vater, der eben müde aus der Backstube gekommen war. »Ich möchte Privates und Berufliches nicht vermischen.« Offenbar hatte er immer noch daran zu knabbern, nicht mehr sein eigener Herr zu sein.

»Ich habe gehört, dass das chinesische Neujahr ein Familienfest ist wie unser Weihnachten«, gab seine Frau zu bedenken. »Da wollen die doch bestimmt unter sich sein. Am Heiligen Abend geht man ja auch nicht zu fremden Leuten. Und wer weiß, was für sonderbare Sachen es da zu essen gibt.«

»Erstens sind das keine fremden Leute, sondern die Fiedlers, und außerdem würden sie uns ja nicht einladen, wenn sie uns nicht bei sich haben wollten«, stellte Inge richtig.

»Trotzdem, ich finde, wir sollten Frau Fiedler nicht noch mehr Arbeit machen«, entgegnete die deutsche Hausfrau.

»Ihr seid unmöglich!« Inge konnte kaum noch an sich halten. »Wenn wir die Einladung nicht annehmen, verlieren die Fiedlers ihr Gesicht.«

»Was sind denn das nun wieder für chinesische Ideen, Inge?«, fragte ihre Mutter.

»Welche, die ihr offenbar nicht versteht«, antwortete Inge patzig. Dass die aber auch nichts kapierten und kein bisschen neugierig oder unternehmungslustig waren! Es war wirklich zum Verzweifeln. Irgendwie musste sie ihrer Enttäuschung Luft machen, auch wenn es ungehörig war. »Wenn ihr so weitermacht, werdet ihr nie in China ankommen. Ich gehe jedenfalls hin. Sanmao ist mein Freund, mein einziger Freund hier, und ich will seine Einladung auf keinen Fall ablehnen.« Ihren anderen Freund, Max vom Schiff, hatte sie im großen Schanghai aus den Augen verloren.

Die Entschlossenheit der Tochter machte die Eltern ratlos; Hilfe suchend sahen sie einander an, dann sagte Frau Finkelstein: »Na gut, dann gehst du eben allein. Vielleicht ist das gar keine schlechte Lösung. Wir wollen ja nicht unhöflich sein. Du bist unsere Vertreterin und wahrst unser Gesicht.«

In den Tagen vor dem Fest ging es in der Markthalle noch geschäftiger zu als sonst. Inge hätte eine Steigerung eigentlich kaum für möglich gehalten, aber zu Neujahr würden – das einzige Mal im Jahr – auch die chinesischen Hausangestellten freihaben und zu ihren Familien aufs Land zurückkehren. Deshalb mussten sie entsprechend viel einkaufen und vorkochen, damit ihre Herrschaft über die Feiertage nicht verhungerte.

Am Samstag hallte schon am Nachmittag das Krachen vereinzelter Feuerwerkskörper durch die Straßen. Freudige Erwartung lag in der Luft. Diesmal hatte auch Inge sich »in Schale« geworfen. Blauer Faltenrock, weiße Bluse unterm Strickpullover, der immerhin ein klein bisschen rot war, wie es sich für das Fest gehörte. Die Familie hatte lange beratschlagt, was Inge als Geschenk mitbringen sollte, und sich schließlich auf eine Flasche Maotai geeinigt, einen höllisch starken Hirseschnaps, den, wie Inge von ihrem Tempelbesuch wusste, auch die Verstorbenen schätzten. Denn um die ging es an diesem Abend hauptsächlich. Sanmao hatte ihr erklärt, dass in China das Geschick der Lebenden vom Wohlwollen der Toten abhing. Man dankte den Ahnen in der Zeremonie des *xiè tiān* für ihren Schutz während des vergangenen Jahres und erbat ihn auch für das kommende.

Frühlingserwachen hatte die kalligraphierten Spruchbänder über dem Eingang, die im Lauf des Jahres verblichen waren, durch neue, leuchtend rote Papierstreifen ersetzt. Rote Lampions schaukelten über der Tür.

Andächtig stieg Inge mit ihrer Flasche die Treppe zum Wohnzimmer der Fiedlers hinauf. Oben stand Sanmao, den sie beinahe nicht erkannt hätte. Heute war er richtig chinesisch; er trug das lange, seitlich geknöpfte traditionelle Männergewand aus dunkelblauer Seide und hatte seinen widerspenstigen Haarschopf gescheitelt und mit Pomade gebändigt. Auch Herr Fiedler begrüßte sie herzlich; er war westlich gekleidet, hatte aber zur Feier des Tages seinen »Stresemann« mit der schwarz-grau gestreiften Hose angelegt, dazu trug er eine silbrig schillernde Krawatte mit Krawattennadel.

»Schön, dass du kommst, Inge«, lachte er ihr entgegen, seine roten Bäckchen glühten. »Da fühle ich mich nicht so unterlegen in meiner chinesischen Familie. Wir müssen nämlich erst den Ahnenkult absolvieren, bevor 's was zu essen gibt. Die Verstorbenen haben Vorrang.«

»Du nicht spotten, *háizi de dīe*«, schalt Frau Fiedler ihren Mann. »Wir vielleicht nicht gut sorgen für dich, *duì bu duì?*« Inge kannte diese Frageformel aus ihrem Unterricht mit Ina. Und natürlich beeilte sich Herr Fiedler, die Frage zu bestätigen: »*Duì, duì, duì.*« Selbstverständlich war hier für Lebende und Tote bestens gesorgt.

Frühlingserwachen hatte Inge unter wortreichem Dank und mit der Beteuerung, das sei doch »absolut nicht nötig« und »wirklich viel zu höflich«, die Flasche abgenommen und drückte dem Gast nun ihrerseits ein Paket in die Hand.

»Hier, für dich. In China zu Neujahr alle Kinder bekommen neue Anziehsachen, weil alle haben heute Geburtstag.«

»Was, ich hab heute Geburtstag?«, fragte Inge angenehm überrascht.

»Genau, Yatou, heute wirst du ein Jahr älter«, erklärte Sanmao augenzwinkernd. Er wusste genau, wie gern Inge den Altersunterschied zwischen ihnen verringern würde.

»Na prima, dann bin ich jetzt elf«, rief Inge erfreut und schielte erwartungsvoll auf das Paket, das ziemlich groß und sperrig war. Dann sah sie Sanmao fragend an.

Der verstand sofort: »Du darfst es gleich aufmachen.«

Inge ließ sich das nicht zweimal sagen. Ungeduldig riss sie das rote Papier auf und fand darin eine schwarze Hose mit schmal geschnittenen Beinen und eine indigoblaue wattierte Jacke mit raffinierten, aus Stoff geflochtenen Knebelknöpfen. Da war selbst Inge sprachlos. Strahlend hielt sie sich die neuen Sachen an.

»Deine Kleider sehr hübsch, Ying'ge, aber, äh, so unpraktisch.«

Sanmao grinste. »Damit dich in Zukunft die Brennnesseln nicht mehr pieken.« Inge wusste genau, worauf er anspielte, und lächelte ihm verschwörerisch zu.

Still und hochzufrieden setzte sie sich zu Herrn Fiedler an den runden Esstisch, während Mutter und Sohn ihren Kotau vor den Ahnen machten. Der altarartige Tisch mit den Ebenholztafeln, der sonst in der Ecke stand, war in die Zimmermitte gerückt worden, rote Kerzen brannten, und vor den Ahnentafeln standen Teller mit unterschiedlichen Gerichten. Inge konnte Huhn und Fisch identifizieren, das andere war zu klein geschnitten. Alle Gerichte waren mit roten Zetteln versehen. Eine Speisekarte für die Verstorbenen? Davor glommen Räucherstäbchen und erfüllten den Raum mit warmem Sandelholzduft. Offenbar wurden die Speisen auf diesem Weg zu den Toten befördert. Anders als in Deutschland blickte man beim chinesischen Neujahrsfest nicht nur in die Zukunft, sondern gedachte auch vorangegangener Generationen. Vielleicht war es doch ganz gut, dass ihre Eltern nicht mitgekommen waren, überlegte Inge. Wie sollte ein jüdischer Waisenjunge seine Ahnen verehren? Und ihre Mutter lebte ja auch nicht gerade im Einverständnis mit ihrer Familie.

Sanmao und seine Mutter nahmen jeder ein paar Räucherstäbchen in beide Hände und schwenkten sie vor den Tafeln auf und ab, wie Inge das bereits im Tempel gesehen und praktiziert hatte. Anschließend ließen sie sich auf die Knie nieder und verneigten sich dreimal so tief, dass die Stirn den Boden berührte – der Kotau.

Als sie wieder auf den Beinen war, nahm Frau Fiedler Inges Maotai-Flasche und goss je einen Schluck in das Schälchen vor jeder Tafel.

»Jetzt sie kriegen von deine Schnaps.«

»Prosit«, murmelte Inge leise.

Damit war die Zeremonie vorüber; die roten Zettel wurden entfernt und die Platten auf den Esstisch gestellt. Dabei achtete Frühlingserwachen darauf, dass der Fisch mit dem Schwanz zur Tür zeigte.

»Jetzt sind wir dran«, sagte Herr Fiedler und stieß Inge mit dem Ellenbogen an. Dann sprach er mit gefalteten Händen ein kurzes Dankgebet. Auch er war evangelisch.

Endlich bot sich Inge die Gelegenheit, Inas Abschiedsgeschenk, ihre Essstäbchen aus Elfenbein, wirkungsvoll zum Einsatz zu bringen. Unter allseitiger Bewunderung bugsierte sie sich damit in den Mund, was Sanmao ihr formvollendet vorlegte. Er saß neben ihr und hatte für das leibliche Wohl seines Gastes zu sorgen, indem er ihr die besten Stücke in die Schale legte und darauf achtete, dass ihre Teeschale nie leer war.

»Hast du gesehen, wie meine Mutter den Fisch hingestellt hat? Fisch heißt *yú*, ein anderes Zeichen mit der gleichen Aussprache bedeutet ›überflüssiges Geld‹. Das ist ein Sprachspiel, bei dem man hofft, dass im neuen Jahr Geld übrig bleibt.«

»In dieser Kultur dreht sich alles ums Geld«, bemerkte Herr Fiedler.

»Und um Sprache«, fügte Inge hinzu. Sie kannte jetzt schon mehrere solche Sprachspiele mit gleichlautenden Schriftzeichen. So hatte sie sich zum Beispiel immer gewundert, warum ausgerechnet Fledermäuse, die sie für ziemlich gruselige Tiere hielt, überall als Dekoration herumschwirrten. Auf Nachfrage hatte man ihr erklärt, dass sie Glück brächten, weil sie wie *fú* – »Glück« – ausgesprochen wurden. Gleich darauf wurde ein Gericht aufgetragen, dass ebenfalls Gutes fürs neue Jahr versprach: Neujahrskuchen aus Klebreis, *niángāo*. Und weil *gāo* in anderer Schreibweise auch »hoch« heißen konnte, hoffte man darauf, dass im neuen Jahr alles noch »höher« und damit besser werden würde.

Begeistert stopfte Inge diese Glück und Reichtum verheißenden Speisen in sich hinein und fand es genial, dass man durch das Essen leckerer Sachen zugleich seine Zukunftschancen verbessern konnte. Letztlich, so erkannte sie, ging es den Chinesen vornehmlich ums gute Essen, auf das selbst Verstorbene und Götter Appetit hatten.

»Und wann knallt ihr?«, fragte sie, als sie pappsatt war.

»Das nimmt man hier nicht so genau«, erklärte

Herr Fiedler. »Manche fangen schon mittags damit an, und es geht die ganze Nacht hindurch. Sanmao und ich haben am Nachmittag draußen vor dem Café unsere Schnüre mit Knallfröschen gezündet. Für gute Geschäfte. Und am vierten Neujahrstag geht's dann noch mal los, da wird der Gott des Reichtums in der Stadt begrüßt.«

Inge war es recht, nicht bis Mitternacht ausharren zu müssen. Der volle Magen ließ auch die Lider immer schwerer werden.

»Dann mach ich mich jetzt wohl besser auf den Weg. Danke, Herr Fiedler, danke, Xiaochun *āyí*, danke, Sanmao. Und alles Gute im Jahr des Hasen!« Dann fügte sie noch hinzu: »*Wànshì rúyì*.« Das bedeutete »Zehntausend Dinge wunschgemäß«, und sollte garantieren, dass alles flutschte im neuen Jahr.

»Sanmao, begleite unseren Gast ins Hinterhaus«, mahnte Herr Fiedler.

Auf der Treppe sagte Sanmao: »Das hat meiner Mutter gefallen, dass du sie mit ›Tante‹ angeredet hast. Woher wusstest du, dass man das hier so macht, auch wenn man nicht verwandt ist?«

»Tja, ich hab eben auch vor dir schon gute Lehrer gehabt. Gute Nacht und *wǎn'ān*.«

Doppelleben

Schanghai 1939 – Jahr des Hasen

»He, Yatou, gehst du wieder Bauklötzchen spielen?«, zog Sanmao Inge anfangs auf, wenn sie sich morgens im ordentlich gebügelten Faltenrock ihrer Schuluniform auf den kurzen Weg in die Jewish Youth Association School machte. Doch der Kindergarten erwies sich als gar nicht so übel.

Die Schule war in einem Nebengebäude der Ohel-Rachel-Synagoge untergebracht. Als Inge das erste Mal vor der imposanten Säulenhalle des riesigen Bethauses stand, das siebenhundert Gläubigen Platz bot, fragte sie sich erneut, wie ihr Erbauer schon um die Jahrhundertwende geahnt haben mochte, dass einst so viele seiner Glaubensbrüder in Schanghai Zuflucht finden würden. Ein zweistöckiger Backsteinbau auf dem Gelände der Synagoge beherbergte die Schule, nach ihrem Stifter Kadoori School genannt. Auch einer, der vorgesorgt hat, dachte Inge.

Die Neuankömmlinge, ganz gleich welchen Alters, wurden im sogenannten Kindergarten zusammengefasst, damit sie möglichst schnell die Unterrichtssprache Englisch lernten. Das geschah spielerisch, mit Liedern und Reimen, was schon deshalb naheliegend war, weil die Schüler unterschiedlichen Nationalitäten angehörten und sich ohne diese gemeinsame Sprache kaum verständigen konnten. Jeder Schultag begann mit dem Hissen der weißen Flagge mit dem blauen Stern und dem Singen der »Hatikva«. Dieses Lied hatte neun Strophen und brachte die Hoffnung der Juden zum Ausdruck, dereinst ins Land Zion zurückzukehren. Inge verstand kein Wort, denn es wurde hebräisch gesungen. Aber sie war schließlich auch aus einem Land vertrieben worden, in das sie wieder heimkehren wollte, und so brachten die unbekannten Silben immerhin ein bekanntes Gefühl zum Ausdruck.

Die Vorzüge dieser Art Vorschule hatte Inge rasch erkannt: kein langweiliger Unterricht, kaum Hausaufgaben und nach einem regelmäßigen warmen Schulessen viel freie Zeit. Sie vermittelte ihr aber auch das Gefühl, mehrere Leben gleichzeitig zu führen: Morgens ging Inge als deutsches, evangelisch getauftes Mädchen in eine jüdische Schule, in der sie hebräisch sang und englisch sprach. Kaum war sie zu Hause, zog sie sich ihre chinesischen Sachen an, tauchte mit Sanmao in ihr Schanghaier Stadtviertel ein und lernte von ihm die besten Essstände und die wirksamsten Flüche kennen. Das heißt, wenn er sich denn dazu bereitfand, Zeit für »die Kleine« zu haben …

Was Inge bei alldem vermisste, waren Freundinnen, so wie Ina und Lotte es in Brandenburg gewesen waren, gleichaltrige Mädchen, mit denen man kicherte und Quatsch machte, denen man alles erzählen konnte und zu denen man nicht aufschauen musste. Inge, die sich keineswegs auf die Schule gefreut hatte, war zumindest in dieser Hinsicht erwartungsvoll gewesen, doch ihre Hoffnungen hatten sich nicht erfüllt. Da es im »Kindergarten« keinen Klassenverband gab, waren die Kinder, die dort gemeinsam Englisch lernten, dem Alter und der Herkunft nach sehr verschieden. Die Einzige, die altersmäßig zu Inge passte, war Ruthchen. Ruth Rehmann war das Kind reicher Eltern, die ihr gesamtes Mobiliar, einschließlich Konzertflügel, mit nach Schanghai gebracht hatten, wo dieser, wie Ruth Inge erzählte, furchtbar unter dem Klima litt. Ruth sollte in der SJYA-School Englisch lernen und anschließend auf eine Privatschule gehen. Die Familie wohnte in einem Anwesen in der Französischen Konzession, das auch Frau Schwab für akzeptabel gehalten hatte: großes Haus im englischen Tudor-Stil, parkartiger Garten und jede Menge Dienstboten.

Einmal war Inge dort zum Geburtstag eingeladen gewesen. Inge, die im Mai zu ihrem elften Geburtstag selbst keine Feier gehabt hatte, freute sich riesig.

»Was kann ich denn mitbringen?«, fragte sie die Mutter, die gemäß ihrem Motto »Wer weiß, was noch kommt«, auch weiterhin das Haushaltsgeld mit strenger Hand verwaltete.

»Frag doch deinen Vater, ob er ein paar Nusshörnchen extra backen kann.«

Also war Inge im Sonntagsstaat und mit ihrem Kuchenpaket bei den Reimanns erschienen. Ruth nahm Inges Gratulation und das Päckchen huldvoll entgegen. Neugierig riss sie es auf und starrte dann enttäuscht und voller Verachtung auf die Nusshörnchen.

»Aber davon haben wir doch schon jede Menge!«, sagte sie und deutete auf ein riesiges Kuchenbuffet, das am Ende des großen Wohnzimmers aufgebaut war.

Inge stieg die Schamröte ins Gesicht. »Tut mir leid«, murmelte sie.

Für den Rest des Nachmittags wurde sie von ihrer Gastgeberin ignoriert. Am meisten ärgerte Inge sich später, dass sie sich für ihr Geschenk entschuldigt hatte. Das war das Ende einer noch nicht begonnenen Freundschaft. Zum Glück war Ruth kurz danach auf eine Privatschule übergewechselt.

Und auch Inges Schultage an der Seymour Road waren bereits wieder gezählt, kaum dass sie angefangen hatten. Im Lauf des Jahres waren so viele jüdische Flüchtlinge in Schanghai angekommen, dass die SJYA-School inzwischen aus allen Nähten platzte. Im Juni, zu Schuljahrsende, bekam Inge einen Zettel mit nach Hause:

»An alle Eltern:

Aus Platzmangel wird die SJYA-School zu Schuljahrsbeginn ein neues Gebäude an der Kinchow Road im Stadtteil Hongkou beziehen.«

»Warum denn ausgerechnet in Hongkou«, war Frau Finkelsteins erste Reaktion; sie hatte diesen Stadtteil in denkbar schlechter Erinnerung.

»Weil die meisten der nach uns angekommenen Juden sich dort angesiedelt haben. Für die Stadt ist das nur gut, denn so werden auf billige Weise die von den Japanern zerbombten Viertel wieder aufgebaut«, erklärte der Vater

»Und wie kommt das Kind da jeden Tag hin?«, wollte die Mutter wissen.

»Mit der Straßenbahn«, erwiderte Inge trocken. Ihr Schulweg würde von nun an zwar länger, aber dafür auch interessanter sein.

Doch jetzt waren erst mal Sommerferien. Sie begannen Anfang Juli im Jahresabschnitt der »Kleinen Hitze«, die sich in der zweiten Monatshälfte zur »Großen Hitze« steigerte, um dann in der »Tigerhitze« des Frühherbstes zu kulminieren. Wie Inge von Frühlingserwachen gelernt hatte, teilten die Chinesen das Jahr nicht nur in Jahreszeiten und Monate, sondern zusätzlich noch in *jiéqi* – Abschnitte von jeweils vierzehn Tagen, für die es lustige Namen und genaue Verhaltensmaßregeln gab. Sanmaos Mutter war eine unerschöpfliche Quelle für Hausmittel und gute Ratschläge. An besonders heißen Tagen kochte sie wässrige süße Suppe aus getrockneten grünen Böhnchen und glibberigen weißen Baumpilzen, die sie Inge und Sanmao lauwarm servierte. Sie verbot ihnen den Genuss kalter Getränke und ließ Inge wissen, dass sie Laifu am 6. Tag des 6. Mondmonats waschen solle. Hunde oder Katzen, die man an diesem Tag, dem Geburtstag der Sonne, wusch, blieben das ganze Jahr über sauber und frei von Ungeziefer. Inge nahm sich das fest vor – schon um die ewigen Klagen ihrer Mutter zu entkräften – und stellte bereits am Morgen eine Blechwanne im Hof bereit. Doch als chinesischer Kater schien auch Laifu dieses Datum zu kennen und ließ sich den ganzen Tag nicht blicken.

Im Hochsommer konnte Schanghai zu einem wahren Glutofen werden; das Thermometer kletterte auf Temperaturen von vierzig Grad und mehr, und die hohe Luftfeuchtigkeit machte die Hitze noch unerträglicher. Inge erwachte morgens davon, dass ihr der Schweiß in die Ohren rann. Auf Anraten von Frühlingserwachen schlief sie jetzt statt auf einem Leintuch auf einer Bambusmatte, die sich kühler anfühlte. Inge tat der Vater in seiner Backstube leid, wo wegen der Kuchen, Torten und Strudel der Backofen trotz Hitze eingeheizt werden musste. Sehnsüchtig dachte sie an die langen Badenachmittage im Havelbad oder an den Pool auf der »Conte Biancamano« zurück. Solche Freizeitangebote gab es in Schanghai nicht. Zumindest nicht für Kinder wie Inge und Sanmao.

Eines Tages erwachte Inge mit roten Pusteln an Bauch und Hals.

»Mama, mich juckt's überall, und ich hab so komische rote Flecken.«

Frau Finkelstein besah sich ihre Tochter genau und rief entsetzt: »O Gott, jetzt kriegt das Kind auch noch die Windpocken!«

Frühlingserwachen wurde zurate gezogen und konnte die Mutter beruhigen: »Das kommt von feucht und heiß. Puder hilft. Wenn trocken, dann nicht juckt.« So machte Inge schließlich doch noch Bekanntschaft mit dem Frieselausschlag.

Immerhin boten die Platanen, die mit ihren belaubten Ästen die gesamte Straßenbreite überspannten, einen kühlen, schützenden Schattenraum, aber heiß war es trotzdem. Ideales Wetter zum Brikettsbacken. Sanmao und Inge waren gerade dabei, Kohlebriketts für die Backstube zu formen, als Inge plötzlich lauschend den

Kopf hob. »Oh du schöhöhöner Wehehesterwald!«, drang es von der Straße herein, ein flotter Trommelwirbel folgte.

»Hörst du das? Da singt jemand deutsche Lieder.« Und schon rannte sie durch die Toreinfahrt, Sanmao hinterher. Eine Kolonne Jungen und Mädchen in der Kluft der Hitlerjugend, die Inge nur allzu gut kannte, marschierte am Straßenrand singend hinter einer Hakenkreuzfahne her. Inge war sprachlos. Die HJ? Mitten in Schanghai?

»Die sind von der Kaiser-Wilhelm-Schule. Sie kommen jedes Jahr hier durch, wenn sie in ihr Sommerlager in die Mogan-Berge ausrücken«, erklärte Sanmao, der ihr Entsetzen bemerkt hatte.

»Und was machen die dort?«

»Ach, irgendwelche Gelände- und Kriegsspielchen. Stell ich mir ziemlich doof vor, besonders bei der Hitze. Nicht dass die einen wie mich da mitmachen lassen würden.«

»He, den kenne ich!« Inge zeigte mit schwarzen Kohlefingern auf einen dicklichen Jungen mit runder Brille. »Das ist Rüdiger, Rüdiger Schwab. Der war mit uns auf dem Schiff.«

Der Junge beachtete das blonde Mädchen nicht, das in chinesischer Kleidung und rußverschmiertem Gesicht am Straßenrand stand. Sein braunes Hemd hatte dunkle Schwitzflecke, und schon jetzt konnte er kaum mit den anderen Schritt halten.

Inge starrte dem Trupp nach, wie er zwischen den bunten chinesischen Ladenschildern der Bubbling Well Road entschwand. Das war wirklich das Letzte,

was sie hier erwartet hatte. Dann fiel ihr die Hakenkreuzfahne ein, die ihren Vater bei der Landung so
aus der Fassung gebracht hatte.

»Hoffentlich hat mein Vater das nicht mitgekriegt«,
murmelte sie vor sich hin.

»Tja, es gibt eben solche und solche Deutsche in
Schanghai.«

»Und wir sind solche«, beendete Inge das Thema.

***

»Du verwilderst uns noch ganz«, beklagte sich Frau
Finkelstein. Auch wenn es praktisch war, dass Inge
immer besser Chinesisch sprach und sich gut in der
Stadt auskannte, so hatte ihre Mutter das Gefühl, dass
die Tochter ihr immer mehr entglitt. Während die
Ferien fortschritten, gewann der chinesische Teil von
Inges Doppelleben eindeutig die Oberhand. Sie war
ausschließlich in weiten Dreiviertelhosen, luftigen
Leibchen und Holzpantinen unterwegs – chinesische
Kleidung, die in der Hitze viel bequemer war –, und
beim Essen musste man sie daran erinnern, dass sie
sich nicht an einer Imbissbude befand.

»Man zeigt durch Schmatzen und Rülpsen, dass einem das Essen schmeckt«, verteidigte sich Inge.

»Aber nicht an meinem Tisch, Inge«, verwies sie
der Vater streng.

Die Eltern waren nicht in der Lage, ihre Tochter zu
beaufsichtigen und hatten keine Ahnung, wo sie sich
herumtrieb. Herr Finkelstein stand von morgens bis
abends in der Backstube, und seine Frau hatte mit ihrer

Nähmaschine eine kleine Änderungsschneiderei angefangen, für die sie am Anschlagbrett im Café der Fiedlers Werbung machte. »Wie gut, dass ich meine alte Singer mitgenommen habe«, sagte sie oft, dann zwinkerten Mutter und Tochter sich zu. »Ma Signora«, parodierte Inge Paolos Entsetzen, »Sie haben Steine in Koffer?« Die Geschäftsidee war ihr beim Abändern und Ausbessern von Inges Kleidung gekommen, wo es an Säumen und Ärmeln ständig etwas anzustückeln gab.

So heiß und unerträglich die Tage sein konnten, so angenehm waren die warmen Abende. Und die hielten eine ganz besondere Attraktion bereit: Das Freiluftkino im »Burlington«.

Das bekannte »Uptown Theater« war zwar gleich um die Ecke, allerdings hatte Inge dort ein doppeltes Handicap: Bei den neuesten Hollywood-Streifen und chinesischen Produktionen fiel sie deutlich sichtbar unter die Altersgrenze, außerdem rückte Frau Finkelstein natürlich kein Eintrittsgeld heraus.

Doch Sanmao hatte eine Idee, wie sich beides umgehen ließ.

»Im ›Burlington‹ werden im Sommer freitags Filme für die Gäste gezeigt, draußen im Garten«, erläuterte er seinen Plan. »Ich hab mir immer schon überlegt, wie ich da reinkommen könnte, hab's aber nie geschafft, die Mauern sind hoch und mit Glasscherben gesichert. Aber mit dir könnte es klappen. Wir tun einfach so, als ob wir Hausgäste wären. Du wohnst dort, und ich bin dein Schanghaier Cousin, der dich im Hotel besucht. Wir gehen ganz selbstverständlich an der Rezeption vorbei und durch den Salon mit den großen Sesseln bis auf die rückwärtige Terrasse. Dann verkrümeln wir uns irgendwo im Garten. Am besten, wenn der Film schon angefangen hat, dann bemerken sie uns nicht.«

Inge war begeistert; endlich war sie mal nicht nur »die Kleine«, das gnädig geduldete Anhängsel, sondern übernahm bei den gemeinsamen Unternehmungen eine tragende Rolle. Zunächst galt es jedoch, Mutters Einwände gegen solche abendlichen Ausflüge (in die Einzelheiten war sie ohnehin nicht eingeweiht) zu entkräften. Inge war entschlossen, sich ihr Abenteuer nicht schon verderben zu lassen, bevor es angefangen hatte.

»Englische Filme sind eine sehr gute Verständnisübung«, argumentierte sie. »Du willst doch nicht, dass ich über die Ferien mein Englisch wieder vergesse, oder? Wie soll ich denn sonst im Herbst in der neuen Klasse mitkommen?«

Dagegen konnte Frau Finkelstein nichts einwenden. »Aber nach dem Film kommt ihr sofort nach Hause, hörst du?« Der Anschein elterlicher Autorität musste immerhin gewahrt bleiben.

Nach dem Abendessen verwandelte Inge sich mittels blauem Faltenrock und weißer Bluse zurück in eine gesittete »Langnase« und zog mit Sanmao los. Als sie die Lobby des Hotels durchquerten, grüßte sie lässig zu dem englischen Empfangschef hinüber, der ihnen freundlich zunickte. Dann schlenderten sie weiter auf die Terrasse.

Sanmao knuffte sie triumphierend in die Seite, als

sie die Veranda überquert hatten und sich im Schutz eines Baums an der Gartenmauer niederließen – mit bester Aussicht auf die Leinwand. »Das ist mindestens erster Rang.«

Und es war viel mehr als das. Grillen wetteiferten mit den ersten Takten der Filmmusik, auf der Terrasse klimperten die Eiswürfel in den Drinks der Hotelgäste, und die feuchte Wärme des Abends umhüllte sie wie eine Decke. Sanmao zog eine Tüte mit Keksbruch aus der Tasche. Er dachte einfach an alles. Inge lehnte den Rücken genüsslich an die kühle Gartenmauer und war rundum zufrieden mit ihrem Platz zwischen den Sprachen, Ländern und Kulturen. Dann ließen sie sich vom Klamauk auf der Leinwand nach Amerika entführen, wo Katharine Hepburn und Cary Grant sich in »Leoparden küsst man nicht« allmählich näherkamen.

Im Lauf des Sommers wurden die Abende im »Burlington« zur festen Einrichtung. Längst kannte der Empfangschef das ungleiche Paar, das eindeutig nicht zu den Hotelgästen gehörte, aber immer betont selbstbewusst durch die Lobby stolzierte, wenn eine Filmvorführung angekündigt war. Gutmütig spielte er das Spiel der beiden mit, indem er sie mit ausgesuchter Höflichkeit grüßte. Mittlerweile richteten es die beiden so ein, dass sie rechtzeitig zu den »Fox Movietone News« kamen, der aktuellen Wochenschau, die vor dem Film gezeigt wurde. Ganz aktuell war die meist nicht, aber das störte hier niemanden; die Schanghailänder waren ihrer Zeit ohnehin voraus.

Eines Abends – Inge und Sanmao hatten ihren

Stammplatz bereits eingenommen – sah Inge in der Wochenschau, wie aufgeregte Leute sich um einen Zeitungsmann drängten und ihm die Zeitungen aus der Hand rissen. »Britain declares War on Germany« lautete die dicke schwarze Überschrift. Das war zwar nicht das Vokabular, das man im Kindergarten lernte, doch Inge begriff sofort. Auf der Leinwand sah man jetzt Männer vor dem Armeehauptquartier Schlange stehen – offenbar wollten sie Soldaten werden.

Plötzlich durchfuhr Inge die Erkenntnis, dass diese Nachricht von der anderen Seite des Globus sie ganz unmittelbar betraf. »Sanmao, die machen Krieg!«, stieß sie entsetzt hervor. »Krieg gegen Hitler, gegen uns!«

Ihr Freund sah sie verständnislos an. Als Schanghaier konnte er den Abgrund, der sich zwischen dem Namen Hitler und diesem »uns« auftat, nicht abschätzen.

»Psst, Yatou, nicht so laut.« Ihm ging es vor allem darum, dass Hotelpersonal oder Hausgäste nicht auf die blinden Passagiere aufmerksam wurden. Aber Inge war nicht zu bremsen. »Ich muss zu meinen Eltern. Vielleicht wissen die das noch gar nicht.« Schon war sie aufgesprungen und überquerte auf dem kürzesten Weg den Rasen. Der Löwe von Metro-Goldwyn-Mayer im Vorspann des Films unterbrach für einen Moment sein Gebrüll, als ein kleiner schwarzer Schatten den Lichtkegel des Projektors durchschnitt und über die Leinwand huschte.

»Inge!«, rief Sanmao ihr nach.

Sie rannte den ganzen Weg bis nach Hause, vorbei an Chinesen im Pyjama, die ihre Bambusliegen für die Nacht auf den Gehweg gestellt hatten, vorbei an Bars und Unterhaltungslokalen, in denen sich das Nachtleben warmlief, und vorbei an den stark geschminkten Damen in hoch geschlitzten Kleidern, die darin eine tragende Rolle spielten.

Atemlos kam Inge im Hinterhaus an und stürmte ins Wohnzimmer, wo abends ihre Schlafcouch ausgeklappt wurde. Die Mutter saß mit einer Näharbeit am Tisch, der Vater las in einer alten Ausgabe der Emigrantenzeitung. »Mama, Papa, in Europa ist Krieg!«, rief sie, zu mehr reichte die Luft nicht.

»Was ist denn los, Kind? Warum bist du schon zurück?«

»England hat Deutschland den Krieg erklärt. Ich hab's in der Wochenschau gesehen.«

»Ja, das war am 3. September«, erwiderte ihr Vater ruhig. »Aber angefangen hat Hitler, indem er am 1. September in Polen einmarschiert ist. Inzwischen ist auch Frankreich in den Krieg eingetreten. Wir wussten davon, wollten dich aber nicht beunruhigen.«

Einen Moment lang war Inge sprachlos. In ihrem Kopf überschlug sich alles.

»Dann können wir also nicht zurück?«

»Wir hätten sowieso nicht zurückgekonnt, nicht solange die Nationalsozialisten an der Macht sind. Jetzt können wir nur hoffen, dass es rasch zu Ende geht.«

»Du meinst mit uns?«, fragte Inge ungläubig »Du meinst, wir müssen hoffen, dass Deutschland den Krieg verliert?« Mit traumwandlerischer Sicherheit hatte sie den Nagel auf den Kopf getroffen – und ihn gleichzeitig tief in die wunde väterliche Seele getrieben.

»Ach, Inge, warum musst du immer die richtigen Fragen stellen! Das sind die, die am schwersten zu beantworten sind. Aber ich will dir die Antwort nicht schuldig bleiben: Ja – ich fürchte, das müssen wir.«

Eine Weile saßen sie stumm um den Tisch, eine deutsche Familie in Schanghai, deren Leben gründlich aus den Angeln gehoben war.

Frau Finkelstein sah nacheinander Mann und Tochter an. »Lasst uns ›Mensch-ärgere-dich-nicht‹ spielen«, schlug sie vor. »Das haben wir schon lange nicht mehr gemacht.«

Diesmal gewann Herr Finkelstein. Er hatte heute mit ungewöhnlicher Verbissenheit gespielt und seine grünen Männchen einen nach dem anderen in den sicheren Hafen gebracht. Inge betrachtete nachdenklich ihre kleine rote Truppe, die immer wieder von den Grünen auf die Plätze verwiesen worden war. Plötzlich kamen sie ihr vor wie marschierende Soldaten. Jetzt muss ich mich also in Zukunft immer freuen, wenn meine Leute rausgeschmissen werden, überlegte sie. Aber wer sind »meine Leute«?

Das gute am »Mensch-ärgere-dich-nicht« war, dass man es wegpacken und die Geister, die es wachrief, am Schluss wieder in die rote Schachtel bannen konnte.

Als die Schlafcouch ausgezogen war und Inge auf ihrer Bambusmatte lag, konnte sie nicht einschlafen. Nicht wegen der Hitze, an die hatte sie sich mittlerweile gewöhnt. Auch nicht wegen der blutrünstigen Mücken, die sie durstig umschwirrten, die hielt ihr die fein gesponnene Festung ihres Moskitonetzes vom Leib. Sie musste an Brandenburg denken und an die Freundinnen dort. Um Lotte, die schon immer begeistert bei den Jungmädeln mitgemacht hatte, musste man sich nicht sorgen. Die marschierte hinter einer Hakenkreuzfahne und sang kämpferische Lieder, genau wie die Hitlerjugend in Schanghai. Aber was war mit Ina, der mandeläugigen Ina aus China? Die war jetzt auf ihrer Flucht vor dem Krieg in einen neuen Krieg geraten.

Wehrhaft

Schanghai 1939 – Jahr des Hasen

»Good morning, boys and girls!«

»Good morning, Mrs. Hartwich«, antwortete am ersten Morgen die Klasse, zu der nun auch Inge gehörte.

Der lange Schulweg, der sie quer durch die Stadt führte, machte Inge nichts aus, ganz im Gegenteil. Aus Sparsamkeitsgründen (»Wer weiß, was noch kommt«) fuhr sie in der dritten Klasse der Straßenbahn, wo fast ausschließlich Chinesen fuhren und das Gedränge am größten war. Sie blieb auf der Außenplattform stehen, ließ sich den Fahrtwind um die Ohren wehen und sah sich die Auslagen der Geschäfte an. Bei dem Schneckentempo glich die Fahrt durch die Nanking Road einem Schaufensterbummel.

Jedes Mal, wenn die Bahn die Garden Bridge überquerte, hielt Inge Ausschau nach weißen Passagierdampfern, doch es waren schon länger keine mehr angekommen. Seit Kriegsausbruch war der Strom der Flüchtlinge aus Europa nahezu versiegt; nur noch wenige schafften es über den langen, komplizierten und gefährlichen Landweg bis nach Schanghai. Stattdessen ankerte das japanische Kanonenboot »Idzumo« jetzt demonstrativ mitten in der Flussbiegung.

Hongkou, der »Mund des Regenbogens«, war kein

Neuland für Inge und längst nicht so romantisch wie sein Name; aus diesem Mund konnte es ziemlich schlecht riechen. Ihre Schule lag in unmittelbarer Nachbarschaft zu einem der »Heime«, ähnlich jenem, in dem sie ihre erste Nacht in Schanghai verbracht hatte. Auch mit dem Englischen war sie ausreichend vertraut, um dem Unterricht bald problemlos folgen zu können. Sogar in der Pause waren die Schüler gehalten, Englisch zu sprechen, was aber keiner tat, sobald die Lehrer außer Hörweite waren. Kaum läutete es, bildeten sich im Schulhof die immer gleichen Grüppchen; Mädchen und Jungen blieben streng getrennt, was Inge schon mal doof fand, aber auch die einzelnen Nationalitäten sonderten sich ab. Die Mädchen aus dem »angeschlossenen« Österreich zeigten keinerlei Sympathien für die »Piefkes« und umgekehrt. Dann gab es noch das kleine Häuflein der osteuropäischen Emigranten.

Alles klar, dachte Inge und gesellte sich zu einer Gruppe Mädchen, die eifrig auf Deutsch miteinander tuschelten. Als Neuling wurde sie natürlich erst einmal ausgefragt.

»Wo kommst du her?«

Inge erzählte von Brandenburg, von der zerstörten Konditorei und dem Lageraufenthalt des Vaters. Erleichtert stellte sie fest, dass fast jeder hier Ähnliches zu berichten hatte. Endlich würde sie dazugehören, vielleicht sogar eine Freundin finden.

»Und wo wohnst du?« Als Inge die Bubbling Well Road nannte, stand sie gleich noch mehr im Zentrum des Interesses. Ihre Klassenkameradinnen hatten sich mit ihren Eltern fast alle in Hongkou niedergelassen und kamen aus diesem Viertel kaum heraus. Sie fanden es todschick, dass Inge im mondänen International Settlement lebte.

»Da gibt's doch sicher jede Menge Lokale und Kinos«, hieß es bewundernd.

»Und lauter tolle Modegeschäfte«, wusste eine andere.

Mit Mode kannte Inge sich nicht aus, dafür umso mehr mit Kinos.

»Bei uns um die Ecke ist das ›Uptown Theatre‹«, berichtete sie stolz und setzte gleich noch eins drauf. »Dafür reicht mein Taschengeld leider nicht, aber im ›Burlington‹, das ist ein Hotel, da machen sie Freitag abends immer Freiluftkino für die Gäste. Wenn man weiß, wie's geht, kommt man umsonst rein.«

Plötzlich wurde es ganz still. Mehrere Augenpaare starrten Inge feindselig an.

»Was? Du gehst am Freitagabend ins Kino?«, fragte eine aus dem Kreis. »Feiert ihr zu Hause denn nicht Schabbat?«

Inge merkte, wie ihr die Röte ins Gesicht stieg. Auweia, das hatte sie wieder mal gründlich vermasselt.

»Meine Mutter ist evangelisch«, nuschelte sie und sprach damit ihr eigenes Urteil.

***

»Na, wie war's in der Schule?«, erkundigte sich der Vater, als Inge nach Hause kam. Es war bereits später Nachmittag, lustlos schleuderte sie ihren Ranzen in eine Ecke.

»Bin ich froh, dass wir nicht mehr in Hongkou wohnen.« Sie kraulte Laifu hinter den Ohren, der ihr grüßend um die Beine strich. Der kleine Kater hatte sich längst das Hausrecht bei den Finkelsteins erschmeichelt und als eifriger Mäusefänger auch redlich verdient. »Von der Schule kann man direkt in eines der Heime schauen. Da sind die Schlangen vor der Essensausgabe jetzt noch länger als bei uns damals, und nach der Wäsche zu urteilen, die auf den Leinen hängt, müssen die Schlafsäle total überfüllt sein.«

»Und die Schule?«

»Na ja.« Begeistert klang das nicht gerade. »Alles auf Englisch, dazu haben wir noch Französisch und Hebräisch. Ich seh wirklich nicht ein, warum ich das alles lernen soll, wo Chinesisch doch viel nützlicher wäre. Schließlich sind wir in China. Kann ich nicht hier in der Nähe in die Schule gehen? In eine ganz normale Schule? So wie Sanmao?«

»Das können wir uns nicht leisten, Inge. Die jüdische Schule verlangt kein Schulgeld, und außerdem bekommst du dort ein ordentliches Mittagessen. Wir müssen froh sein, dass sie dich überhaupt genommen haben, obwohl deine Mutter evangelisch ist.«

»Aber das ist genau das Problem«, rückte Inge mit ihrem Kummer heraus. »In der Pause haben die anderen zu mir gesagt, ich sei 'ne Deutsche. ›Ja, genau wie ihr‹, hab ich gesagt und dachte, damit sei das geklärt. Aber sie haben drauf bestanden, dass ich ›arisch‹ sei und anders als sie, weil sie spitzgekriegt haben, dass Mama evangelisch ist.« Wenn sie an die Szene im Schulhof dachte, hätte sie sich noch im Nachhinein am liebsten auf die Zunge gebissen. »Eine hat mich sogar ›Schickse‹ genannt. Das klang gar nicht nett.«

»Da hast du recht. Schickse ist eine wenig schmeichelhafte Bezeichnung für nichtjüdische Mädchen.«

»Ich find das richtig doof«, empörte sich Inge. »Mal hat man ein Problem, weil man angeblich jüdisch ist, und dann wieder, weil man's nicht ist.«

»Denk an unser ›Mensch-ärgere-dich-nicht‹, Entlein. Manchen macht es eben Spaß, andere rauszuschmeißen aus ihrer Gemeinschaft. Vielleicht gerade weil sie das schon am eigenen Leib erlebt haben und umso festere Gruppen bilden. Lass dich nicht unterkriegen. Und das bisschen Hebräisch machst du doch mit links. Überleg mal, du kannst all diese Fremdsprachen in der Schule lernen. Ich musste mir mein Englisch später mühsam in der Abendschule reinpauken, das war nach zehn Stunden in der Backstube wirklich kein Spaß.«

»Na ja, immerhin hat Hebräisch ein Alphabet mit gerade mal 23 Konsonanten, und die Vokale sind bloß Pünktchen.«

Herr Finkelstein musste sich ein Lächeln verkneifen. Offenbar hatte seine sprachbegabte Tochter die Herausforderung längst angenommen.

***

Der lange Schultag und der umständliche Schulweg beschnitten Inges Nachmittage mit Sanmao beträchtlich. Sie sah ihren Freund jetzt viel weniger als noch zu Kindergartenzeiten. Als sie eines Nachmittags von der Straßenbahnhaltestelle nach Hause trödelte, sah sie ihn vor sich in einem Pulk anderer Jungen die Straße überqueren. Den Jacketts und weißen Hemden nach zu urteilen, waren auch sie auf dem Heimweg von der Schule. Da es ihm sicher nicht angenehm gewesen wäre, vor seinen Kameraden von einem Mädchen begrüßt zu werden, das noch dazu deutlich jünger war, verlangsamte Inge den Schritt und blieb hinter der Schar zurück.

Plötzlich sah sie, wie die anderen – allesamt »Weiße« – Sanmao zu schubsen begannen. »He, Halbblut«, hänselte ihn einer. »Dir ist ins Gesicht geschrieben, dass dein Alter mit einem Schlitzauge ins Bett geht.«

»Mixed Pickles!«, rief ein anderer. Alle lachten. Neugierige Passanten blieben stehen und gafften.

Das klang bei Weitem nicht so nett wie die Bezeichnung »Halbdrache«, die Sanmao für sich selbst gebraucht hatte, überlegte Inge. Dann sah sie, wie Sanmao im Kreis seiner feixenden Peiniger plötzlich in Kungfu-Kampfstellung ging: Beine schulterbreit, rechte Schulter vor, Arme zu Schlag und Verteidigung erhoben.

Inge hielt den Atem an. Der wird sich doch nicht prügeln, wo die anderen eindeutig in der Überzahl sind.

»Memme!« – »Muttersöhnchen!« – »Geh doch zu deiner Chinesenmama!« Hämisch lachend deuteten sie auf Sanmaos geballte Fäuste. Doch es war dessen Fuß, der gleich darauf gegen die Brust eines Kameraden prallte. Aus dem Stand hatte Sanmao zu einem Drehsprung angesetzt und einen gezielten Tritt platziert; der Getroffene landete mit voller Wucht auf dem Hintern. Seinen Schwung ausnutzend, stieß Sanmao den Nebenmann mit beiden Händen zur Seite. Dieser blitzschnelle Angriff hatte eine Lücke im Kreis entstehen lassen. Und Sanmao rannte. Keine besonders ehrenhafte Lösung, fand Inge, aber sie funktionierte. Bis seine Schulkameraden sich von ihrem Schreck erholt hatten, war Sanmao längst in der Hofeinfahrt verschwunden. Für diesmal war er ihnen entkommen.

Nachdenklich und in einigem Abstand folgte Inge ihrem Freund. Dem geht's in der Schule offenbar nicht besser als mir, überlegte sie. Plötzlich wurde ihr bewusst, dass auch Sanmao ein Außenseiter war. Es wäre ihr nie in den Sinn gekommen, dass der Junge, den sie so anhimmelte, auch Feinde haben könnte. Was sie immer als Vorteil gesehen hatte, nämlich die Zugehörigkeit zu zwei Kulturen, war sein Handicap. Während er ihr ein idealer Führer und Vermittler war, wurde er von seinen Schulkameraden verachtet und gepiesackt.

Doch nicht minder überrascht war sie über seine Reaktion auf die Schikanen der Kameraden. Sie hatte Sanmao nie als aggressiven Schlägertyp gesehen. Wo hatte der das gelernt? Sie musste das unbedingt rauskriegen, denn solche Fertigkeiten könnten vielleicht auch ihr nützlich sein. Inge nahm sich vor, ihn zu fragen, aber nicht sofort. Vermutlich wollte er nicht so gern auf diesen Vorfall angesprochen werden, dessen Zeugin sie unabsichtlich geworden war.

Inge hatte inzwischen Erfahrung mit verletzten

Männerseelen. Immerhin hatte Sanmao die Möglichkeit gehabt, sich zu wehren. Sich rausschmeißen lassen, sich nicht ärgern – schön und gut, aber es gab Situationen – vor allem in einer Umgebung, die einem nicht freundlich gesonnen war –, wo man sich verteidigen musste. Das wollte sie auch können.

Tags darauf, als sie gemeinsam durch den Hardoon-Park streiften, schien der richtige Zeitpunkt gekommen.

»Du, Sanmao, ich hab doch jetzt so einen langen Schulweg. Mal angenommen, da gibt's unterwegs Ärger.«

»Was für Ärger?«

»Na ja, wenn mich zum Beispiel jemand verhauen will oder hänselt. Könnte doch passieren. Bei mir in der Schule sind sie manchmal ziemlich fies.«

Sanmao sah Inge prüfend an. »Du willst also nicht nur eine musterhafte, sondern auch eine wehrhafte Person sein, Yatou.«

»So könnte man's sagen. Weißt du vielleicht, wie ich so eine werden kann?« Inge war mit einem Fuß aus ihren Holzpantinen geschlüpft und bohrte mit den nackten Zehen im weichen Dreck. Der gestrige Vorfall blieb unerwähnt.

Sanmao zögerte lange. Inge konnte ihm praktisch beim Denken zusehen. Es war ein schwerer innerer Kampf, den er da ausfocht: Ein Mädchen in die Geheimnisse der Kampfkunst einweihen? Noch dazu eine Langnase? Sie womöglich dem Meister vorstellen? Den eigenen Vorsprung aufgeben?

Doch dann nahm er so unvermittelt Kampfhaltung

an, dass Inge erschrocken zurückwich. Sanmao hatte sich entschieden.

»Stell dich neben mich und mach mir alles genau nach.« Er nahm die Arme herunter und stellte sich schulterbreit hin. »Das Wichtigste ist ein guter Stand. Dann kann dich keiner ausheben. Du musst das Gewicht gleichmäßig auf beide Fußsohlen verteilen und dir vorstellen, dass du im Boden festgewachsen bist.« Er machte es ihr vor. »So, und jetzt versuch mal, mich zu schubsen.« Sanmao stand wie ein Fels.

»Dasselbe mach ich jetzt mit dir.« Inge begann sofort zu straucheln. »Konzentrier dich auf deine Füße. Mach dich ganz schwer.« Er schubste sie noch ein paarmal. »Ja, so ist's schon besser. Wir machen das jetzt am Anfang jeder Übungseinheit. Mit der Zeit wirst du immer mehr Bodenhaftung bekommen. Wer nicht gut steht, kann nicht gut kämpfen.«

Übungseinheit? Inge überlief ein freudiger Schauer. Hatte sie jetzt einen Kungfu-Lehrer? Lieber nicht fragen, sonst überlegte der es sich womöglich noch anders. Sie versuchte, sich schwer zu machen und vorauszuahnen, wo Sanmao sie anschubsen würde. Aber sie merkte bald, dass Gedanken bei dieser Übung bloß störten.

Anschließend zeigte Sanmao ihr die Grundstellung. Am Ende ihrer ersten Unterrichtsstunde war Inge schweißnass, obwohl sie sich kaum bewegt hatte. Dennoch war jeder Muskel ihres Körpers in ständiger Bereitschaft gewesen.

Jetzt konnte Inge ihre brennende Frage nicht länger zurückhalten.

»Wo hast du das alles gelernt, Sanmao?«

»Seit ich zwölf bin, übe ich zweimal die Woche Kungfu bei einem Meister, bei Lin *shīfu*.«

Jetzt wusste Inge auch, weshalb er dienstags und donnerstags immer unauffindbar gewesen war.

»Aber dann hättest du deine Klassenkameraden doch neulich leicht fertigmachen können«, platzte sie heraus, merkte aber sofort, dass sie zu weit gegangen war.

»Woher weißt du denn das?«, fragte Sanmao deutlich reserviert.

»Ich kam gerade von der Straßenbahnhaltestelle, da hab ich zufällig gesehen, wie sie dich geärgert haben.«

Er ließ sie eine Weile zappeln, und als die Antwort endlich kam, verpackte er sie gleich in eine Lektion für seine Schülerin.

»Ein Kungfu-Kämpfer setzt sein Können nie gegen Wehrlose ein, merk dir das. In einem solchen Fall kämpft man nur so lange, bis sich ein anderer Ausweg auftut.«

»Verstanden, *shīfu*.«

Im Meer der Wörter

Schanghai, 1940 – Jahr des Drachen

龍

Inge kam das Straßenchinesisch mittlerweile so flüssig über die Lippen, dass sie Sanmaos Hilfe als Übersetzer kaum noch bedurfte. Das Entlein schnatterte in allen vier Tönen munter drauflos. Doch die Schriftzeichen, die sie tagtäglich umgaben, verbargen auch weiterhin Aussprache und Bedeutung vor ihr. Das wurmte Inge. In der Straßenbahn und auf der Straße hatte sie beobachtet, dass Chinesen aus den verschiedenen Landesteilen, deren Dialekte sich zum Teil wie Fremdsprachen unterschieden, bei Unklarheiten stets auf die Schriftzeichen zurückgriffen. Offenbar konnten die von allen benutzt und verstanden werden, ganz gleich wie sie in den einzelnen Dialekten ausgesprochen wurden. War kein Schreibpapier vorhanden, so malte man sie mit dem Finger in die Luft oder in die Handfläche des Gesprächspartners. Inge brannte darauf, dieses ebenso praktische wie rätselhafte Verständigungsmittel zu entschlüsseln. Es kam ihr wie eine Geheimschrift vor, die noch dazu schön aussah. Doch wie sollte sie den Schriftzeichen auf die Schliche kommen? Der Gedanke an das dicke Lexikon von Frühlingserwachen, in dem sie alle versammelt waren, ließ sie nicht mehr los.

Sanmao hatte ihr bereits erklärt, wie schwer es war, ein Zeichen im Lexikon zu finden. Überhaupt schien er mit diesen komplizierten Gebilden auf Kriegsfuß zu stehen und beklagte sich, dass seine Mutter ihn ständig zu Schreibübungen anhielt. Er wäre also kaum der Richtige, sie ihr beizubringen. Sanmao war zwar ein guter Kungfu-Lehrer, aber offenbar kein Meister der Schriftzeichen. Vielleicht könnte sie Frühlingserwachen, ihre chinesische Taufpatin, bitten, sie durch das »Meer der Wörter« zu navigieren.

Kurz entschlossen stieg sie nachmittags, als die Konditorsfrau gerade nicht in der Backstube oder im Café gebraucht wurde, zur Wohnung der Fiedlers hinauf.

»Hast du mal kurz Zeit für mich, Xiaochun *āyí?*«

»Ying'ge, *nǐ hǎo. Huānyíng, huānyíng.*« Frühlingserwachen spürte Inges unersättliche Neugier, und die kleine Untermieterin war ihr immer willkommen. Mit einem einladenden »*láilái*« schob sie Inge in ihr west-östliches Wohnzimmer, ließ sich auf dem Sofa nieder und schaute ihren Gast erwartungsvoll an. »Was es gibt?«

»Ich möchte so gern wissen, wie das mit den Schriftzeichen funktioniert. Du hast sie doch auch irgendwie lernen müssen, als du klein warst. Wie konntest du dir all diese winzigen Strichlein merken? Und wie kann man so ein Zeichen im Lexikon finden, wenn man nicht weiß, wie's ausgesprochen wird?«

»Gute Frage, Ying'ge. Es gibt da eine Trick. Ich werde dir zeigen.« Sie nahm Papier und Bleistift zur Hand und zog den Lexikon-Ziegel zu sich heran, der immer auf einem Tischchen bereitlag. Sie schlug das Buch auf und deutete auf eine Liste von 211 Strich-

folgen, die nach der Anzahl ihrer Striche geordnet
waren. Es begann mit einem einzelnen waagerechten
Strich, am Ende standen komplizierte Zeichen mit bis
zu 17 Strichen, wie Ratte 鼠 oder Nase 鼻.

»Das sind Radikale. Jedes Schriftzeichen setzt zusammen aus Radikal und der Rest. Radikal zeigt,
welche Qualität hat das Wort. Zum Beispiel alles mit
Holz 木 oder alles mit Wasser 水. Radikal steht meistens auf linke Seite, wie bei 板 – das ist ein Brett –
oder 淡 – das bedeutet »dünn«, »wässrig« wie schwa-
che Tee. Weil Wasser hier an Seite steht, hat es weniger Platz, dann ist nur noch drei Tropfen, siehst du?«

»Und welche Zeichen haben das Radikal Nase?«

» 鼾 Schnarchen zum Beispiel tun meine Mann immer durch Nase.«

Inge fing an zu kichern. So lustigen Sprachunter-
richt hatte sie noch nie gehabt.

»Und was ist mit Ratte?« Inge konnte gar nicht
genug bekommen von diesem Spiel.

»Zeichen mit Ratte sind alles Verwandte von Ratte.
Zum Beispiel diese kleine schwarze, der unter Erde
lebt und Haufen macht. Seine Name ist *yǎnshǔ* 鼴 鼠.«

»Du meinst einen Maulwurf?« Inge konnte sich
kaum mehr halten vor Lachen. Großartig! Eine Schrift,
bei der man Verwandtschaftsverhältnisse unmittelbar
erkennen konnte.

»Aber woher weiß ich jetzt, dass man den Maulwurf
yǎnshǔ ausspricht?«

»Also linke Teil von Zeichen 鼠 – das mit viele
Beine und Schwanz – sagt dir, dass er ist Verwandte
von Ratte; und bei rechte Teil du musst restliche

Striche zählen. Auch dafür gibt es Regel. Spricht sich aus *yan* und hat zehn Striche. Also wir schauen jetzt in Lexikon nach Radikal Ratte mit zehn Striche.« Sie blätterte weiter zu einer Liste, die alle Zeichen mit dem Radikal Ratte in aufsteigender Strichzahl enthielt. Bald hatten sie den Maulwurf gefunden und wurden von einer Seitenzahl auf den eigentlichen Eintrag verwiesen, der den Maulwurf mit seinen wichtigsten lexikalischen Verbindungen vorstellte.

»Leider ›Wörtermeer‹ ist einsprachige Lexikon. Besser für dich ist eine chinesisch-deutsche Wörterbuch, da steht Aussprache in westliche Umschrift – *yan* – und Übersetzung in Deutsch. Jetzt weißt du, dass es heißt Maulwurf und spricht *yǎnshǔ*.«

»Puh, das ist wirklich ganz schön kompliziert«, meinte Inge, trotzdem faszinierte sie dieses Spiel, und sie überlegte kurz. »›Schnarchen‹ ist dann Nase mit drei Strichen, stimmt's? Darf ich mal?«

Inge zog das Buch zu sich heran und hatte bald den Eintrag für das Verb »schnarchen« gefunden. Das war ja wie beim Knobeln. Frühlingserwachen war inzwischen zum Bücherschrank gegangen und kam mit einem weiteren dicken Nachschlagewerk zurück, das sie vor Inge auf den Tisch legte. »Deutsch-chinesisches Wörterbuch« stand darauf.

»Habe ich gekauft für meine Mann, aber er backt lieber Kuchen als lernt Chinesisch. Ich borge dir.«

»Du leihst es mir, *āyí*, und ich borge es von dir. Und danke, das ist sehr lieb von dir.« Inge grinste Frühlingserwachen an.

Hier versuchten zwei, dem jeweils anderen die ei-

157

gene Sprache beizubringen; Rücksichten auf Hierarchie oder Höflichkeit brauchte man dabei nicht zu nehmen, die Rollen von Lehrerin und Schülerin waren austauschbar. Frühlingserwachen schien daran genauso viel Spaß zu haben wie Inge.

»Als Erstes du musst dir Radikale einprägen, damit du Zeichen finden kannst. Als Nächstes musst du lernen Striche zählen. Dann ich gebe dir Hausaufgabe: Zehn Zeichen in diese Wörterbuch nachschlagen!«

»Au ja, so machen wir's.«

Inge klemmte sich das Wörterbuch unter den Arm und machte vor lauter Aufregung einen Knicks. Das hatte sie schon lange nicht mehr getan und eigentlich immer ziemlich albern gefunden. Aber wie sollte sie sonst ihre Freude und Dankbarkeit ausdrücken?

Sie war völlig fasziniert von dieser Schrift, die ihre Lautgestalt nicht preisgab, sondern nur den Sinngehalt. Mit ihr konnte man sich die Welt zusammensetzen wie aus einem Setzkasten. Den Vorteil, dass die unterschiedlichen Dialekte dieses Riesenreichs sich einer einheitlichen Schrift bedienten, musste man allerdings mit hohem Gedächtnisaufwand bezahlen. Von nun an vertiefte Inge sich in jeder freien Minute in das Wörterbuch und prägte sich Radikale ein, indem sie die Ränder von Papas alten Zeitungen damit voll schrieb.

Die vielen Laden- und Straßenschilder auf dem Schulweg sah sie von nun an mit anderen Augen. Sie setzte ihren Ehrgeiz daran, einzelne Zeichen zu »knacken« und in ihre Bestandteile zu zerlegen: 路 *lù* die Straße hatte einen Fuß als Radikal; 家 *jiā* das Haus zeigte ein Schwein unter einem Dach, und 桥 *qiáo* die

Brücke war aus Holz, auch wenn die Garden Bridge, die Inge jeden Tag auf dem Schulweg überquerte, eine solide Eisenkonstruktion war.

***

Wieder näherte sich der 7. Mai, Inges zwölfter Geburtstag. Seit dem Fiasko bei Ruthchens Party und nachdem sie auch in der neuen Schule bislang keine wirkliche Freundin gefunden hatte, verschwendete Inge keinen Gedanken mehr an eine Geburtstagsfeier. Wen hätte sie auch einladen sollen? Außerdem hätte Frau Finkelstein das vermutlich für eine zu extravagante Ausgabe gehalten. Bevor Inge sich ein »Das können wir uns nicht leisten, wer weiß, was noch kommt« abholte, fragte sie lieber gar nicht erst.

Ihr Geburtstagsfrühstück bestand aus Weißbrot vom Vortag und einer Tasse Tee, die sie sich selber aufbrühte. Der Vater war längst in der Backstube, die Mutter schlief noch. Der Tag versprach klar und sommerlich warm zu werden; nicht die klebrige Hitze des richtigen Sommers, sondern angenehm laue Luft, die mit einer frischen Meeresbrise durchsetzt war. An solchen Tagen konnte Inge schon an der Straßenbahnhaltestelle das ferne Tuten der Frachter auf dem Huangpu hören. Spätestens als die Straßenbahn auf den Bund einbog und die glitzernde Wasserschleife mit den vielen Booten vor ihr lag, hob sich ihre Stimmung. Diesem Anblick konnte sie einfach nicht widerstehen. Na gut, dann eben kein Geburtstag, tröstete sie sich, der war ja schon an Neujahr, schließlich sind wir hier in China. In der Schule wusste sowieso keiner davon.

Nachdem sie den Unterricht abgesessen hatte und nachmittags die Treppe im Hinterhaus hinaufpolterte, hörte sie oben Kichern und Tuscheln. Als sie dann die Tür zum Ess-, Wohn- und Schlafzimmer öffnete, schallte ihr ein vielstimmiges »Happy Birthday« entgegen. Das war offenbar das Lied gewesen, auf das sich ihre internationalen Gratulanten hatten einigen können. Aufgereiht standen sie mitten im Zimmer: Frühlingserwachen mit einem großen kantigen Paket in der Hand, Mutter mit einem eher weichen, das Päckchen des Vaters enttarnte Inge mit kundigem Blick sofort als Buch; Herr Fiedler hielt einen Teller mit frischen Eclairs vor sich, und Sanmao stand mit leeren Händen, dafür aber mit breitem Grinsen da.

Frühlingserwachen ergriff als Erste das Wort: »Heute ist besonderer Geburtstag, Ying'ge. Du bist zwölf, einmal durch chinesische Tierkreis, erste Runde geschafft! Für nächste Runde in China du brauchst eigene Lexikon.« Damit drückte sie Inge das schwere Paket in den Arm.

»Oh, Frühlingserwachen … Danke« war alles, was Inge herausbrachte.

Die Mutter hatte ihr eine Bluse genäht; nicht wie die langweiligen Schulblusen in strengem Weiß, sondern in einem lustigen Blümchenstoff.

»War mal ein Sommerkleid von mir«, gestand sie Frühlingserwachen.

Das Päckchen von Vater entpuppte sich tatsächlich als Buch, und zu Inges großer Freude und Verwunderung war es ein leicht ramponierter »Nesthäkchen«-Band. Sie liebte diese Serie, in die sie sich stundenlang versenken konnte, und in Schanghai war so ein Buch eine echte Kostbarkeit.

»Wo hast du das aufgetrieben, Papa?«

»Auf dem Flohmarkt in Hongkou«, sagte er nicht ohne Stolz. »Das Buch ist bestimmt um die halbe Welt gefahren, so wie wir.« Alle sahen ihn erstaunt an. Offenbar ging auch Herr Finkelstein manchmal eigene Wege.

Herr Fiedler verteilte seine Eclairs auf die bereitgestellten Teller.

»Die mag unser Geburtstagskind, wenn ich mich recht entsinne«, meinte er schmunzelnd. »Mein Gott, das ist jetzt auch schon wieder anderthalb Jahre her. Seitdem bist du ein richtiges kleines Fräulein geworden.«

Inge war völlig geplättet von so viel Zuwendung. Mal sehen, was Sanmao auf Lager hatte.

»Hmm … äh …« Er druckste absichtlich ein wenig herum und hob dramatisch die Schultern, um die Spannung noch etwas zu steigern, dann verkündete er: »Mein Geschenk ist eine Einladung. Eine Einladung ins Canidrom.«

Inge sah ihn völlig entgeistert an. »Was ist denn das?«

»Noch nie von der Schanghaier Hunderennbahn gehört?«

Dass Pferde um die Wette liefen, wusste Inge, schließlich kam sie auf dem Schulweg tagtäglich an der Pferderennbahn vorbei, aber Hunde?

»Lass dich überraschen. Der Vater von einem meiner Schulkameraden arbeitet dort. Ich werde dir alles zeigen, auch die Hundezwinger.«

»Wann? Morgen?«

»Ja, morgen ist gut. Mittwochs gibt es Rennen, aber wir gehen schon vorher hin und schauen uns hinter den Kulissen ein wenig um.«

Inge war selig. Jetzt war aus dem Tag, der so öde begonnen hatte, doch noch ein schöner Geburtstag geworden, mit einer richtigen Party. Was hatte sie doch für ein Glück, dass sie zweimal im Jahr ein Jahr älter wurde!

Tags darauf ertönte, kaum dass sie von der Schule zurück war, der Pfiff, den sie schon sehnlich erwartet hatte. Sanmao erwartete sie im Hof.

»Wir können zu Fuß gehen, es ist nicht weit. Das Canidrom liegt im Luwan-Bezirk in der Französischen Konzession, weil so was im International Settlement verboten ist.«

»Wieso, was ist denn so schlimm dran, wenn Hunde rennen?«

»Das Schlimme sind nicht die Hunde, sondern die Menschen, die hohe Wetten auf sie abschließen. Da wechselt sehr viel Geld den Besitzer, und es gibt immer mal wieder Ärger.«

Sie folgten der Avenue du Roi Albert, wie die Seymour Road in der Französischen Konzession hieß, in Richtung Rue Lafayette. An der nächsten Kreuzung sahen sie das riesige Oval des Stadions und davor den Turm des modernen Clubhauses aus weißem Beton.

»Ins Clubhaus können wir nicht rein, da gibt es Ballsäle, Restaurants und Bars. Wir nehmen den Hintereingang, da, wo die Hundezwinger sind, und von dort gehen wir auf die Tribüne.« Sanmao schwenkte zwei Eintrittskarten.

Weiter die Mauer entlang, kamen sie an ein Tor, an das Sanmao in raschem Stakkato klopfte; offenbar war er nicht zum ersten Mal hier. Den kleinen, älteren Chinesen, der ihnen öffnete, überschüttete Sanmao mit einem Schwall aus Schanghai-Dialekt, in dem Inge nur die Worte: »Mr. Hutchinson«, »Freunde« und »Hunde« ausmachen konnte.

Der Chinese nickte kurz und schlurfte ihnen voran zu den Zwingern. Die hätten sie auch ohne Führer nicht verfehlen können, denn von dort kam vielstimmiges Winseln, Jaulen und Bellen. Als sie aus der grellen Sonne in den Schuppen mit den Reihen von Maschendrahtverschlägen traten, war Inge zunächst überwältigt von all dem Krach. Als sich ihre Augen an das schummrige Licht gewöhnt hatten, erkannte sie langbeinige, nervöse Geschöpfe mit kurzem, glattem Fell und erschreckend dünner Leibesmitte. Schmale Köpfe mit spitzen Schnauzen wandten sich wachsam nach den Eintretenden um. Aufgeregt drängten sich die Tiere gegen die Gitter oder sprangen daran hoch. Als sie jedoch merkten, dass es Unbekannte waren, die mit ihrer »Arbeit« nichts zu tun hatten, verloren sie sofort das Interesse. Man hatte ihnen bereits Leibchen mit den Startnummern um die ausgezehrten Körper gebunden, und sie schienen ganz auf das Bevorstehende konzentriert. Inge dachte, dass es hinter der Bühne eines großen Opernhauses auch nicht anders zuginge: lauter sensible Operndiven mit Lampenfieber.

»Solche Hunde hab ich noch nie gesehen.«

»Das sind Greyhounds, eine Windhundart. Sie kommen ursprünglich aus England, werden jetzt aber auch hier gezüchtet. Wenn so ein Hund die richtigen Anlagen mitbringt, kostet er ein Vermögen und kann auch eines einbringen. Man braucht gute *guānxi*, um hier reinzukommen. Schließlich könnten wir einem dieser Champions eine vergiftete Wurst füttern.«

»Wieso sollten wir das tun?« Inge sah ihn entsetzt an.

Sanmao zuckte mit den Schultern. »Um einen Konkurrenten auszuschalten oder die Wetten zu manipulieren.«

Langsam begriff Inge, dass es hier um wesentlich viel mehr ging als um ein harmloses Besucherspektakel. Plötzlich taten ihr die Tiere leid, die so ganz in den Dienst menschlichen Gewinnstrebens gestellt waren.

Sanmao, der ihre Gedanken zu lesen schien, schob sie an den Schultern aus dem Schuppen in Richtung Tribüne.

»Das da drüben sind die Schalter der Wettbüros.«

Vor den Fensterchen drängten sich Chinesen, die nicht weniger aufgeregt wirkten als die Hunde. Sie schrien, wedelten mit Listen und Geldbündeln und zogen nervös an ihren Zigaretten und Zigarren. Es waren zwielichtige Gestalten mit weißen Hemden und Hosenträgern, Bärtchen und pomadiertem Haar.

Sanmao zeigte dem Platzanweiser seine Karten, und sie nahmen ihre Plätze auf der Tribüne ein, schmale

Holzbänkchen ziemlich weit oben, aber immerhin. Von hier aus konnte Inge das gesamte Oval der Sandbahn überblicken. Eine knisternde Lautsprecherdurchsage hallte über den Platz.

»Pass auf, da kommen sie.« Sanmao deutete in Richtung Start- und Ziellinie, wo jetzt die Hundetrainer ihre Schützlinge in die Boxen führten, aus denen sie starten würden. Dann knallte ein Schuss, und die Türen der Boxen öffneten sich. Acht Hunde schossen gleichzeitig nach vorn und jagten einem braunen Etwas nach, das vor ihnen über die Bahn raste.

»Was ist denn das?«

»Das ist der künstliche Hase, bloß ein Stück Fell. Sonst würden die Hunde ja nicht losrennen.«

»Die müssen ziemlich blöd sein, wenn sie sich jedes Mal von Neuem was vormachen lassen«, bemerkte Inge. Sie musste an ihren Laifu denken, der, als sie zum Spielen eine Papierkugel an einem Gummiband befestigt und damit herumgewedelt hatte, nach kurzer Beobachtung ihre Hand als Quelle der Bewegung ausmachte und diese anstatt des Spielzeugs ansprang.

Die Tiere waren jetzt nur noch ein Gewirr aus Beinen und geifernden, vorgereckten Schnauzen, sie legten die Distanz von knapp fünfhundert Metern in einem so atemberaubenden Tempo zurück, dass das Ganze innerhalb weniger Minuten vorbei war.

»Jetzt hat jemand viel Geld verdient«, sagte Sanmao, als die vor Erschöpfung zitternden, schweißnassen Hunde vom Platz geführt wurden.

So ging das noch ein paar Mal, und Inge wurde die

Sache allmählich langweilig, als Sanmao plötzlich sagte: »Achtung, jetzt wird's lustig.«

Die Hunde, die nun hereingeführt wurden, hatten kleine Sättel umgeschnallt, auf denen winzige Geschöpfe in gestreiften Blousons und Jockeymützen hockten. Inge beugte sich vor, um besser zu sehen.

»Oh, Sanmao, das ist ja Mister Mills!« Inge meinte den gut gekleideten Affen aus dem »Café Federal« wiederzuerkennen. Er war schon lange nicht mehr zum Apfelkuchenessen gekommen.

»Das glaube ich kaum, dazu ist der zu vornehm. Das sind Affenjockeys. Eine neue Attraktion, die sich die Rennleitung ausgedacht hat, um das Geschäft zu beleben.

Alles lief ab, wie gehabt, nur dass sich diesmal die Affen verzweifelt an ihre Reittiere klammerten, während diese sich mit wahnwitziger Geschwindigkeit in die Kurven legten. Die Menge auf den Tribünen johlte.

Fasziniert und abgestoßen zugleich verfolgte Inge das Rennen. Zum Glück blieben alle Jockeys bis zum Ziel im Sattel. Inge war froh, als es vorbei war.

»Das war das Finale. Gehen wir, bevor das Gedränge zu dicht wird«, sagte Sanmao und deutete auf den Ausgang.

Schweigend gingen sie durch die dämmrigen Straßen nach Hause, in denen eben die Leuchtreklamen ansprangen. Jeder war in seine Gedanken vertieft. Auch wenn Inge mit gemischten Gefühlen auf die Ereignisse dieses Nachmittags zurückblickte, verstand sie doch, dass Sanmao ihr ein bislang unbekanntes Stück Schanghai hatte zeigen wollen, das Schanghai der Erwachsenen, in das er, der jetzt sechzehn war, seine Fühler ausstreckte.

Dankbar sah sie ihn von der Seite an und sagte: »Danke, Sanmao. Das war ein tolles Geburtstagsgeschenk.«

***

»Das wird eine Fünf-Röcke-Winter«, hatte Frühlingserwachen bereits Anfang Oktober prophezeit. Die Wetterregel, aus der sie das ableitete, übersetzte Inge mit: »Kalte Nächte und üppiger Tau, jetzt gibt es bald Schnee im Gau.« Und wie immer behielt sie recht. Als im November das feuchtkalte Wetter in Schanghai Einzug hielt, kam Frau Finkelstein mit dem Anstückeln gar nicht mehr nach. Die Ärmel von Inges Wintermantel ließen sich mit angestrickten Stulpen verlängern, und unter dem Faltenrock ihrer Schuluniform trug sie jetzt dicke Wollstrümpfe. Das Problem waren die Schuhe. In dem Maße, wie Inge in die Höhe schoss, wuchsen auch ihre Füße – zum Glück, denn sonst wäre es vorbei gewesen mit der Bodenhaftung, und Sanmao hätte leichtes Spiel gehabt bei ihren Übungsstunden. Im Sommer, wo alle Kinder in einfachen Holzpantinen mit Lederriemen oder Stoffschuhen herumliefen, war es egal, wenn die Zehen ein bisschen weiter vorlugten, aber jetzt im Winter ließ sich das Schuhproblem nicht mehr wegleugnen. Und das bestand darin, dass Inges Füße schon jetzt größer waren als die einer durchschnittlichen erwachsenen Chinesin.

Die Verkäuferin im Schuhladen hatte nach einem Blick auf Inges Füße resigniert mit den Schultern gezuckt: »This size no got, Missy.« Dabei machte sie eine Handbewegung, als wäre Inge in kleinen Kähnen unterwegs.

In der Bubbling Well Road gab es zwar ein Schweizer Schuhgeschäft, das die Ausländergemeinde mit passenden Schuhen versorgte und Inges Problem leicht hätte lösen können, aber zu welchem Preis! Wieder war es Frühlingserwachen, die Rat wusste: »Du gehen Herrenabteilung.«

Seither stapfte Inge in chinesischen Männerstiefeln durch Schanghai. Das kam ihr keineswegs ungelegen, denn in diesem Schuhwerk war sie – abgesehen von seiner Wetterfestigkeit – schnell, standfest und stets verteidigungsbereit.

»Da kommt der deutsche Trampel«, tuschelten ihre Klassenkameradinnen laut genug, dass sie es auch gewiss hören konnte. Inge war das gleich; war man erst einmal zum Außenseiter gestempelt, dann spielte es keine Rolle mehr, wie weit außen man stand. Wenn ihr wüsstet, dachte sie im Stillen. Ihr Selbstvertrauen war mit jeder von Sanmaos Übungsstunden ein bisschen gewachsen, es war tatsächlich eine wehrhafte Person aus ihr geworden. Selbst die Rikschakulis und Lastenradler mussten sich vor dem zierlichen blonden Mädchen in Acht nehmen. Kam ihr einer bei einem gewagten Ausweichmanöver zu nahe, schickte sie ihm einen vernichtenden Fluch hinterher: »*Mögen dir die Speichen von den Rädern fallen, du Schildkrötenei!*«

Noch ein Krieg

Schanghai, 1941 – Jahr der Schlange

Seit dem Ausflug mit Sanmao war Inge auf den Geschmack gekommen. Sie hatte es sich zur Gewohnheit gemacht, die Stadt allein zu erkunden, denn leider hatte man nicht öfter Geburtstag (Inge war mit zweimal im Jahr ohnehin schon gut bedient), und leider hatte ihr Stadtführer nicht immer dann Zeit, wenn sie es sich gewünscht hätte. Aber ein furchtloser Erkunder, zumal wenn er mittlerweile stolze dreizehn Jahre alt war, konnte ja auch allein losziehen. Wenn man ihr den täglichen Schulweg nach Hongkou zumutete, konnte man ihr auch nicht verbieten, ihren Radius darüber hinaus ein wenig zu erweitern.

Was Inge am meisten lockte, war der Fluss, besonders in aller Frühe, wenn der Wind frisch war und kleine Wellenkämme vor sich her trieb. Unmittelbar am Ufer gab es einen Park, den sie von der Straßenbahn aus oft gesehen hatte; er war in jenen Zipfel Land eingepasst, den die Mündung des Soochow Creek zum Bund hin bildete. An einem schönen Frühsommertag stieg Inge kurz entschlossen an der Haltestelle vor der Garden Bridge aus. Auf eine Stunde Hebräisch konnte man leicht mal verzichten, und eine überzeugende Ausrede würde ihr schon einfallen.

Am Eingang studierte sie erst einmal die umfangreiche Tafel mit den zehn Verhaltensregeln: Der Park sei der »Foreign Community« vorbehalten, hieß es da, Hunde und Fahrräder seien verboten, und die Amahs gehalten, ihre Schützlinge ordentlich zu beaufsichtigen. Es sprach offenbar nichts dagegen, dass sie den Park betrat, solange sie auf den Wegen blieb und »respectably dressed« war. Inge sah an sich hinunter: kein Problem, sie trug ja Schuluniform. Dann schlenderte sie an dem runden Musikpavillon vorbei, der um diese Tageszeit verwaist war, und steuerte auf eine Bank an der Uferpromenade zu. Von hier aus konnte sie das Treiben auf dem Fluss bestens verfolgen.

Nach einer Weile fiel ihr im normalen Schiffsverkehr ein Boot auf, das sich schräg zur Fahrrinne über den Fluss bewegte. Ein Mann trieb es mit einem Heckruder an und steuerte aufs Ostufer zu. Dort drüben dehnte sich flaches Ackerland, außer ein paar Fabrikhallen und Schuppen war nichts Interessantes zu entdecken. Jedenfalls war das ein denkbar starker Kontrast zu den prächtigen Gebäuden am Bund. Inge musste die Augen zusammenkneifen, um das Boot nicht aus den Augen zu verlieren. Sie konnte gerade noch erkennen, wie drüben die Fahrgäste aus- und neue zustiegen. Dann wiederholte sich der Vorgang in Gegenrichtung: Aha, eine Fähre! Nicht dass Inge das wenig reizvolle Pudong besuchen wollte, aber so eine Überfahrt konnte nicht teuer sein, und wäre immerhin eine Möglichkeit, endlich mal wieder aufs Wasser zu kommen. Die einzige Art von Bootsausflug, die Inge sich leisten konnte. Sie prägte sich die Stelle, wo das Boot am diesseitigen Ufer anlegte, genau ein, dann stand sie auf und nahm die nächste Straßenbahn.

In diesen Park würde sie nicht mehr gehen, überlegte Inge auf dem Weg in die Schule: keine Chinesen, die ihr morgendliches Taiji übten, keine Händler, die Teeeier oder andere Leckereien verkauften, keine Kinder, die Drachen steigen ließen – hier war es einfach nicht *rènao* genug. »Heiß und laut«; in diesem Wort kam alles zum Ausdruck, was das Leben in China so fröhlich und unterhaltsam machte. Jetzt bin ich schon so chinesisch, dass ich mich in einem für Ausländer reservierten Park langweile, dachte Inge. Aber immerhin hatte sie dort die Fähre entdeckt und ihren nächsten Ausflug geplant.

In der Schule war sie beim *rollcall* schon vermisst worden – jeden Morgen wurden alle Namen vorgelesen, und die Schüler mussten mit »hier« antworten; leider hatte Inge keine Verbündete, die für sie gemogelt hätte.

»Bei meiner Straßenbahn ist heute gleich mehrmals der Stromabnehmer aus der Leitung gesprungen«, entschuldigte Inge sich bei Miss Hartwich. »Wir mussten ewig warten, bis der Fahrer ihn wieder eingehängt hatte. Irgendwas muss da kaputt gewesen sein«, legte sie nach, um ihre Glaubwürdigkeit zu erhöhen. Miss Hartwich musterte sie skeptisch und sagte nur: »Would you repeat that in English, please.«

»Oh, sorry, Miss Hartwich, I forgot«, entschuldigte sich Inge hastig und log dann gleich noch einmal auf Englisch.

Als bald darauf die Ferien begannen, setzte Inge ihren Plan in die Tat um. Diesmal nicht als »respektabel gekleidetes« Schulmädchen, sondern in ihren bequemen chinesischen Sommerklamotten. Sie fuhr mit der Straßenbahn zum Bund und fand auch bald die Anlegestelle der Fähre, ein hölzerner Steg, auf dem schon einige Fahrgäste warteten.

»*Láihuí duōshao qián?*«, erkundigte Inge sich nach dem Fahrpreis und erfuhr, dass die Hin- und Rückfahrt 3 Mao kostete, so viel wie zwei Lauchpfannkuchen (Inge hatte sich angewöhnt, alles in Essenseinheiten umzurechnen). Das war ihr das Vergnügen einer Flussüberquerung wert.

Nachdem die Fähre angelegt und die Fahrgäste mit ihren riesigen Gemüsekörben und lebenden Hühnern ausgespuckt hatte, balancierte Inge über die ausgelegte Planke in das schwankende Boot, zählte dem Fährmann die Münzen hin und quetschte sich zwischen die durchwegs chinesischen Mitreisenden auf ein schmales Bänkchen. Nun begann das unvermeidliche Frage-und-Antwortspiel, hundertfach erprobt mit Rikschakulis und Marktfrauen.

»*Nǐ shì nǎguó rén?*« Die Frage nach ihrer Nationalität kam immer als Erstes – klar, wenn man auffiel wie ein bunter Hund. Inge erklärte dann immer stolz, dass sie aus »Tugendland«, aus »*Déguó*« käme. Das war ein bisschen so wie mit ihrem eigenen Namen; freundlicherweise hatten die Chinesen für »dé« wie Deutschland ein Schriftzeichen mit hohen Ansprüchen gewählt, denen die Realität nicht immer gerecht wurde.

»*Nǐ jǐ suì?*«, folgte dann unausweichlich, und Inge hatte bald gemerkt, dass sie beim Alter leicht ein bisschen schummeln konnte, weil Chinesen Westler nur schlecht schätzen konnten. Umgekehrt ging ihr das übrigens genauso.

»*Nǐ bàba zuò shénme?*« Mit der Antwort auf die Frage, was ihr Vater mache, konnte Inge immer punkten. Ein Konditor, der leckere Kuchen buk, war ein nützliches Glied der Gesellschaft und wurde in jedem Land gebraucht.

Aber spätestens bei der Frage, warum sie denn nach Schanghai gekommen seien – »*Nǐmen wèishénme lái Shànghǎi?*« – wurde es komplizierter. Doch als Inge darauf antwortete, dass es in ihrem Land Krieg gäbe, erwiderten ihre Mitfahrer nur gutmütig lachend: »*Dànshì zhèli yě yíyàng a!*« – Aber hier doch auch.

Damit war die erste Neugier gestillt, und Inge bekam wegen dieser grundlegenden Gemeinsamkeit von allen Seiten Reiseproviant angeboten. Jetzt konnte sie sich zurücklehnen und die Fahrt genießen, den Fährmann bei seinen Ausweichmanövern beobachten und sich den Wind durch die Haare wehen lassen. Leider war die Reise über den Fluss viel zu kurz, sie legten bereits wieder an. Ihre neuen Freunde verabschiedeten sich herzlich und wortreich und wurden durch eine weitere Bootsladung Bauern ersetzt, die mit ihren Produkten zum Markt fuhren.

Inge hatte sich nie überlegt, woher das Gemüse kam, das sie täglich frisch in der Markthalle kaufte. Nun hatte sie einen Blick auf das ländliche Gegenüber des großstädtischen Bund getan, der sich bei der

Rückfahrt ebenso majestätisch vor ihr auftat wie bei ihrer Ankunft vor zweieinhalb Jahren.

Als das Fragespiel von Neuem losging, hatte Inge keine Lust mehr. Sie wollte jetzt in Ruhe den Ausblick genießen und zuckte bloß mit den Schultern.

»*Tīngbùdŏng* – Nix verstehn.«

Damit war die Sache erledigt, aber man vergaß dennoch nicht, ihr mit typisch chinesischer Fürsorglichkeit etwas zu Essen anzubieten: »*Chīfànle méi yŏu?*« – Hast du schon gegessen? Auch ein Sprachloser durfte nicht hungrig bleiben.

Satt und zufrieden kehrte Inge von ihrem kostengünstigen Bootsausflug heim in die Bubbling Well Road.

Auch wenn Sanmao jetzt selten Zeit hatte, mit Inge durch die Stadt zu ziehen, so hielt er doch streng an den regelmäßigen Kungfu-Stunden im verwilderten Hatong-Park fest. Und diese Bemühungen fielen auf fruchtbaren Boden. Seine Schülerin übte täglich im Hof und schlug sich mittlerweile schon ganz wacker.

»Gut gemacht«, sagte der mit Lob sonst so sparsame Meister, als sie einen seiner Scheinangriffe mit schlafwandlerischer Sicherheit parierte. Ihm stand jetzt kein kleines Mädchen mehr gegenüber, sondern eine hoch aufgeschossene Gestalt, die allmählich frauliche Formen annahm und fast auf Augenhöhe mit ihm kämpfte.

»Da musst du dir schon was Neues einfallen lassen, *shīfu*«, neckte sie ihn. »Diese Attacke kenne ich schon.«

Das ließ sich der Meister natürlich nicht zweimal sagen. Schließlich ging es hier um seine Autorität als Lehrer; sein Stolz verbot es, sie infrage gestellt zu sehen.

Blitzschnell lancierte er eine rasche Abfolge von Arm- und Beinhieben auf Inges rechte Seite, die sie aus der Balance locken sollten. Das Manöver gelang, und als Inge merkte, dass es sich um eine Finte handelte, war es bereits zu spät; er hatte sie auf dem sprichwörtlichen falschen Fuß erwischt. Jetzt hatte er leichtes Spiel mit ihr, seine Linke drückte mit sanfter Gewalt gegen ihre Schulter, sodass sie rücklings zu Boden ging. Lustvoll ließ Inge sich nach hinten ins weiche Gras fallen.

Damit hatte nun wiederum Sanmao nicht gerechnet, der mehr Widerstand erwartet hatte. Die überschüssige Schubkraft ließ ihn vornüberkippen, und er landete ebenfalls weich – auf seiner Schülerin.

Um die Peinlichkeit zu überspielen, begannen beide zu lachen. Sanmao rappelte sich sofort wieder auf, zog Inge hoch und versuchte, die Situation didaktisch zu nutzen.

»Das machen wir jetzt gleich noch mal, damit du siehst, was du falsch gemacht hast.«

Sie stellten sich in Grundstellung auf. Inge wusste sehr wohl, was sie falsch gemacht hatte. Aber sie wusste jetzt auch, wie schön es war, mit Sanmao im Gras zu liegen und seinen schweren, warmen Körper auf dem ihren zu spüren.

Als er sein Manöver wiederholte, reagierte sie absichtlich ebenso falsch wie beim ersten Mal. Wieder fielen beide ins Gras. Diesmal blieb auch Sanmao ein bisschen länger liegen, scheinbar resigniert ob seiner ungelehrigen Schülerin.

»Du bist hoffnungslos, Yatou«, sagte er schließlich. Das hatte er schon lange nicht mehr zu ihr gesagt. Er benutzte den Spitznamen immer dann, wenn er signalisieren wollte, wie klein und dumm sie doch war. Aber diesmal klang es nicht sehr überzeugend.

***

Schneller als Inge sich das wünschte, kam der klammfeucht-kalte Schanghaier Winter. Eines Nachmittags Ende November fuhr Inge wie gewohnt von der Schule nach Hause. Auf ihrem Stammplatz auf der Außenplattform war es jetzt ziemlich ungemütlich, aber er bot nach wie vor den besten Ausblick. Sie hatten eben die Rennbahn hinter sich gelassen und waren in die Bubbling Well Road eingebogen, als Inge bemerkte, dass sich am Straßenrand eine dichte Menschenmenge versammelt hatte. Plötzlich hörte sie den unverkennbaren Sound der Band des Fourth U. S. Marine Corps. Was war da los?

Sie kannte diesen Klang genau. Das Musikcorps war genau an der Ecke von Seymour Road und Sinza Road stationiert, genau gegenüber ihrer alten Schule. Sie waren also praktisch Nachbarn gewesen. Zu Kindergartenzeiten hatte Inge oft durch den Zaun gespäht, wenn die Marines auf dem Gelände übten. Am besten gefiel ihr das Sousaphon mit seinem riesigen

Schalltrichter, der über dem Kopf des Spielers schwebte und einen vibrierenden Klang hervorbrachte, der einem direkt ins Rückenmark ging. Die Konzerte, die das Musikcorps im Anschluss an den sonntäglichen Militärgottesdienst im »Embassy Theatre«, ein anderes großes Kino an der Bubbling Well Road, gab, waren stadtbekannt und bei Westlern wie Chinesen gleichermaßen beliebt. Aber heute war Freitag und nicht Sonntag!

Bei dem langsamen Tempo, mit dem sich die Bahn durch die überfüllte Straße quälte, brauchte Inge die nächste Haltestelle nicht abzuwarten. Kurz entschlossen sprang sie ab und stellte sich zuvorderst in die Reihe der Schaulustigen. Tatsächlich kam aus der Gegenrichtung die Militärkapelle anmarschiert, gefolgt von einem Bataillon mit schwerem Gepäck. Auf den Rucksäcken der Soldaten waren Pfadfinderhüte befestigt, über der linken Schulter trugen sie ihr Gewehr. Die Kolonne marschierte in Richtung Nanking Road und Bund, allen voran der Tambourmajor, der den nachfolgenden Musikern mit seinem langen Stab die Einsätze gab.

Doch die rhythmische Marschmusik, die Inge sonst immer in gute Laune versetzte, hinterließ dieses Mal ein ungutes Gefühl. Wohin gingen die Soldaten? Wie von der Melodie des Rattenfängers angezogen, folgte Inge, ohne zu überlegen, der Marschkolonne und machte ihren Schulweg noch einmal rückwärts bis zum Bund. Dort war die Menschenmenge noch dichter. Auf dem Platz vor den President Line Docks parkten die schwarzen Limousinen der diplomatischen Vertretungen, die Inge an ihren Nationalflaggen erkannte. Auf dem Huangpu lagen zwei amerikanische Truppentransporter vor Anker: die »SS President Madison«, von der bereits Soldaten herüberwinkten, und die »SS President Harrison«, auf die das Erste Bataillon samt Musikcorps gerade mit Barkassen eingeschifft wurde. Inge nahm ihren ganzen Mut zusammen, spurtete los und fiel in Gleichschritt mit dem Pauker, der am Ende der Kapelle ging und weniger zu tun hatte als die anderen Instrumentalisten.

»Where do you go?«, fragte sie atemlos.

»To the Philippines.«

»Are you coming back?«

»Don't know.«

Jetzt war ihr erst recht beklommen zumute. Was hatte es zu· bedeuten, dass die amerikanischen Soldaten, die zusammen mit den Engländern die Schutzmacht des International Settlement bildeten, die Stadt verließen? Irgendwas stimmte hier nicht. Inge wollte dieses bedrückende Schauspiel nicht länger mitansehen. Sie machte auf dem Absatz kehrt und nahm die nächste Tram nach Hause. Die Menge hatte sich mittlerweile verlaufen. Das letzte Stück legte sie im Laufschritt zurück, dennoch war sie natürlich viel zu spät dran. Herr Finkelstein hatte bereits Feierabend, und die Eltern warteten schon mit dem Abendessen.

»Wieso kommst du erst jetzt? Wir haben uns Sorgen gemacht«, fragte die Mutter vorwurfsvoll.

»Die Marines!«, stammelte Inge, ohne auf die Frage der Mutter einzugehen. »Sie gehen auf Schiffe und fahren zu den Philippinen! Wer soll uns denn jetzt beschützen?«

»Was?« Ihr Vater, der den ganzen Tag in der Backstube verbracht hatte, wurde hellhörig. Er wusste, dass seine Tochter inzwischen ein waches Auge für politische Veränderungen entwickelt hatte. Als die Mutter zu neuen Vorwürfen ansetzen wollte, unterbrach er sie: »Lass sie erzählen, Marianne, das ist wichtig.«

Und Inge erzählte. Zwischen den Augenbrauen ihres Vaters bildeten sich tiefe Sorgenfalten; eine Antwort auf die Frage seiner Tochter hatte er nicht.

Doch der Alltag ging weiter. Außer dass in den Straßen von Hongkou jetzt vermehrt japanische Soldaten patrouillierten, schien sich in der Woche, nachdem die Amerikaner die Stadt mit klingendem Spiel verlassen hatten, nichts verändert zu haben. Die britische Infanterie war, wie mittlerweile bekannt wurde, bereits vor Monaten zur Verteidigung von Hongkong und Singapur abgezogen worden. Auf dem Huangpu verblieb nur jeweils ein Kanonenboot der beiden Schutzmächte: die britische »HMS Peterel« und die amerikanische »USS Wake«.

In der Nacht von Sonntag auf Montag, am frühen Morgen des 8. Dezember, wurde Inge von Feuerwerksböllern geweckt. Auch Laifu, der sich in Inges Armbeuge zusammengerollt hatte, war aus dem Schlaf geschreckt worden und flüchtete unters Sofa. Wer veranstaltete denn um diese Zeit ein Feuerwerk? Es war auch nicht Neujahr, weder westliches noch chinesisches. Ein Gewitter im Dezember? Oder war es vielleicht eines von diesen *bàibài*, bei denen um eine bestimmte Stunde irgendwelche Geister verjagt oder Götter besänftigt werden mussten?

Inge hörte den Vater nebenan rumoren. Ihr Wecker zeigte kurz nach vier, Zeit für ihn, sich für die Backstube fertig zu machen. Fröstelnd trat sie an eines der Dachfenster, das nach Osten hinausging. Rötlicher Schein erhellte den Himmel. Ging die Sonne etwa schon auf? Im Winter ließ sie sich normalerweise um diese Zeit noch nicht blicken. Auf Zehenspitzen schlich Inge zur Tür und rief leise nach dem Vater, um ihre Mutter nicht zu wecken.

»Papa, was ist denn da los?«

Herr Finkelstein kam ins Nebenzimmer und schloss die Tür hinter sich. »Wieso bist du schon auf?«

»Hast du die Böller nicht gehört? Und der Himmel im Osten ist ganz rot.« Seit sie in Schanghai lebte, orientierte sich Inge wie alle Chinesen mithilfe der Himmelsrichtungen.

»Keine Ahnung, was das zu bedeuten hat. Ich werde mal nachsehen, ob die Fiedlers schon wach sind. Du bleibst bei deiner Mutter.«

Die Bestimmtheit, mit der ihr Vater das sagte, zeigte Inge, dass auch ihm die Sache nicht geheuer war. Vom Fenster aus sah sie ihn in die Backstube hinübergehen, bald darauf kam er mit Herrn Fiedler wieder heraus, gemeinsam verschwanden sie durch die Hofeinfahrt. Gleich darauf erschien Frühlingserwachen, offenbar übernahm sie heute zusammen mit den chinesischen Angestellten die Frühschicht.

Inge lockte Laifu unter dem Sofa hervor und kuschelte sich mit ihm in die Bettdecke. Graues Morgenlicht drang durchs Dachfenster, sie konnte den Hauch erkennen, den ihr Atem in dem ungeheizten Zimmer machte. Diese Tageszeit war ihr unheimlich. Hatten sie nicht auch den Vater um diese Zeit abgeholt? Unangenehme Dinge schienen immer in den frühen Morgenstunden zu passieren, die man deshalb am besten verschlief. Aber an Schlafen war nicht mehr zu denken, ihr war so bang zumute. Die Mutter wollte sie trotzdem nicht wecken, vielleicht fand ja alles eine ganz harmlose Erklärung. Nur Laifu war die Weltlage herzlich egal. Genüsslich schnurrend legte er Inge den Kopf auf die Brust und lauschte ihrem Herzschlag, während sie mit den Fingern seine Tigerstreifen nachzeichnete. So schliefen beide schließlich doch noch einmal ein.

Als Inges Wecker sie wie immer an Schultagen weckte und sie noch ganz verschlafen ins andere Zimmer tappte, fand sie den Vater in leisem Gespräch mit der Mutter.

»Warum bist du nicht in der Backstube, Papa?« Erst allmählich fielen ihr die Ereignisse des frühen Morgens wieder ein. »Was war denn überhaupt los?«

»Inge, ich fürchte, jetzt gibt es auch hier Krieg. Du bleibst heute zu Hause.«

Krieg? Keine Schule? Angst und Freude bildeten ein unentwirrbares Knäuel in Inges schlaftrunkenem Kopf.

Dann berichtete der Vater, und Inge war plötzlich hellwach.

Die beiden Konditormeister waren mit einer der ersten Straßenbahnen, die in Schanghai die letzten Nachtschwärmer aus den Bars und Freudenhäusern nach Hause brachte, bis zum Bund gefahren. Als die Tram am Cathay Hotel nach links zur Garden Bridge abbiegen sollte, hatten ihr japanische Soldaten mit Gewehren und aufgepflanzten Bajonetten die Weiterfahrt versperrt. Alle Fahrgäste mussten aussteigen. An der Uferpromenade bot sich den beiden ein bizarres Bild: Der ganze Fluss schien in Flammen zu stehen, rot glühender Qualm zog über das Wasser. Es dauerte eine Weile, bis sie den Brandherd ausmachen konnten. Die britische »Peterel« stand in Flammen, während die Soldaten versuchten, sich von dem sinkenden Schiff ans Ufer zu retten; offenbar hatte es auch Verwundete gegeben. Erst als sie zur amerikanischen »Wake« hinübersahen, begannen sie zu ahnen, was sich zugetragen hatte. Über dem amerikanischen Kanonenboot wehte die japanische Kriegsflagge, auf Deck rannten japanische Soldaten hin und her. In der Flussbiegung dahinter zeichneten sich im Zwielicht bedrohlich die Umrisse der »Idzumo« ab.

»Von dort aus müssen sie im Schutz der Dunkelheit die beiden Schiffe angegriffen haben«, erzählte Herr Finkelstein mit Verachtung in der Stimme. »Es war ein ganz und gar ungleicher Kampf. Die ›Idzumo‹ ist ein seetüchtiges Kriegsschiff, die beiden anderen sind nur kleine Kanonenboote mit reduzierter Besatzung. Die Japaner haben sie aus unmittelbarer Nähe beschossen und dann geentert.«

»Aber wie können die Japaner sich mit den beiden Großmächten anlegen?«, fragte seine Frau.

»Die sind doch woandershin abgezogen, ich hab's euch doch erzählt«, warf Inge aufgeregt ein, schließlich war sie dabei gewesen. »Jetzt ist keiner mehr da, der uns vor den Japanern beschützt.«

»Ich fürchte, du hast recht«, bestätigte der Vater. »Als wir dann auf dem Heimweg waren, haben sie vom Flugzeug aus Flugblätter abgeworfen.« Er zog ein zerknülltes Blatt aus der Tasche und strich es auf dem Tisch glatt. Inge sah, dass es auf Chinesisch und Englisch abgefasst war. »Sie lassen uns wissen, dass Seine Majestät der japanische Kaiser den Vereinigten Staaten von Amerika und Großbritannien den Krieg erklärt hat, und kündigen den Bewohnern des International Settlement für zehn Uhr die Besetzung ihres Stadtteils an. Künftig werden wir Teil der ›Großasiatischen Wohlfahrtszone‹ sein. Wir sollen ›zur eigenen Sicherheit‹, wie es heißt, Ruhe bewahren und unseren normalen Verrichtungen nachgehen. Aber du gehst mir heute trotzdem nicht in die Schule, Entlein.«

Doch die rechte Freude wollte bei Inge nicht aufkommen.

Falsche Freunde

Schanghai, 1942 – Jahr des Pferds

馬

Als Inge wieder in die Schule ging, fehlte auf der Garden Bridge der britische Wachtposten. Sie vermisste ihn sehr. Es hatte ihr immer ein Gefühl von Sicherheit gegeben, wenn er ihr auf dem Heimweg von der Schule zulächelte. Dann wusste sie, dass sie wieder das International Settlement betrat. Jetzt herrschten auch diesseits des Soochow Creek die Japaner. Man sah die Kaiserlich-Japanische Armee mit ihren schwarzen Stiefeln, Gewehren und gekreuzten Munitionsgurten in kleinen Trupps durch die gesamte Stadt patrouillieren, zu Fuß, zu Pferd oder auf Lastwagen. Selbst in der Schule musste neben der weißen Flagge mit dem blauen Stern nun die japanische Kriegsflagge gehisst werden: eine rote Sonne auf weißem Grund, die ihre Strahlen über ganz Asien, die Großasiatische Wohlfahrtszone, aussandte.

Und eine neue Sprache war auch schon wieder fällig.

»Ach herrje, jetzt auch noch Japanisch«, stöhnte Inge, als sie den neuen Stundenplan sah.

Damit man sich im künftigen Riesenreich der Wohlfahrtszone auch würde verständigen können, war es ab sofort Pflichtfach an allen Schulen. Inges einziger Trost war, dass man in Japan vor langer Zeit die chinesischen Schriftzeichen übernommen hatte, die dort Kanji genannt wurden. Die Japaner sprachen sie zwar anders aus und hatten noch eine Lautschrift namens Hiragana dazuerfunden, aber so konnte sie ihren Vorrat an Schriftzeichen immerhin nutzen und erweitern.

Dafür wurde alles Amerikanische aus der Stadt verbannt. Nicht einmal die »Jingle Bells« durften wie sonst das Weihnachtsfest einläuten. Es gab ohnehin wenig Grund zum Feiern: Am ersten Feiertag kam die Nachricht, dass nun auch Hongkong in die Hände der Japaner gefallen war.

***

»Fehlt bei dir auch die Hälfte der Klasse?«, erkundigte sich Sanmao, als sie sich ein paar Wochen später im Hof trafen.

»Ne, wieso?«

»Das muss damit zusammenhängen, dass bei euch vor allem deutsche Kinder sind. Meine englischen und amerikanischen Klassenkameraden dürfen jetzt nicht mehr zum Unterricht kommen. Man munkelt, dass sie mit ihren Eltern in Lager gebracht werden, weil sie Feindmächte sind. Einige haben schnell ihre Koffer gepackt und sind abgereist.«

»Feinde von wem?«

»Von den Japanern natürlich, Entenkopf!«

»Aber für mich sind die Japaner auch Feinde.«

»Mag sein, dass du das so empfindest, weil du jetzt

Schanghaierin bist.« Inge hörte mit Genugtuung, dass Sanmao sie bereits eingemeindet hatte, doch dann fuhr er fort: »Aber offiziell sind sie die Verbündeten Deutschlands. Noch nie was von den Achsenmächten gehört? Das Deutsche Reich, Italien und Japan bilden eine ›Achse‹. Und weil sie alle Faschisten sind, haben sie sich die Welt untereinander aufgeteilt: Deutschland kriegt den europäischen Kontinent, Italien den Mittelmeerraum und Japan ganz Asien. Amerikaner und Briten wollen das natürlich nicht zulassen, deshalb sind sie jetzt ›Feindmächte‹, auch wenn sie ganz friedlich in Schanghai leben.«

»Wie schrecklich. Stell dir mal vor, du wachst morgens auf und bist der Feind.« Inge kannte das, ihr war das nämlich schon mal so ergangen. »Und was sind das für Lager?« Bei diesem Wort war ihr sofort der Schreck in die Glieder gefahren. Sie musste unbedingt rauskriegen, was es damit auf sich hatte.

»Zunächst müssen alle rote Armbinden mit dem Buchstaben ihres Heimatlandes tragen, später werden sie dann in Lagern am Stadtrand interniert.«

Rote Armbinden, gelbe Sterne, ein »J« im Pass … Inge kam das alles furchtbar bekannt vor. Hoffentlich kriegte ihr Vater nicht wieder Panik, wenn er das hörte. Sie musste mehr in Erfahrung bringen.

»Und du bist sicher, dass die Japaner bei den Deutschen keinen Unterschied zwischen Ariern und Juden machen?«

»Soweit ich weiß, nicht. Für sie ist das Judentum eine Religion wie jede andere, außerdem haben wir im Geschichtsunterricht gelernt, dass ein reicher Jude ihnen Anfang des Jahrhunderts mal im Krieg gegen die Russen geholfen hat.«

»Dann müssen wir den Japanern ja am Ende noch dankbar sein«, sagte Inge und kaute nachdenklich auf ihrer Unterlippe.

Auch im »Café Federal« war die Veränderung der politischen Lage spürbar. Mit dem Ausbleiben der amerikanischen und britischen Stammgäste blieben viele Tische leer. Die Frau mit dem Äffchen kam schon länger nicht mehr; offenbar hatte sie die Stadt rechtzeitig verlassen. Ob Mr. Mills tatsächlich Jockey geworden war, hatte Inge nie in Erfahrung bringen können.

Dafür schallten jetzt häufig deutsche Stimmen durch den Gastraum. Seitdem die Deutschen Verbündete der Machthaber waren, glaubten einige von ihnen offenbar, sich wie jene Herrenmenschen aufführen zu müssen, als die ihre Ideologie sie sah. Doch Curt Fiedler ließ sich durch den anmaßenden Ton, mit dem sie ihre Bestellungen aufgaben, nicht aus der Ruhe bringen. Schließlich war er seit 1926 in der Stadt und servierte seinen Gästen Bienenstich und Apfelstrudel in stets gleichbleibender Höflichkeit und Qualität.

Letzteres wurde allerdings immer schwieriger. Da die Japaner offenbar auf einen längeren Krieg eingestellt waren, hatten sie einige Lebensmittel und Gebrauchsgüter rationiert. So waren Mehl und Zucker jetzt nur noch mit Bezugsscheinen erhältlich, deren Deputat niemals hinreichte, vor allem wenn man

Konditor war. Wo sollte der Apfelstrudel jetzt seine knusprig-süße Kruste herbekommen? Ausländische Produkte gelangten wegen der Seeblockade überhaupt nicht mehr nach Schanghai, und selbst die Versorgung aus dem chinesischen Hinterland gestaltete sich mit dem weiteren Vorrücken der Japaner zunehmend schwierig. Da musste man eben improvisieren. Herrn Fiedlers berühmte Nusshörnchen wurden jetzt mit Erdnussbutter gefüllt, die mithilfe einer kurbelbetriebenen Maschine selbst hergestellt wurde. Dem Konditormeister Finkelstein ging das sehr gegen die Berufsehre, aber was half es?

Sein Unbehagen betraf nicht allein die »Ersatz«-Produkte, die er in der Backstube herstellen musste. Abends saß er über den »Shanghai Jewish Chronicle« gebeugt, eine trotz ihres englischen Namens weitgehend deutsche Emigrantenzeitung, und wurde dabei immer schweigsamer. Frau und Tochter spürten, wie sehr ihn die Zuspitzung der politischen Lage belastete.

Höchste Zeit für einen Familienrat, was bei den Finkelsteins inzwischen gleichbedeutend war mit einer Partie »Mensch-ärgere-dich nicht!« Dabei konnte man alle möglichen Probleme besprechen und sie anschließend wie die Spielfiguren wieder in die rote Schachtel packen: Deckel zu und Ruhe. Diesmal war es Frau Finkelstein, die die Initiative ergriff und nach dem Abendessen das Spielbrett auf dem Tisch ausbreitete.

»Habt ihr schon von den Lagern gehört, wo die Angehörigen der Feindmächte hinmüssen?«, platzte

Inge heraus, kaum dass sie ihre roten Männchen in Position gebracht hatte.

»Als Deutsche sind wir aber keine Feindmächte«, warf Frau Finkelstein ein, um die Wogen zu glätten.

»Sanmao hat auch gesagt, dass die Japaner keinen Unterschied zwischen Juden und Ariern machen«, ergänzte Inge, die den Vater beruhigen wollte.

»Das mag ja zutreffen – auf euch beide. Ich mit meinem »J« im Pass gelte als staatenlos. Die Nazis haben dafür gesorgt, dass ich durch die Ausreise nicht nur mein Vermögen, sondern auch meine Bürgerrechte verloren habe.«

Mutter und Tochter sahen einander mit stummem Schrecken an. Daran hatte keine von ihnen gedacht.

»Aber du bist doch trotzdem Deutscher«, beharrte Inge.

»Nicht für die Leute im hiesigen Generalkonsulat. Die fühlen sich nicht mehr für mich zuständig. Aber wer weiß, was denen noch einfällt«, bemerkte er düster. Es kursierten immer wieder Gerüchte, dass die nationalsozialistischen Diplomaten am liebsten auch Schanghai »judenrein« machen würden.

Das war es gerade nicht, was Frau Finkelstein mit dem Spiel hatte erreichen wollen. »Jetzt mal nicht den Teufel an die Wand, Willi. Was können die uns schon anhaben. Wir sind hier doch wirklich gut gelandet. Und mit meiner Änderungsschneiderei habe ich in letzter Zeit einiges an Strumpfgeld dazuverdient.« Frau Finkelstein, die keiner Bank dieser Welt mehr vertraute, verwahrte ihre Einnahmen in einem von Inges zu klein gewordenen Kniestrümpfen.

»Du bist am Zug, Papa«, drängelte Inge.

»Wenn's nur so wäre«, murmelte ihr Vater, ließ sich dann aber doch in das Spielgeschehen hineinziehen.

***

»Inge, ich muss mal mit dir reden«, sagte Frau Finkelstein eines Morgens, als der Vater in der Backstube war.

Was ist denn jetzt los?, überlegte Inge verdutzt, sie war solche Aufforderungen von ihrer Mutter nicht gewöhnt. Wenn es etwas zu besprechen gab, wurde »Mensch-ärgere-dich-nicht!« gespielt. Aber zu zweit? Und am hellen Vormittag?

»Soll ich das Spielbrett holen?«

»Nein, nicht so was«, lachte die Mutter, als sie das erstaunte Gesicht ihrer Tochter sah, »eher ein Thema zwischen Mutter und Tochter.«

Inge rollte mit den Augen, sie konnte sich schon denken, was jetzt kam.

»Inge, in den letzten Monaten hast du einen richtigen kleinen Busen bekommen. Ich finde, mit deinen vierzehn Jahren kannst du jetzt nicht mehr in diesen lockeren Leibchen rumlaufen. Auch unter der weißen Schulbluse solltest du im neuen Schuljahr einen Büstenhalter tragen.«

Aber so einfach war das nicht, wie Inge von ihren Schulkameradinnen wusste, die sich in den Pausen ständig über solche Sachen unterhielten.

»Du meinst ›Triumph krönt die Figur‹?«, erwiderte Inge spöttisch. »Da ist die Seeblockade vor.«

Die Kanonenboote der Alliierten verhinderten nicht nur die Einfuhr von Lebensmitteln, sondern auch von Seidenstrümpfen und Büstenhaltern, Produkte, die in der Foreign Community sehr gefragt waren.

»Wie machen das eigentlich die Chinesinnen?«, erkundigte sich die Mutter.

»Siehst du doch. Die haben keine so wallenden Busen. Sie tragen bloß ein Dudou, eine Art Unterhemd, das, wie der Name sagt, den Bauch bedeckt.«

»Ich dachte, ich könnte vielleicht einen Büstenhalter aus leichtem Baumwollstoff nähen. Elastisches Material ist hier leider nicht zu bekommen, aber wenn er gut sitzt, ist so was bei der Hitze sicher angenehm zu tragen.«

Das konnte Inge sich nicht vorstellen, vor allem nicht beim Kungfu-Training. Allmählich schwante ihr, dass Frau Finkelstein ihre mütterliche Fürsorge offenbar mit einer neuen Geschäftsidee verband.

»Und ich soll dann als Unterwäschevertreter rumlaufen, wie?«

»Nein, nein, so weit habe ich nicht gedacht«, wehrte die Mutter ab. »Ich dachte, ich nehme mal deine Maße und experimentiere ein bisschen.«

»Na schön.« Resigniert nahm Inge die Arme hoch, damit die Mutter mit dem Maßband ihre Oberweite messen konnte. Eine Mutter, die beschäftigt war, würde sich wenigstens nicht in ihr Leben einmischen.

Obwohl Inge sich weigerte, das ihr aufgedrängte neue Kleidungsstück aktiv anzupreisen, wurde es natürlich in der Umkleide vor der nächsten Turnstunde sofort registriert.

»Was hast du denn an?« Alle starrten auf Inge, die versuchte, sich rasch ihr Turnhemd über den Kopf zu ziehen.

»Nicht gerade sexy«, bemerkte die kurvenreiche Esther. Aber was war schon von einem deutschen Trampel zu erwarten, der in Männerstiefeln herumlief.

»Deutsche Maßarbeit«, kicherte eine andere. Doch der Spott verebbte bald, da das Problem alle anging und keine Lösung in Sicht war. Selbst den sündteuren Wäschegeschäften im International Settlement ging allmählich der Nachschub aus.

»Lass doch mal sehen.« Eine Mitschülerin schob das Turnhemd wieder hoch und Inge ließ sich widerwillig bestaunen.

»Hmm, der hat jede Menge Abnäher, ist tatsächlich Maßarbeit«, bemerkte eine Mitschülerin sachkundig, »Wer hat dir den genäht?«

»Meine Mutter.«

»Meinst du, die würde für mich auch so einen machen?« Plötzlich war es Esther, bei der das BH-Problem besonders hervorstechend war, ganz ernst.

»Ich kann sie ja mal fragen«, erwiderte Inge einsilbig. Das hatte sie nun davon. Sie war auf dem besten Wege, tatsächlich zur Unterwäschevertreterin zu werden.

Mit gemischten Gefühlen berichtete sie der Mutter von der Reaktion ihrer Mitschülerinnen. Einerseits genoss sie deren plötzliche Aufmerksamkeit, und über Aufträge für die Mutter musste man schließlich auch froh sein.

»Aber ich will auf keinen Fall, dass die hier alle anrücken«, insistierte sie.

»Ich kann dir ja zeigen, wie man Maß nimmt. Du nimmst ein Maßband mit in die Schule und schreibst mir alle nötigen Angaben auf einen Zettel.«

»Igitt, da muss ich denen ja an ihren dicken Busen fassen.«

Aber am Ende siegte Inges Sinn fürs Praktische, die Bestellungen gingen ein und die BHs gingen raus wie warme Semmeln. Sanmao erzählte sie natürlich nichts von diesem neuen Geschäftszweig.

***

Was Inge und Sanmao in diesem Pferdesommer am meisten schmerzte, war die Tatsache, dass das »Burlington« den Betrieb seines Freiluftkinos nicht wieder aufgenommen hatte; es mangelte sowohl an Hausgästen wie am Nachschub neuer Filme. Die Besatzer hatten sämtliche Hollywoodproduktionen aus den Lichtspieltheatern der Stadt verbannt. Dafür lief in den Kinos neben japanischen Filmen immer wieder »Olympia 1936«, ein Film über die Olympischen Spiele, den eine Deutsche gedreht hatte. Inge überredete Sanmao, mit ihr hinzugehen. Natürlich durften die Eltern nicht wissen, dass ihre Tochter kostbares Geld für einen Propagandastreifen ausgab, der Hitler bei der Eröffnung der Spiele zeigte, und für eine Wochenschau, in der die Siege der Achsenmächte in

Europa und im pazifischen Raum gefeiert wurden. Aber so genau wussten die ohnehin nicht, was ihre Tochter den ganzen Tag trieb.

Genüsslich ließ Inge sich neben Sanmao in einen der gepolsterten Sitze des »Majestic« sinken. Dass sie sich den Hals verrenken mussten, weil es die allerbilligsten ganz vorne waren, machte ihr nichts aus. Dafür bekam man hier keine juckenden Moskitostiche wie im Garten des »Burlington«.

Mit einer Mischung aus Heimweh und Abscheu starrte Inge auf die perfekt inszenierten Bilder aus ihrer einstigen Heimat. Die Massen, die dem Führer im Berliner Olympiastadion zujubelten, jagten ihr Gänsehaut über den Rücken. Als dann auf der Leinwand der US-Amerikaner Jesse Owens seinen souveränen Sieg über einhundert Meter lief, brach das überwiegend chinesische Publikum in Schanghai seinerseits in spontanen Jubel aus.

Erschrocken griff Inge im Dunkeln nach Sanmaos Hand.

»Ist das nicht gefährlich?«, raunte sie zu ihm hinüber. Schließlich war dieser Mann ein »Number-one-enemy-national« und ein Schwarzer dazu.

Ängstlich drehte sie sich zu dem japanischen Wachtposten um, der an der Tür stand. Wie in allen öffentlichen Gebäuden Schanghais war auch in den Lichtspieltheatern japanisches Militär präsent. Doch die Provokation dauerte nur Sekunden und konnte ebenso gut als Anerkennung für eine herausragende sportliche Leistung gewertet werden. Der Posten reagierte nicht.

Inge und Sanmao atmeten erleichtert durch und tauschten einverständliche Blicke. Das Gute an Sanmao war, dass man ihm nichts erklären musste. Für Situationen, in denen es um die Spannungen zwischen verschiedenen Nationalitäten ging, war er sensibilisiert. Im Schutz der Dunkelheit ließ sie ihre Hand noch ein bisschen länger in der seinen liegen. Es fühlte sich gut an.

Rausgeschmissen

Schanghai, 1943 – Jahr der Ziege

Inzwischen hatte im Tierkreis die friedliche Ziege die Regie übernommen, doch Inge hatte sich längst abgewöhnt, die Tiere des chinesischen Horoskops für die Ereignisse des jeweiligen Jahres verantwortlich zu machen. Das vermeintlich so harmlose Hasenjahr hatte den Krieg in Europa gebracht und ihr Jahr, das Drachenjahr, die ungeliebte Schule, im Zeichen der Schlange waren die Japaner angerückt, und das Pferdejahr hatte ihrem Leben alle möglichen Beschränkungen auferlegt. Aber dafür konnten die armen Tiere nichts; sie hatten, so wollte es die Legende, ja nur in genau dieser Reihenfolge dem Buddha ihre Aufwartung gemacht. Es war die Politik, die die Leute beutelte und drangsalierte. Und die wurde von Menschen gemacht.

Auch die Ziege hielt sich nicht an das Bild, das man sich von ihr machte. Eines Morgens fand Inge einen Zettel im Briefkasten:

Proklamation über Wohn- und Geschäftsbeschränkungen für staatenlose Flüchtlinge

    I. Auf Grund militärischer Notwendigkeit wird hiermit der Platz für Wohnungen und Geschäfte der staatenlosen Flüchtlinge im Schanghaier Gebiet auf das nachstehende Gebiet in der Internationalen Niederlassung beschränkt.

II. Die staatenlosen Flüchtlinge, die gegenwärtig in einem anderen Distrikt als dem vorstehend angegebenen Gebiet ansässig sind und/oder Geschäfte betreiben, haben ihre Wohn- und Geschäftssitze bis zum 18. Mai 1943 in das vorstehend bezeichnete Gebiet zu verlegen. Für die Übertragung, den Verkauf, den Erwerb oder das Vermieten von Räumen, Häusern, Läden oder anderen Etablissements, die außerhalb des bezeichneten Gebiets gelegen sind und deren Inhaber oder Benutzer gegenwärtig staatenlose Flüchtlinge sind, ist eine Genehmigung der japanischen Behörden einzuholen.

III. Personen, die keine staatenlosen Flüchtlinge sind, dürfen nicht ohne Genehmigung der japanischen Behörden in das in Abschnitt I erwähnte Gebiet umziehen.

IV. Personen, die diese Proklamation verletzen oder ihre Durchsetzung behindern, werden streng bestraft.

Oberbefehlshaber der Kaiserlich-Japanischen Armee im Gebiet Schanghai
Oberbefehlshaber der Kaiserlich-Japanischen Flotte im Gebiet Schanghai
18. Februar 1943

Inge überflog den Inhalt und wurde blass. Ein Blick auf die Karte zeigte ihr, dass der Zwangswohnbezirk, offiziell »Designated Area« genannt, genau jenen Teil von Hongkou umfasste, in dem die »Heime« lagen und in dem sich bereits die meisten jüdischen Flüchtlinge angesiedelt hatten. Inge begriff sofort, was das bedeutete. Sie machte auf dem Absatz kehrt, rannte die enge Holzstiege wieder hinauf und platzte in das Dachzimmer, in dem Frau Finkelstein an ihrer Singer saß. Wegen der galoppierenden Geldentwertung, der Rationierung von Kleiderstoff und dem fehlenden Nachschub aus Übersee konnte sie sich vor Aufträgen kaum retten. Das Umändern und das Wenden zerschlissener Hemdkrägen und Manschetten war jetzt auch in den besseren Gegenden angesagt. Und das Geschäft mit den Büstenhaltern lief ebenfalls gut.

»Wir müssen nach Hongkou!«, rief sie der Mutter atemlos entgegen und hielt ihr den Zettel hin.

»Dann hat Willi also doch recht behalten mit seinen düsteren Prognosen«, sagte Frau Finkelstein, nachdem auch sie gelesen hatte. »Wir müssen es ihm schonend beibringen.«

Dabei wusste Inge sehr wohl, dass es ihre Mutter war, die dieser Schlag am härtesten traf. Inge sah sie noch vor sich, wie sie, das weiße Batisttüchlein an die Nase gepresst, vor gut vier Jahren zum ersten Mal durch die Straßen von Hongkou gegangen war. Doch auch Inge grauste es bei dem Gedanken an einen Umzug. Weniger vor dem Schmutz, der Armut und Enge, die in diesem Stadtteil herrschten, sondern weil sie das Hinterhaus des »Café Federal« inzwischen als ihr Zuhause betrachtete, und die Fiedlers als ihre erweiterte Familie. Und Laifu? Würde sie den mitnehmen können?

Am meisten schmerzte jedoch die Tatsache, dass in Zukunft kein Pfiff mehr genügen würde, um sich nach der Schule mit Sanmao zu verabreden. Inge merkte, wie sich ein Kloß in ihrem Hals bildete. Sie würde ihn furchtbar vermissen, diesen großen Bruder. Aber Brüder waren – das wusste sie noch von ihren Brandenburger Freundinnen – eher lästig. Das war Sanmao keineswegs, ganz im Gegenteil. Was also war er dann?

Plötzlich wurde ihr bewusst, dass sie allein im Zimmer stand. Sie war so sehr in ihre Gedanken vertieft, dass sie gar nicht registriert hatte, wie die Mutter mit dem Zettel zum Vater in die Backstube gelaufen war. Jetzt hörte sie die beiden die Treppe heraufkommen.

»Die sperren uns in ein Ghetto. Das Wort Jude haben sie zwar geflissentlich vermieden und reden stattdessen von staatenlosen Flüchtlingen, aber genau das ist es doch – ein Ghetto für die Juden! Was wird dann aus meiner Arbeit hier?«, hörte sie die erregte Stimme des Vaters. »Immerhin können sie dich und Inge nicht einsperren, und das Kind hat einen kürzeren Schulweg.«

Trotz allem musste Inge lächeln. Das war wieder mal typisch Finkelstein: Jeder hatte an den eigenen Verlusten zu knabbern, versuchte aber gleichzeitig, die anderen zu trösten. Einer hielt den Kopf immer oben.

***

Einige Tage später bekamen die Finkelsteins schon wieder Post. Diesmal war es ein offizieller Umschlag mit dem Deutschen Reichsadler, adressiert an Frau Marianne Finkelstein. Sie wurde aufs Generalkonsulat einbestellt.

»Was wollen die denn von mir? Bisher haben sie sich doch auch nicht um mich gekümmert«, wunderte sie sich.

Eine Antwort auf diese Frage war allerdings nur zu bekommen, indem sie der Einladung nachkam. Da Frau Finkelstein kaum aus dem Haus ging – eine Angewohnheit, die sie aus der Zeit ihrer anfänglichen Depression beibehalten hatte – bat sie ihre Tochter, sie zu begleiten.

»Du kennst dich besser aus in der Stadt, Inge. Soviel ich weiß, liegt das Konsulat irgendwo am Bund.« Frau Finkelstein erinnerte sich noch lebhaft an den Schock, den die Hakenkreuzfahne ihrem Mann bei er Ankunft versetzt hatte.

»Ja, im Glen Line Building. Da fahr ich jeden Tag auf dem Schulweg dran vorbei. Wir nehmen die Tram und steigen am Park vor der Garden Bridge aus. Wann musst du denn hin? Morgen früh?« Inge witterte sofort eine Möglichkeit, der ungeliebten Schule für einen Tag zu entkommen. Ihre Mutter hatte ausnahmsweise nichts dagegen.

Am nächsten Morgen warf sich Frau Finkelstein wieder mal »in Schale«: graues Tweedkostüm – diesmal, jahreszeitlich bedingt, mit kleinem Pelzkrägelchen –, ihr letztes Paar Seidenstrümpfe – mehrfach ausgebessert –, dazu die hochhackigen Pumps, die sonst immer geschont wurden.

Nach einem prüfenden Blick in den Spiegel schob

sie entschlossen das Kinn vor. Jetzt fühlte sie sich der unbekannten Herausforderung gewachsen.

»Nicht so schnell, Inge.« Frau Finkelstein kam auf ihren hohen Absätzen der Tochter kaum hinterher, die in Männerstiefeln den gewohnten Weg zur Straßenbahnhaltestelle entlangtrabte.

Als sie am Bund anlangten und durch das imposante Portal mit den grauen Granitsäulen traten, kam ihnen eine Gruppe Männer entgegen: Deutsche in feldgrauem Tuch und japanische Offiziere in senfgelber Uniform.

Einer der Deutschen, mit Schirmmütze und Hakenkreuz-Armbinde, hielt ihnen galant den schweren Türflügel auf. Gleich darauf standen Mutter und Tochter in einem prächtigen, ganz mit Marmor verkleideten Foyer.

»Du kommst am besten mit, schließlich stehst du mit in meinem Pass«, sagte Frau Finkelstein. Inge spürte, wie nervös die Mutter war; vermutlich war es ihr lieber, nicht allein in dieses Büro gehen zu müssen.

Unter einem riesigen Kristalllüster blieben sie stehen und sahen sich suchend um. Ein Beamter, der mit einer Akte aus einem der Gänge kam, fragte höflich nach ihrem Anliegen und wies ihnen den Weg zum Amtszimmer des Botschaftssekretärs. Frau Finkelstein atmete noch einmal hörbar durch, dann trat sie forsch ein, Inge folgte.

»Guten Morgen.«

»Heil Hitler! Was kann ich für Sie tun?«, begrüßte sie ein Mann mit militärisch kurzem Haarschnitt. Inge warf einen abschätzigen Blick auf das junge Milchgesicht. Auch so einer. Außerdem stand inzwischen für sie fest, dass sie nur dunkelhaarige Männer attraktiv fand.

»Das müssen Sie mir sagen. Ich habe dieses Schreiben hier von Ihnen bekommen.« Frau Finkelstein reichte ihm den Brief über den Schreibtisch.

»Ach ja, das betrifft die Umsiedelung der nach 1937 angekommenen Staatenlosen in den Stadtteil Hongkou. Aber so nehmen Sie doch Platz, gnädige Frau. Sie als deutschblütige Staatsbürgerin fallen natürlich nicht unter diese Regelung. Ebenso wenig Ihr Fräulein Tochter.« Dabei lächelte er Inge zu, die betont interessiert aus dem Fenster sah.

»Sie meinen, dass ich als evangelische Ehefrau eines Juden nicht ins Ghetto muss.«

»Von einem Ghetto kann hier keineswegs die Rede sein, meine Gnädigste. Es handelt sich lediglich um eine militärische Schutzmaßnahme unserer japanischen Verbündeten. Für Sie wäre das allerdings mit Unannehmlichkeiten verbunden, die wir Ihnen gern ersparen würden.«

»Und? Was schlagen Sie vor?«

»Wir raten Ihnen, sich von Ihrem Mann zu trennen. Die rechtlichen Schritte für eine Scheidung könnten wir Ihnen unter diesen Umständen wesentlich erleichtern.«

Inge klappte die Kinnlade runter, sie meinte sich verhört zu haben. Plötzlich war der Schiffsverkehr nicht mehr von Interesse. Was wollte der von ihrer Mutter? Einen Moment lang fehlen auch Marianne Finkelstein die Worte, sie fing sich aber sofort wieder und funkelte den Mann hinter dem Schreibtisch böse an.

»Diesen Vorschlag haben mir bereits Ihre Kollegen von der Geheimen Staatspolizei in Berlin gemacht. Und jetzt raten Sie mal, junger Mann, warum ich in Schanghai bin?« Hier machte sie eine dramatische Pause. »Weil ich meinen Mann unter keinen Umständen verlasse, schon gar nicht wegen einer Ideologie wie der Ihren. Ich denke, damit ist unser Gespräch beendet.« Während sie ihm den letzten Satz hinschleuderte, war sie aufgesprungen und hatte Inges Hand gepackt. »Komm, Kind!«

»Ganz wie Sie meinen.«

Frau Finkelstein machte auf dem Absatz kehrt und rauschte mit einem verächtlichen »Einen schönen Tag noch« aus dem Büro. Inge, in ihrem Schlepptau, knallte mit Nachdruck die Tür hinter sich zu. Das war sie ihrem Vater schuldig.

Erst im Fußgängergetümmel auf dem Bund blieb Frau Finkelstein stehen. Mit hochrotem Kopf lehnte sie sich an eine Hausmauer, um Luft zu schöpfen. Sie zitterte, und in ihren graugrünen Augen standen Tränen. Inge ballte die Fäuste in den Taschen ihrer Jacke.

»Wie kann der dir so was vorschlagen?«, stieß sie empört hervor. »Und wie hast du das gemeint – schon zum zweiten Mal?«

»Ich kenne diese Burschen mittlerweile«, stieß die Mutter zwischen den Zähnen hervor. »Damals, als ich ihn aus Sachsenhausen rausholte, haben sie mir denselben Vorschlag gemacht. Aber das haben wir dir damals natürlich nicht erzählt.«

Inge wurden noch im Nachhinein die Knie weich bei dem Gedanken an das Damoklesschwert, das über ihrer kleinen Familie geschwebt hatte. Wo wäre sie heute, wenn ihre Mutter nicht so gehandelt hätte? Und bei wem? Jedenfalls nicht in Schanghai. Vor lauter Dankbarkeit und Erleichterung fiel Inge ihrer Mutter mitten auf dem Bund um den Hals, und beide begannen hemmungslos zu schluchzen. Einige chinesische Passanten, die solche Gefühlsausbrüche in der Öffentlichkeit nicht gewöhnt waren, blieben stehen und starrten die beiden Frauen neugierig an.

»Was glotzt ihr? Kümmert euch um eure eigenen Angelegenheiten«, zischte Inge ihnen zu. Jetzt war nicht der Moment für Völkerverständigung und Toleranz, jetzt wollte sie bloß in Ruhe gelassen werden. Auch die Mutter hatte sich mittlerweile wieder gefangen.

»Die Dreistigkeit von diesem jungen Schnösel war nun wirklich die Höhe«, schimpfte sie und ignorierte die Schaulustigen, die erschrocken weitergingen.

»Aber du hast ihm gut rausgegeben, Mama«, sagte Inge anerkennend. Wenn es drauf ankam, war ihre Mutter eine richtig starke Frau.

»Kein Wort davon zu deinem Vater, hörst du? Der wird uns sonst noch schwermütig. Macht sich sowieso schon Vorwürfe, weil wir wegen ihm in dieses grässliche Hongkou müssen.«

Inge nickte. »Klar.«

Schweigend liefen sie nebeneinanderher, jede in die eigenen Gedanken vertieft. Aus Nordost, von der Jangtse-Mündung und dem Meer, wehte ein erster lauer Frühlingswind über den Huangpu. Auf dem

Fluss waren keine stolzen weißen Dampfer mehr unterwegs, dafür die kriegsgrauen Fregatten der Besatzer. Dazwischen schlängelten sich wie eh und je kleine Frachter, Lastkähne, Dschunken und Sampans. Inge blickte sich suchend nach ihrem Fährmann um und sah ihn auf der Flussmitte zwischen zwei großen Schiffen hindurchmanövrieren. Der Alltag auf dem Fluss ging trotz Krieg und Belagerung weiter.

Fast empfand Inge so etwas wie Neid für die Familien auf ihren schwimmenden »Drei Brettern«. Die konnte man nicht so einfach vertreiben, und wenn, dann fuhren sie eben woandershin. Der Fluss war groß und gehörte allen, auf ihm gab es keine Ghettos und »Zwangswohnbezirke«.

Sie ließ den Blick über die weite Flussbiegung und die prächtigen Fassaden des Bund schweifen. Was ihr bei der Ankunft vor mehr als vier Jahren so befremdlich erschienen war, löste jetzt ein warmes Gefühl von Stolz in ihr aus. Das war ihre Stadt. Der bevorstehende Umzug machte ihr schlagartig bewusst, wie wohl sie sich hier mittlerweile fühlte; nicht unbedingt in Hongkou, aber in der Bubbling Well Road, in ihrem Viertel mit seinen vielen Läden und Märkten, Cafés und Geschäften. Torte mit Stäbchen – schoss es ihr plötzlich durch den Kopf. Dieses sonderbare Bild brachte die Mischung aus chinesischem und westlichem Lebensstil auf den Punkt, der den Reiz ihres neuen Lebens ausmachte. Sie dachte an Ina und wie sie in Brandenburg zusammen geübt hatten, den väterlichen Sandkuchen mit Stäbchen zu essen. Damals hatte die Freundin sie trösten und ihr Schanghai im wahrsten Sinne des Wortes schmackhaft machen wollen. Der Gedanke amüsierte sie, und sie musste lächeln. Das war Ina gelungen. Inge war in der Stadt, in die das Schicksal sie geschickt hatte, angekommen, sie fühlte sich zu Hause in deren farbiger, internationaler Lebensart, in der chinesischen Sprache und ihrer schönen, rätselhaften Schrift. Und sie hatte hier Freunde gefunden.

Wie es umgekehrt wohl ihrer chinesischen Freundin in Brandenburg erging? Der kleinen Chinesin mitten im großen deutschen Krieg.

***

Dem Vater erzählten sie, dass es sich um eine Passangelegenheit gehandelt habe. Inge würde nach der Umsiedelung nach Hongkou ihren eigenen Pass brauchen, um sich jederzeit ausweisen zu können, wie es die neue Besatzungsmacht verlangte.

»Das ist eine Notlüge, Inge«, hatte die Mutter ihr gesagt, »und Notlügen sind erlaubt.« Und außerdem war es nur ein bisschen gelogen; es gab diese Bestimmung nämlich tatsächlich.

Zwei Monate hatten sie noch Zeit bis zum Vollzug der Zwangsumsiedlung im Mai. In dieser Zeit wurde oft das »Mensch-ärgere-dich-nicht!« bemüht, weil es so viel zu bereden und entscheiden gab. Zunächst natürlich die Frage: Gleich oder lieber später?

»Ich finde, wir sollten schon jetzt mit der Wohnungssuche beginnen«, meinte der Vater, den jede behördliche Zwangsmaßnahme verständlicherweise in Panik versetzte. Außerdem kannte er die geringe Schmutztoleranz seiner Frau, gewisse Bedingungen mussten also erfüllt sein. »Wenn wir schnell umziehen, haben wir bessere Chancen, eine einigermaßen akzeptable Bleibe zu finden. Ihr wisst ja, wie überfüllt Hongkou jetzt schon ist. Und wenn alle Staatenlosen in diesen winzigen Bezirk gepfercht werden, wird es eine gnadenlose Konkurrenz um den Wohnraum geben.«

»Aber wer weiß, wie es nach dem Umzug mit deiner Arbeit aussieht«, gab Frau Finkelstein zu bedenken. »Ist es da nicht vernünftiger, so lange wie möglich bei Herrn Fiedler zu bleiben? Außerdem habe ich momentan so viele Aufträge. Das sollten wir ausnutzen, vielleicht können wir uns dann was Besseres leisten.«

Inge, die sich in Hongkou auskannte, bezweifelte, ob die dortigen Unterkünfte den Vorstellungen ihrer Mutter von »was Besserem« entsprachen, aber wozu »Mütter scheu machen«, wenn's noch gar nicht so weit war? Dennoch stimmte sie ihrer Mutter von Herzen zu, allerdings aus ganz anderen Gründen.

»Und was meist du?«, fragte der Vater die Tochter, die sich bisher der Stimme enthalten hatte. »Sollen wir unsere Männchen so rasch wie möglich ins Depot bringen oder noch ein paar Runden würfeln und unser Glück versuchen? Immerhin hast du einen kürzeren Schulweg, wenn wir in Hongkou wohnen.«

»Da macht euch mal keine Sorgen«, wehrte Inge ab. Die Schule hätte ihr gleichgültiger nicht sein können. Sie dachte vielmehr an die Kungfu-Stunden mit Sanmao, an die Schreibübungen mit Frühlingserwachen und an ihre guten *guānxi* in der Markthalle; die würde sie anderswo erst wieder aufbauen müssen. Jeder Tag, den sie länger in der Bubbling Well Road blieben, war ihr kostbar.

Schließlich konnten die Finkelsteins die Wohnungssuche nicht länger aufschieben. Viel Auswahl hatten sie nicht. Um den begrenzten Wohnraum in der rund 260 Hektar umfassenden »Designated Area« konkurrierten Tausende von Emigranten und Chinesen, Letztere meist Flüchtlinge aus dem Landesinneren. An vielen der einstöckigen Backstein-Reihenhäuser hingen Schilder »*Zu vermieten*«; wer das Glück hatte, hier Wohneigentum zu besitzen, nutzte seinen Vorteil jetzt schamlos aus. Da war Verhandlungsgeschick gefragt, und über das verfügte nur Inge. Wie beim ersten Mal zog sie mit ihrem Vater los; Frau Finkelstein hatte sich in das Unvermeidliche geschickt, war aber nicht bereit, das Haus zu verlassen.

»Ich muss mir diese Hütten noch früh genug von innen ansehen. Keinen Augenblick früher als nötig gehe ich da hin«, sagte sie und arbeitete verbissen an ihrer Nähmaschine.

Das größte Handicap war die Hygiene. In den ersten Zimmern, und mehr als ein einzelnes Zimmer würden sich die Finkelsteins nicht leisten können, gab es nur »Honigeimer« als Toilette – hölzerne Kübel mit Deckel, die allmorgendlich hinausgestellt und geleert wurden. Herr Finkelstein lehnte mit Rücksicht auf seine Frau zunächst entschieden ab.

Doch bald begriffen sie, dass ein Wasserklosett in

Hongkou etwas äußerst Seltenes war; und wenn sich jemand eines – meist illegal und ohne Verbindung zur Kanalisation – gebaut hatte, so ließ er es sich teuer bezahlen. Also würden sie sich wohl mit einem Honigeimer begnügen müssen, denn zu der hohen Miete kam auch noch das unverschämt hohe *keymoney*, dass der Vermieter einmalig bei Aushändigung des Schlüssels verlangte und das nicht zurückgezahlt wurde.

»Wie sollen wir Mutter das beibringen?« Inge sah den Vater zweifelnd an.

»Mach ich schon. Ich kenne meine Marianne, erst wird sie ein großes Drama machen, aber im Grunde weiß sie genau, dass wir keine Wahl haben. Es tut mir bloß so leid, dass ich ihr das alles antun muss.«

Bevor der Vater in Selbstvorwürfen versinken konnte, deutete Inge auf ein weiteres Schild in einer der *lanes*, den schmalen Gässchen, die beiderseits der Straßen abgingen.

Ein feister Chinese mit schmuddeligem Kittel führte sie in einen sogenannten *meterroom*.

»Come looksee Mister, Missy.«

»*Was, hier sollen Menschen wohnen*«, gab Inge auf Chinesisch zurück, nachdem die den Kopf in das feuchte, dunkle Kämmerchen gesteckt hatte, dessen Name von dem Elektrozähler herrührte, der hier installiert war. »*Hier gibt's ja nicht mal Fenster.*« Empört machte sie auf dem Absatz kehrt.

Nach vielen weiteren Begegnungen mit muffigen, schimmligen Räumen und unverschämten Vermietern fanden sie schließlich ein Zimmer im Obergeschoss eines Reihenhauses in einer Lane der Chusan Road: Kochgelegenheit auf dem Flur, gemeinschaftliches Waschbecken im Erdgeschoss, Toilettenkübel auf dem Dachgarten.

»Meinst du, Mama könnte es hier aushalten?«, fragte Inge ihren Vater vorsichtig. Sie hatte sich augenblicklich in den Dachgarten verliebt. »Ich werde mal versuchen, ihn noch ein bisschen runterzuhandeln.«

Doch der Vermieter namens Wang, Oberhaupt einer chinesischen Großfamilie, war eine harte Nuss, und ließ sich vom Charme einer gerade Fünfzehnjährigen keineswegs um den Finger wickeln. Hier konnte Inge nicht spaßeshalber auf ihre hungrigen Kinder verweisen wie in der Markthalle, denn die Familie Wang, selbst mit zahlreichen Kindern gesegnet, drängte sich im Erdgeschoss des kleinen Hauses zusammen, um möglichst viel aus ihrem Obergeschoss herauszuholen. Aber selbst für den alten Wang gehörten Handeln und Feilschen zum normalen Verkaufsgespräch, und so ließ er Inge schließlich einen kleinen Teil der horrenden Monatsmiete nach, den er zuvor sowieso draufgeschlagen hatte.

»Und für so ein Loch müssen wir auf die Gundel zurückgreifen«, schnaubte Marianne Finkelstein, nachdem sie das Zimmer gesehen hatte. Für das Schlüsselgeld reichte ihr Strumpfgeld nicht, da würden sie die eiserne Reserve angreifen müssen. »Ich weiß gar nicht, warum ich mich damals so aufgeregt habe, als wir in die Bubbling Well Road gezogen sind. Das hier ist ja geradezu ein Palast.«

Vermutlich hätte augenblicklich die Schwermut sie

übermannt, wenn sie nicht alle Hände voll zu tun gehabt hätte. Die Habseligkeiten waren rasch gepackt. Eine letzte Auseinandersetzung entspann sich – wie zu erwarten – um Kater Laifu.

»Wir können in diesem einen Zimmer unmöglich auch noch eine Katze halten«, schimpfte die Mutter, deren Nerven blank lagen. Inge wusste allerdings genau, wo ihre Mutter am verletzlichsten war, und im Notfall musste man eben scharfe Geschütze auffahren.

»Aber, Mama, du weißt doch, wie dreckig und unhygienisch es in Hongkou ist. Dort gibt's noch viel mehr Ratten als hier, und das sind echt eklige Kanalratten, keine netten Mäuslein. Die übertragen wirklich Typhus, das weiß ich von meinen Klassenkameraden, die da wohnen. Wir brauchen Laifu unbedingt. Außerdem kann er auf dem Dachgarten sein.« Diesen einzigen Freiraum ihrer neuen Bleibe hatte Inge insgeheim schon für sich und den Kater reserviert. Der »Honigeimer«, der ebenfalls dort oben stand, war zum Glück hinter einem provisorischen Holzverschlag verborgen. Als sie das entsetzte Gesicht ihrer Mutter sah, tat sie Inge fast schon wieder leid. Doch diesmal heiligte der Zweck die Mittel. Das war ähnlich wie bei den Notlügen.

Kurz vor Ablauf der Frist und kurz nach Inges 15. Geburtstag, also ziemlich auf den letzten Drücker, zogen auch die Finkelsteins samt Kater ins Ghetto. Inge verstaute den kratzenden, fauchenden Laifu im Schulranzen, und die Familie verteilte sich auf zwei Rikschas. Ein Angestellter der Konditorei würde die

Koffer und die kostbare Singer mit dem Lastenrad, auf dem sonst Mehlsäcke transportiert wurden, nachbringen. Als alles abfahrtbereit war, drückte Herr Fiedler der heulenden Inge eine Tüte Kuchenbruch in den Arm. Frühlingserwachen lachte ihr aufmunternd zu:

»Warum weinen, Ying'ge? Wir sind in selbe Stadt. Bald du kommst neue Zeichen lernen.«

Zum Glück war Sanmao nicht zu Hause.

Rausgeschmissen! Die haben uns schon wieder rausgeschmissen. Schon zum zweiten Mal! Jetzt müssen wir zurück an den Anfang wie beim »Mensch-ärgere-dich-nicht!«, dachte Inge und ärgerte sich wieder mal ganz fürchterlich über die Ungerechtigkeit dieser Welt.

Eingesperrt

Schanghai, 1943 – Jahr der Ziege

Viele Rikschas und schwer bepackte Lastenräder mühten sich die Steigung der Garden Bridge hinauf. Inge und ihre Familie waren nicht die Einzigen, die in letzter Minute nach Hongkou umzogen. Kurz nach der Brücke passierten sie das Bridge House, das Hauptquartier der japanischen Militärpolizei. Ein paar Straßen weiter stand schon ein Sperrzaun bereit, der den Eingang zum Ghetto bilden und ab morgen die Bewegungsfreiheit der Ghettobewohner einschränken würde. Heute war der 17. Mai; die Finkelsteins waren keinen Tag zu früh gekommen.

Inge sank der Mut vollends, als sie an der einschüchternden Fassade des Ward Road Prison, dem ehemaligen Gefängnis des International Settlement, vorbeifuhren. Die düstere, festungsartige Anlage nahm gleich den ganzen Straßenzug ein und wurde von den Japanern inzwischen mit chinesischen Rebellen, Kriegsgefangenen und unliebsamen Angehörigen der Feindmächte gefüllt. Bedrohlich ragte das Gefängnis mit seinen Wachttürmen über die übrige Bebauung hinaus, die durchweg aus langen Zeilen zweistöckiger Backsteinhäuser bestand, zwischen denen sich kleine Gässchen auftaten. In eine solchen Lane, der Nummer 214 Chusan Road hielten sie gleich darauf vor einer schäbigen Holztür etwa in der Mitte der Gasse.

Die Ankunft der Neuen hatte sich unter den Anwohnern des überfüllten Wohnquartiers sofort herumgesprochen. Unter den neugierigen Blicken der westlichen und chinesischen Nachbarn entluden die Finkelsteins ihre Habseligkeiten, was umso peinlicher war, da es rasch vonstatten ging. Nur die Singer, die zwei Helfer von Herrn Fiedler über die steile, dunkle Treppe in den ersten Stock hinaufwuchteten, provozierte anerkennendes Gemurmel.

Das Treppenhaus war eng und bewahrte die Gerüche vergangener Mahlzeiten, an vielen Stellen blätterte der Putz ab. In ihrem einzigen Raum versuchten die Finkelsteins, ihre Besitztümer so zu verteilen, dass zumindest ein wenig Privatsphäre entstand. Inges Feldbett wurde in den Erker geschoben, der zur Gasse hinausging.

»Gleich morgen nähe ich dir einen Vorhang, den kannst du abends zuziehen«, versprach Frau Finkelstein, als sie ihre Tochter, den Tränen nahe, auf dem Bett sitzen sah. Künftig würde die Familie in diesem Raum schlafen, essen und arbeiten. Die sogenannte Kochgelegenheit – ein ausschamottierter großer Blumentopf, der mit Briketts aus Presskohle beheizt wurde, stand wegen der gefährlichen Gasentwicklung auf dem Treppenabsatz. Die einzige Wasserstelle befand sich im Durchgang zum Hinterhof.

»Wenn ich dabei bin, nähe ich gleich noch einen

zweiten Vorhang für die Ecke mit der Waschschüssel, dann haben wir Zimmer mit eigenem Bad!«

Inge musste ihre Mutter wirklich bewundern. In Ausnahmesituationen konnte Marianne Finkelstein erstaunliche Energie und einen unverwüstlichen Optimismus entwickeln. Inge dagegen fand im Moment überhaupt nichts komisch. Plötzlich wurde sie von einem wütenden Fauchen und Kratzen, das aus dem Schulranzen drang, aus ihrem Selbstmitleid gerissen.

»Ach herrje, der arme Laifu.« Sie packte ihre Schultasche und kletterte die Holzstiege, die eher eine Leiter war, zum Dachgarten hinauf.

»Armes Katerchen«, besänftigte sie ihn, während sie die Riemen des Ranzens löste, um Laifu zu befreien. »Autsch!« Als Laifu mit einem Satz aus seinem Gefängnis sprang, verpasste er Inge rasch noch einen strafenden Krallenhieb. »Hast ja recht. Ich mag auch nicht hier wohnen, aber es wird uns nichts anderes übrig bleiben.«

Inge ließ den Blick über die Dächer der umliegenden Häuser schweifen: Wäsche flatterte im Wind, Bohnen und Kürbisranken vegetierten in Blumentöpfen dahin, und überall sah man provisorische Verschläge, hinter denen sich schamhaft die Honigeimer und ihre Benutzer verbargen. Inge konnte ein Schaudern nicht unterdrücken. Wie sollte das gehen, wenn man nachts mal rausmusste, im Regen oder bei Taifun?

Laifu hatte in dieser Hinsicht keinerlei Bedenken. Eben hatte sie ihn noch auf der Brüstung balancieren und sich nach allen Richtungen dehnen und strecken sehen. Dann war er in den angrenzenden Dachgarten verschwunden. Gleich darauf hörte sie das verräterische Scharren, mit dem er seine Hinterlassenschaft ordentlich vergrub, vermutlich im Blumenkasten des Nachbarn.

»Laifu, komm zurück, das gibt Ärger.« Keine Reaktion.

Katzen lassen sich von niemandem was sagen, nicht mal von japanischen Soldaten, dachte Inge. Bloß uns können sie nach Belieben herumschubsen. Mit dieser Erkenntnis brach endgültig der Damm, den sie gegen die Tränen aufgebaut hatte. Den Rücken gegen die Brüstung gelehnt kauerte sie sich in eine Ecke und begann laut zu schluchzen. Sie war wütend; wütend und einsam und ganz und gar untröstlich.

***

»Essen kommen!«

Wenn Inge durch etwas zu trösten war, dann durch Essen. Der Ruf der Mutter ließ sie schlagartig ihren leeren Magen spüren. Langsam rappelte sie sich auf und wischte mit dem Ärmel einmal übers Gesicht. Laifu war verschwunden; vermutlich erkundete er sein neues Revier oder stöberte in der offenen Abfallgrube, in die jeder seinen Müll warf. Auch er war hoffnungslos verfressen.

Durch die Dachluke wehte ihr ein köstlicher, vertrauter Duft entgegen. Als Inge unten ankam, traute sie ihren Augen nicht. Der aus Koffern und einer Holzplatte improvisierte Tisch war für drei gedeckt, in der Mitte stand ein großer Teller mit ihrem Leibgericht – chinesische Lauchpfannkuchen. Sogar die scharfe rote Paste, die man vom Verkäufer sonst in einem Stück Ölpapier auf die Hand bekam, war hübsch in einem Schüsselchen angerichtet.

Inge war baff. Fragend blickte sie zwischen Vater und Mutter hin und her.

»Wo habt ihr die denn her?«

»Ach, weißt du, ich hatte keine Lust, den Herd anzuwerfen«, erklärte ihre Mutter, »und da hab ich was von den Garküchen draußen geholt.« Ausgerechnet sie, die in der Bubbling Well Road kaum aus dem Haus gegangen war und Inge stets das Einkaufen überlassen hatte.

»Und wie hast du dich verständigt?«

»Du traust mir aber auch gar nichts zu, Entlein. Schließlich wohne ich schon bald fünf Jahre in Schanghai«, bemerkte sie grinsend.

»Wo ist denn der Pfannkuchenverkäufer?«

»Gleich schräg gegenüber, wenn du aus der Gasse kommst.«

Inge kam sich ziemlich blöd vor. Während sie auf dem Dach saß und heulte, hatte ihre Mutter – genau wie Laifu – wichtige Informationen über die neue Nachbarschaft gesammelt. Ein ziemlich schwaches Bild für einen furchtlosen Erkunder. Inge nahm sich vor, das zu ändern.

Aber jetzt langte sie erst mal kräftig zu. Es war schon ein bisschen komisch, dieses typische Straßengericht manierlich mit Messer und Gabel zu essen anstatt wie sonst mit den Fingern, aber es schmeckte genauso wunderbar wie immer.

»Ich dachte, ein Ghetto wäre so was mit Mauern drum und Wachtposten davor. Ich hab aber gar keine gesehen«, bemerkte Inge kauend; sie war Meisterin im Reden mit vollem Mund, und zwar so, dass keiner es merkte.

»Ich glaube, dass die Japaner es nur auf Drängen der Nationalsozialisten eingerichtet haben. Sie selbst machen offenbar keinen Unterschied zwischen Juden und Ariern«, erklärte ihr Vater. »Hier gibt es zwar keine Mauern, aber dafür müssen wir uns selbst bewachen.«

Herr Finkelstein war bereits darauf angesprochen worden, dass er wie alle Männer im Ghetto zu einem Wachdienst, »Bao Jia« genannt, eingeteilt wurde. Mit einer Armbinde und einem Stock bewaffnet, musste man in den Straßen patrouillieren, die das Ghetto begrenzten.

»Ich als Jude darf diesen Bezirk nur mit einem gültigen Passierschein verlassen, der genau vorschreibt, in welchem Zeitraum und auf welcher Strecke ich draußen unterwegs sein darf. Den muss man im Bridge House beantragen.«

»Und wie kommst du morgens in die Konditorei?«

»Ich fürchte, das können wir vergessen. Herr Fiedler würde mir natürlich einen Nachweis über meine Anstellung schreiben, aber die Japaner haben eine nächtliche Ausgangssperre verhängt. In der Backstube fangen wir sehr früh an, das kann ich unmöglich schaffen.«

»Aber, Papa …« Der Satz blieb in der Luft hängen. Beschämt machte Inge sich klar, dass sie bisher nur an ihre eigene Bewegungsfreiheit gedacht hatte, nicht aber an den Vater und dessen Verdienstmöglichkeiten. Hilfe suchend blickte sie zu ihrer Mutter hinüber.

»Mach dir mal keine Sorgen, Entlein. Wir werden schon nicht verhungern. Ich hab ja meine Singer. Und da ist auch noch die Gundel, obwohl das Schlüsselgeld ihr den Bauch ganz schön ausgehöhlt hat. Jedenfalls bin ich froh, dass ich immer so streng gewesen bin mit euch beiden. Man weiß eben nie …«

»… was noch kommt«, ergänzten Vater und Tochter im Chor.

Im Gegensatz zum Vater brauchte Inge keinen Passierschein. Um Missverständnissen vorzubeugen, trug sie jetzt immer eine offizielle Abschrift des mütterlichen Passes bei sich, aus dem hervorging, dass sie kein staatenloser Flüchtling, sondern weiterhin deutsche Staatsbürgerin war. Doch auch ihr Radius war deutlich geschrumpft. Durch die Rationierungen von Elektrizität und Benzin – alles kriegswichtige Ressourcen – war der öffentliche Verkehr stark eingeschränkt. Straßenbahnen verkehrten nur noch selten, und Busse fuhren jetzt mit Holzkohlevergasern, sonderbare Aufsätze, die aussahen, als hätte man einen Badeofen ans Heck montiert. Angesichts ihres Monopols und der rapiden Geldentwertung hatten auch die Rikschakulis ihre Preise drastisch erhöht. Zum Glück war Inges Schule von der neuen Wohnung aus in fünf Gehminuten zu erreichen. Frau Finkelstein hatte ihre Sparpolitik noch weiter verschärft und würde künftig wohl kaum Geld für »sinnlose« Fahrten in die Bubbling Well Road lockermachen. Und zu Fuß waren Hin- und Rückweg zwischen Schulschluss und abendlicher Ausgangssperre kaum zu schaffen. Aber Inge hatte schon eine Idee: Ein Rad musste her. Allerdings waren solche Fortbewegungsmittel derzeit besonders gefragt und daher absolut unerschwinglich.

Wenn die Finkelsteins um ihren Koffertisch saßen, vernahmen sie immer wieder seltsame Geräusche aus dem unteren Stockwerk. Die Familie Wang bestand aus drei Generationen. Lao Wang, der Patriarch und Vermieter, hatte offenbar die Angewohnheit, sich erst ausgiebig zu räuspern und den so aus den Tiefen seiner Bronchien geborgenen Schleim dann lautstark in einen Spucknapf zu entsorgen. Mit der Ehe seines Sohnes schien es nicht zum Besten zu stehen, denn das Ehepaar zankte laut und ausdauernd, während die zahlreiche Kinderschar sich abwechselnd um etwas stritt oder heulte.

»Damit werden wir wohl künftig leben müssen«, bemerkte Herr Finkelstein. »Manchmal kann es auch von Vorteil sein, wenn man eine Fremdsprache nicht versteht.«

Inge ihrerseits war überzeugt, dass sie als Obermieterin der Wangs ihr Repertoire an Schimpfwörtern noch würde erweitern können.

Als sie nach dem Essen mit einer Emailschüssel und dem gebrauchten Geschirr und Besteck zum einzigen Spülstein in den Durchgang hinunterstieg, um den Abwasch zu machen, lugte der Älteste des Wang-Nachwuchses neugierig durch den Spalt der Wohnungstür. Lauthals berichtete er seinen jüngeren Geschwistern ins Zimmer hinein: »*Yáng guǐzi xǐwǎn le*!« Er war selbstverständlich davon ausgegangen, dass

Inge wie die meisten Emigranten nicht Chinesisch verstand, geschweige denn sprach.

»Genau, der ausländische Teufel macht den Abwasch, und du könntest dir mal deine naseweise Rotznase schnäuzen.«

Der Junge erstarrte, fing sich jedoch rasch wieder und legte den Zeigefinger ans Nasenloch. Daraus schoss eine präzise gezielte Rotzladung genau vor Inges Füße, bevor er die Tür leise schloss.

***

Inge erwachte in ihrem Erker, von dem aus sie die Gasse überblicken konnte. Laifu war irgendwann in der Nacht vom Dach heruntergekommen und hatte sich in ihre Armbeuge gekuschelt. Über so etwas regte Frau Finkelstein sich schon lange nicht mehr auf. Man hatte andere Sorgen.

Bei Tagesanbruch zog der Mann, der die Honigeimer leerte, unter lautem Rufen mit seinem Lastenrad durch das Gässchen hinter der Häuserzeile. Dann musste jemand aufstehen und schnell den Familienkübel nach unten bringen, wo er in einen Behälter mit schwappender Kloake gekippt wurde. Anschließend musste man ihn mit Wasser und einem Reisigbesen notdürftig reinigen. Diese Aufgabe hatte, sehr zur Erleichterung seiner Frau, Vater Finkelstein übernommen.

Angesichts dieser archaischen Düngemethoden bläute die Mutter Inge immer wieder ein, ja kein rohes Obst oder Gemüse zu essen, denn die Erträge des Kloakenmanns wanderten geradewegs auf die Felder. Obst wurde vor dem Verzehr entweder geschält oder in einer gruselig lilablauen Permanganatlösung gewaschen, die Keime abtöten sollte.

»Bei diesen Temperaturen geht's ja noch, aber wie wird das im Hochsommer stinken«, seufzte Marianne Finkelstein.

An diesem Morgen lernte Inge gleich noch eine andere feste Einrichtung ihres neuen Lebens kennen. Wie in der Bubbling Well Road waren sie auch hier auf primitive, tragbare Öfen angewiesen, die schwer anzuheizen waren und deren Glut mit Fächern am Leben gehalten werden musste. Diese Mühe machte man sich allenfalls für die Mahlzeiten, nicht aber zum Erhitzen von Wasser. Doch das – so ein weiteres strenges Gebot des Ghettodaseins – durfte nur abgekocht getrunken werden. Dafür gab es den Heißwasserladen, nur wenige Schritte vom Eingang der Lane entfernt. Dort schürte Opa Hong, ein vom ewigen Schwitzen ausgezehrtes kleines Männlein, von morgens bis abends eine gemauerte Feuerstelle, auf der in einem großen Kupferkessel Wasser brodelte. Zunächst kaufte man einen Vorrat an hölzernen Jetons, für die einem Opa Hong dann jeweils eine Füllung in die mitgebrachte Thermoskanne schöpfte. Inges Aufgabe war es, jeden Morgen mit den beiden großen Kannen loszuziehen, wobei ihr die Mutter mit schöner Regelmäßigkeit nachrief: »Und pass auf, dass das Wasser auch wirklich gekocht hat!«

Inge freundete sich mit dem alten Mann bald an, der so etwas wie die Informationsbörse des Viertels war, und von dem man die Neuigkeiten aus dem Kietz erfuhr. Nachdem er mit Inge das übliche Frage- und Antwortspiel absolviert und erfreut festgestellt hatte, dass sie im Gegensatz zu den meisten »weißen« Ghettobewohnern gut Chinesisch sprach, ließ er sie im Gegenzug wissen, an welchem Stand in der Markthalle in der Tangshan Road sie ihr Gemüse kaufen sollte, wer die frischesten und fettesten Hühner hatte und dass die Händler, die auf der Straße vor der Halle ihre Waren feilboten, nicht verlässlich seien und gelegentlich die Gewichte an ihren Stabwaagen manipulierten. Nach wenigen Besuchen war klar: Opa Hong würde Inge nie übers Ohr hauen, im Gegenteil, oft gab er ihr noch einen Schöpfer kochendes Wasser obendrauf, ohne ein Jeton dafür zu nehmen.

Mit der Zeit entwickelten die Finkelsteins eine feste Arbeitsteilung, um den Alltag im Ghetto gemeinsam zu bewältigen. Der Vater entsorgte den ekligen Eimer, Inge holte noch vor der Schule heißes Wasser, und Frau Finkelstein versuchte, ein warmes Abendessen auf den Tisch zu bringen. Im Umgang mit dem tückischen Herd hatte sie mittlerweile ihre Tricks entwickelt. Beim Kochen stand, wegen der gefährlichen Gasentwicklung, die Luke zum Dach stets offen, und sie fing immer mit dem Reis an, den sie, kaum dass er halb gar war, mit Decken umwickelt ins Bett packte, damit er dort vollends weich werden konnte. In der Zwischenzeit bereitete sie zu, was es sonst noch geben sollte – zum Beispiel Kartoffelgulasch mit Möhren, ein schmackhafter, gut gewürzter Ersatz für ein ordentliches Fleischgericht.

Von Opa Hong stammte auch der Tipp mit dem Straßenflohmarkt, den die Emigranten eingerichtet hatten. Dort wurde alles verhökert, was mit ihnen um die halbe Welt gereist und jetzt entbehrlich geworden war oder wovon man sich aus Geldnot schweren Herzens trennen musste. Inge ging fasziniert zwischen den am Boden ausgebreiteten Waren hindurch: Da lagen Silberbestecke, die einst die Tafel eines großbürgerlichen Wiener Haushalts geziert hatten, damastene, mit Monogramm versehene Aussteuerwäsche, die für glücklichere Zeiten gestickt worden war, oder die Werkzeuge von Berufen, die hier nicht ausgeübt werden konnten, und es gab Bücher aller Gattungen und Sprachen. Von hier, durchfuhr es Inge plötzlich, hatte bestimmt auch der »Nesthäkchen«-Band gestammt, den ihr der Vater zum 12. Geburtstag geschenkt hatte. Dieser Art von Lektüre war sie mittlerweile entwachsen, aber sie würde das Angebot im Auge behalten.

Selbst wenn sie das nötige Geld gehabt hätte, war Inge heute nicht in Kauflaune. Die aus dem ursprünglichen Zusammenhang gerissenen Güter und die erschöpften Gestalten mit den grauen Gesichtern, die sie feilboten, machten sie traurig. Während sie zurück in Richtung Chusan Road schlenderte, überlegte sie, wie sehr sich ihre neue Umgebung von den eleganten Straßen und Geschäften des International Settlement unterschied. Trotzdem waren auch hier

Ost und West eine farbige Koexistenz miteinander eingegangen, nur eben am unteren Ende der sozialen Leiter.

Um sich aufzuheitern, wollte Inge noch einmal bei Opa Hong vorbeischauen und ihm von ihren Entdeckungen berichten, als neben ihr eine tiefe, etwas heisere Stimme rief: »Bisch du des, Inge?«

Sie fuhr herum. Am Türrahmen lehnte ein aufgeschossener junger Mann, die selbst gedrehte Zigarette lässig im Mundwinkel. Er trug das rotblonde Haar lang, und auf seiner Oberlippe spross rötlicher Bartflaum. Das abgetragene, groß karierte Herrensakko, dessen ausgepolsterte Schultern er keineswegs ausfüllte, gab ihm etwas Verwegenes. Wäre da nicht die unverkennbar schwäbische Färbung gewesen, hätte Inge ihn nie erkannt.

»Max!« Seit sie ihren Reisegefährten von der »Conte Biancamano« beim Anlegen aus den Augen verloren hatte, war sie ihm nie mehr begegnet und hatte auch kaum einen Gedanken an ihn verwandt. Inzwischen war aus dem Jungen mit Käppi, kurzen Hosen und Bürstenschnitt ein richtiger Mann geworden.

»Wo hast du die ganze Zeit gesteckt?«, fragte sie.

»Na hier. Wir haben von Anfang an in Hongkou gewohnt.«

»Gehst du denn nicht in die Kadoori-Schule?« Dort hätten sie sich eigentlich begegnen müssen.

»Ach weisch, mit dem Lernen hab i's net so. Außerdem ist mein Vater gestorben, hat sich Flecktyphus eingefangen. Jetzt muss ich die Familie durchbringen.«

»Oh, Max, das …« Doch Inges Versuch einer Beileidsbekundung wurde abgewürgt.

»Bin jetzt im Export-Import-Geschäft.« Er unterstrich diese Aussage mit einer weltmännischen Geste, die seine ausgedehnten Geschäftskontakte demonstrieren sollte.

Da musste Inge nun doch grinsen: »Du meinst zwischen Hongkou und dem übrigen Schanghai?«

»Schön wär's«, räumte er ein. »Die Japsen haben mir neuerdings einen Riegel vorgeschoben.«

»Und wo wohnt ihr?«

Max ignorierte die Frage und erklärte stattdessen: »Nachmittags findest du mich meistens im ›Mascot Roof Garden‹. Wenn ihr was braucht, du und deine Leute, dann lass es mich wissen. Du hast noch was gut bei mir, von wegen dem Schiffszwieback, du weißt schon.« Dabei grinste er Inge vielsagend an.

Opa Hong, der die Unterhaltung der beiden mit kritischem Blick verfolgt hatte, schien in Max keinen geeigneten Umgang für Inge zu sehen.

»Missy, walkee home chop chop, wata cold.« Obwohl er wusste, dass Inge Chinesisch sprach, verfiel er immer wieder in das mit Ausländern übliche Pidgin.

»Hab eh noch zu tun, bis bald«, verabschiedete sich Max.

»Bis bald.« Inge sah ihm verwundert nach.

Neu aufgestellt

Sommer, 1943 – Jahr der Ziege

Das »Mascot Roof Garden« war, glaubte man den Werbeanzeigen, »die fuehrende Unterhaltungsstaette Hongkou's« und lag an der Wayside Road über dem »Broadway Cinema« – beides Etablissements, für die Frau Finkelstein niemals Geld rausrücken würde. Der Dachgarten mit seinen zahlreichen Tischen, bequemen Korbstühlen und Palmen in großen Töpfen war eines der wenigen Freiluftcafés im Ghetto; dort wehte selbst an heißen Tagen eine kühle Brise vom Fluss, abends wurde Tanzmusik gespielt. Wer es sich leisten konnte, trank dort seinen Kaffee, Tee oder das Apfel-Erfrischungsgetränk »Obi«, eine Spezialität des Hauses. Inge konnte sich das eigentlich nicht leisten, trotzdem musste sie unbedingt hin.

Das unerwartete Wiedersehen mit Max beschäftigte sie sehr. Dieser schlaksige junge Mann hatte nichts mehr gemein mit jenem Spielgefährten, mit dem sie vor fünf Jahren vom Abendland ins Morgenland gefahren war. Aber mehr noch als seine Verwandlung beschäftigte sie sein großzügiges Angebot. Oder war das nur großmäulig gewesen? Jedenfalls war ihr sofort klar gewesen, dass sich hier vielleicht eine Möglichkeit auftat, an das dringend benötigte Fahrrad zu kommen. Denn nur mit einem Fahrrad käme sie zu Sanmao. Seit dem Umzug nach Hongkou hatte sie keine Möglichkeit gehabt, mit ihm oder Frühlingserwachen Kontakt aufzunehmen, und das war jetzt schon über einen Monat her. Außerdem musste sie in Erfahrung bringen, was mit Max' Vater geschehen war. Um Väter, das hatte Inge gelernt, musste man sich in Kriegszeiten besondere Sorgen machen.

Aber allein in einem solchen Lokal erscheinen, ging denn das? Was würde sie tun, wenn sie Max nicht gleich entdeckte? An allen Tischen nach ihm suchen und dann wieder gehen?

Jetzt stell dich nicht so an, ermahnte sie sich. Das ist auch nur ein Café wie jedes andere, schließlich bist du selbst in einem aufgewachsen. Ihr Entschluss stand fest.

Nach der ungeliebten Schule, wo Inge noch zum Mittagessen blieb, kam sie nach Hause und schleuderte den Ranzen aufs Bett.

»Muss noch mal weg.«

Die Mutter sah fragend hinter der Nähmaschine hervor; Inge ignorierte ihren Blick. Konnte man hier denn niemals unbeobachtet sein?

»Vielleicht triffst du deinen Vater, der wollte sich nach Arbeit umsehen.«

Ach du Schreck! Das war das Letzte, was Inge brauchte, den Vater am Nebentisch, während sie sich mit Max traf.

»Wo ist er denn hin?«

»Er wollte es bei den Cafés und Konditoreien in unserer Straße versuchen, im ›Delikat‹ oder im ›Europa‹, auch das ›Barcelona‹ käme in Frage. Allerdings sind das fast alles Österreicher, da ist es fraglich, ob die einen Piefke einstellen.« Die Chusan Road wurde wegen ihrer österreichischen Gastronomie auch »Little Vienna« genannt.

Inge atmete erleichtert auf. Das »Mascot« lag in Richtung Fluss, wenn sie auf der anderen Seite des Gefängnisses entlangginge, über die Baoding Road, würde sie dem Vater nicht begegnen.

Frau Finkelstein hatte längst aufgegeben, sich zu fragen, was ihre Tochter an den Nachmittagen so trieb. Heute allerdings wunderte sie sich, dass Inge den Faltenrock ihrer Schuluniform anbehielt und sich sogar die geblümte Bluse überzog, die, obgleich über der Brust schon etwas eng, noch immer passte. Abgesehen von den groben Holzpantinen, die in Ermangelung ordentlichen Schuhwerks hier jeder trug, sah sie richtig flott aus. Die Zöpfe hatte sie sich im Nacken zu einem Knoten zusammengesteckt. Was ihr kleines Mädchen wohl vorhatte?

Als Inge von der Lane auf die Straße hinaustrat, sah sie sich sicherheitshalber erst einmal um. Jetzt bloß nicht dem Vater in die Arme laufen. Statt nach links abzubiegen, ging sie rechts und schlug einen weiten Bogen um das Gefängnis. Es war zwar erst Juni, aber schon so heiß, dass ihre Bluse nach kurzer Wegstrecke Schwitzflecke bekam. Bisher hatte Inge dergleichen nie gestört, doch jetzt war sie sich der dunklen Ränder plötzlich peinlich bewusst. Als sie vor dem hohen Gebäude stand, das mit seinen vielen Verzierungen und bunten Glasfenstern eher einer Kirche als einer

»Vergnuegungsstaette« glich, hätte sie der Mut beinahe verlassen. Das Problem war das Geld: Inge hatte keins, weder für die Zeche noch für das Rad. Max war ihre einzige Hoffnung, aber der war ja schon immer geschäftstüchtig gewesen.

Als sie aus dem dunklen Treppenhaus auf den Dachgarten hinaustrat, war sie von der Spätnachmittagssonne so geblendet, dass sie erst einmal stehen bleiben musste. Hier oben tat sich eine Welt auf, die in scharfem Kontrast zu den Straßen stand, durch die sie gekommen war. Die eng beieinanderstehenden Tische waren alle besetzt: Herren in weißem Hemd und Krawatte hatten wegen der Sommerhitze ihre Jacketts über die Stuhllehnen gehängt; Damen, die sich mit den begrenzten Mitteln ihrer verschlissenen Garderobe fein herausgeputzt hatten. Chinesen waren hier kaum zu Gast, auch die Kellner waren durchweg Langnasen, und aus dem großen Schalltrichter eines Grammophons rieselten Walzerklänge. Heute Abend, das entnahm Inge einem Plakat, würden hier die »Drei H« aufspielen, eine Tanzkapelle aus drei Musikern, deren Vornamen alle mit H anfingen. Wäre nicht gelegentlich der Ruf eines chinesischen Straßenhändlers heraufgedrungen, hätte man sich in Wien oder Berlin wähnen können.

Während Inge diese exotische Szene staunend in sich aufnahm, legte sich eine Hand auf ihre Schulter.

»Ich sitz da hinten auf meinem Stammplatz. Grüß dich, Inge. Schön, dass du gekommen bist.«

»Hallo, Max.« Sie ließ sich von ihm an einen Tisch in der Nähe der Brüstung führen, von wo man einen herrlichen Blick auf das glitzernde Band der Fluss-biegung hatte. Fast ein bisschen wie damals, als sie gemeinsam an der Reling der »Conte Biancamano« standen.

»Flaggenraten, weißt du noch?« Max schien ihre Gedanken zu lesen.

»Ganz schön lange her.«

»Fast fünf Jahre. Und du bist längst kein kleines Mädchen mehr, das mit Puppen spielt.«

»Hab ich schon damals nicht«, stellte Inge richtig.

Max, der sofort merkte, dass er den falschen Ein-stieg gewählt hatte, winkte weltläufig den Kellner herbei.

»Was nimmst du?«

»Ein Obi«, erwiderte Inge ebenso lässig.

»Kuchen dazu?«

»Haben die hier Bienenstich?«

»Aber natürlich, mein Fräulein«, mischte der Kellner sich ein, der unbemerkt an ihren Tisch getreten war.

»Einen Kaffee, zwei Bienenstich und ein Obi«, gab Max, ohne mit der Wimper zu zucken, an den Kellner weiter.

Inge, die nicht gleich mit der Tür – oder besser dem Rad – ins Haus fallen wollte, erkundigte sich erst einmal nach Max's Vater. Die karge Auskunft, die Max ihr bei der ersten Begegnung gegeben hatte, war ihr nahegegangen, obwohl sie seine Eltern nie ken-nengelernt hatte. Wie konnten Mutter und Sohn es schaffen, so ganz allein in Schanghai?

»Mein Vater hat sich wegen der Ausgangssperre mit einem von diesen Japsen angelegt, und die haben ihn ins Gefängnis gesteckt. Nach einer Woche haben sie ihn zwar wieder rausgelassen, aber von den Wanzen- oder Flohstichen hat er Typhus gekriegt und ist innerhalb von ein paar Tagen elend krepiert.«

Inge sah ihn entsetzt an. Das Horrorszenario, das sie ihrer Mutter kürzlich ausgemalt hatte, konnte also tatsächlich Wirklichkeit werden.

»Das muss ja erst kürzlich passiert sein. Wie kommt ihr denn jetzt zurecht, deine Mutter und du?«, fragte Inge betroffen.

»Sag ich doch, Export-Import. Aber lass gut sein, Inge, reden wir von was anderem«, entgegnete Max beinahe unwirsch.

Auch einer, der nicht reden will. Inge kannte diese Methode der Problembewältigung und akzeptierte sie.

Inzwischen hatte er die Fassung wiedererlangt und fragte lässig: »Was darf's sonst noch sein? Du bist doch bestimmt nicht wegen dem Bienenstich gekommen.«

Inge wurde rot, doch im Grunde war sie froh, dass Max geradewegs zur Sache kam. Das ersparte ihr das Drumherumreden.

»Max, ich brauch ein Fahrrad.« Wozu sie es brauchte, das hatte einen Geschäftsmann nicht zu interessieren.

»Hmm«, machte Max und fuhr sich mit der Hand über die hageren Wangen, wobei er den stacheligen Widerstand seiner rötlichen Bartstoppeln sichtlich genoss. »Derzeit ein äußerst gefragter Artikel.«

»Und damit du's gleich weißt: Geld hab ich auch keins«, schob Inge trotzig nach. Wenn er Klartext redete, konnte auch sie die Karten auf den Tisch legen. Dort stellte der Kellner gerade sein Tablett mit dem Bienenstich und den Getränken ab.

Max ließ sich Zeit, nippte an seinem Kaffee und sagte nach einigem Nachdenken: »Vielleicht kommen wir ja ins Geschäft, wir zwei beide.« Er knackte mit den Fingern, indem er sie einzeln langzog, ein Geräusch, das Inge ganz kribbelig machte. »Du kannst hier ohne Passierschein raus, stimmt's?«

Inge nickte.

»Hast du schon was von Ghoya gehört? Das ist der Japse, der im Bridgehouse die Passierscheine ausstellt und sich König der Juden nennt«, erklärte er, ohne ihre Antwort abzuwarten. »Dementsprechend schikaniert er die Leute, lässt sie wegen dieser dämlichen Zettel tagelang anstehen. Und weil er selbst ein Zwerg ist, hat er's auf einen langen Lulatsch wie mich besonders abgesehen.«

Inge verstand. Auch sie hatte schon gehört, dass der Kommandant der japanischen Armee groß gewachsene Antragsteller manchmal sogar grundlos ohrfeigte.

»Außerdem muss man für so 'nen Passierschein die Bestätigung eines Arbeitgebers außerhalb des Ghettos vorlegen, und den hab ich nicht. Ich könnte da natürlich was drehen, aber seit der Sache mit meinem Vater ertrage ich den Anblick dieser Typen einfach nicht mehr. Wenn ich mir vorstelle, dass er den Nazis entkommen ist, um dann hier …« Max schluckte. »Ich kann da nicht hingehen.«

Ein Schatten huschte über sein scharf geschnittenes Gesicht, der vorstehende Adamsapfel bebte.

»Und du meinst, ich könnte was für dich hin- und hertransportieren?«, sagte Inge rasch. Es war ein genialer Plan, und Inge hatte ihn sofort durchschaut. Auf keinen Fall durften Max jetzt die Augen feucht werden.

»Genau.« Max warf ihr einen dankbaren Blick zu. »Leberwurst zum Beispiel. Ich weiß hier im Ghetto einen Metzger aus Thüringen, der macht eins a Leberwurst, da sind einige von den Reichsdeutschen draußen ganz scharf drauf. Nur kann ich sie eben nicht ausliefern.«

»Solange ich nicht bei den Schwabs klingeln muss«, lachte Inge. »Erinnerst du dich noch an Rüdiger, diesen Klugscheißer, der auf dem Schiff bei uns am Tisch saß?« Genüsslich dehnte Inge das unanständige Wort, das sie zu Hause nie in den Mund genommen hätte. »Der ist übrigens bei der Hajott.«

»Sind sie das nicht alle?« Aber Max ließ sich von seiner neuen Geschäftsidee nicht ablenken. »Und umgekehrt braucht hier jemand dringend Farbbänder für seine Remington-Schreibmaschine, aber die bekommt man nur in der Gordon Road.«

»Das ist gleich um die Ecke, wo wir früher gewohnt haben.« Inge ihrerseits begriff sofort das Potenzial, das diese Geschäftsidee für sie selbst barg. Sie konnte nichts Unrechtes darin sehen, ihr neues Fortbewegungsmittel auf diese Weise abzuzahlen.

»Und du meinst, du könntest mir ein Rad besorgen?«

»Ich denke schon. Lass mir ein paar Tage Zeit, sagen wir bis übermorgen.«

Inge musste sich beherrschen, um nicht vor Ungeduld auf ihrem Stuhl hin- und herzurutschen. Ungeahnte Bewegungsfreiheit und neue Abenteuer taten sich vor ihr auf, langfristig vielleicht sogar Verdienstmöglichkeiten.

»Also übermorgen«, wiederholte sie, »am Donnerstag.« Sie sah ihn über den Tisch hinweg prüfend an. Sein abwesender Blick sagte ihr, dass auch er bereits die Möglichkeiten ihres Abkommens auslotete. Der gegenseitige Nutzen garantierte ihr seine Ernsthaftigkeit. Eine Zusammenarbeit wäre für Max auch sprachlich von Nutzen, überlegte sie. Bei ihrer ersten Begegnung in Opa Hongs Heißwasserladen hatte sie bemerkt, wie holperig sein Chinesisch war. Er benutzte meist Pidgin-Englisch, und Schriftzeichen würde er mit Sicherheit nicht lesen können.

Nachdem das Geschäftliche geklärt war, konnten sich die beiden, wie so viele hier oben auf der Dachterrasse, in Ruhe ihrem Bienenstich und den Erinnerungen an »alte Zeiten« widmen. Nur dass Max und Inge keiner gemeinsamen verlorenen Heimat in Berlin, Wien oder Breslau nachtrauerten, sondern einer schwimmenden weißen Festung im Meer, auf der sie sich hatten einbilden können, sie führen in die Ferien.

***

Zwei Tage später trafen sie sich wieder, diesmal bei »Ollendorf« in der Chusan, nur ein paar Blocks von den Finkelsteins entfernt – auch das ein beliebter Emigranten-Treffpunkt.

Inge, die es kaum erwarten konnte, war natürlich

viel zu früh da. Von der gegenüberliegenden Straßenseite behielt sie den fahrbaren Würstchenstand im Auge, der mit dem Slogan warb: »Nach dem Theater nicht vergessen, bei Ollendorf Hot Dogs zu essen.« Imbissbuden und Garküchen waren in den Straßen von Hongkou keine Seltenheit, aber dieser Stand fiel eindeutig aus dem Rahmen. An seinem ausklappbaren Tresen lehnten ausschließlich Männer in Knickerbockern, westlichen Anzügen, Hüten und Schiebermützen und verzehrten genüsslich ihre Wiener mit Senf oder Kren aus der Hand. Die Chinesen des Viertels beäugten dieses Nahrungsmittel mit Misstrauen und holten sich lieber Lauchpfannkuchen, gebackene Süßkartoffeln oder gefüllte Teigtäschchen an den Nachbarständen.

Endlich entdeckte sie Max. Das war nicht schwer, denn er überragte die meisten Chinesen in der belebten Straße um Haupteslänge. Er schob, die freie Hand liebevoll auf den Sattel gelegt, ein Damenrad neben sich her.

Inge musste schlucken, damit ihre Stimme ihr gehorchte. »Mensch, Max, das haut mich um!«, rief sie und rannte ihm entgegen. Passanten drehten neugierig die Köpfe nach den beiden.

»Tag, Inge. Hab dir gleich einen Korb an die Lenkstange montiert, für die Ware.« Heute war Max ganz Geschäftsmann und präsentierte sein Produkt mit unübersehbarem Stolz. Er hatte allen Grund dazu: Das Rad war zwar nicht neu, an manchen Stellen schon ein bisschen rostig, aber durchaus funktionstüchtig; sogar eine Klingel war dran – die Inge im Schanghaier

Verkehrskampf dringend brauchen würde. Max musste tatsächlich über sehr gute *guānxi* verfügen, um einen so gefragten Artikel in so kurzer Zeit zu beschaffen.

»Eine lange Kette mit Vorhängeschloss hab ich auch besorgt. Du musst das Rad immer anketten, hörst du. Möglichst an einem Geländer oder Baum, damit man es nicht wegtragen kann. Am besten fädelst du die Kette durch beide Räder, sonst schraubt man sie dir womöglich ab.«

Durch diese Ermahnungen wurde Inge noch mehr bewusst, welch kostbares Objekt der Begierde sie nun ihr Eigen nannte. Jetzt leuchtete ihr auch die Wahl des Treffpunkts ein. Hier konnten sie Würstchen essen und gleichzeitig das Rad im Auge behalten, von dem Inge sich für keinen Bienenstich der Welt getrennt hätte.

»Nimmst du mit Senf oder Meerrettich?«, wollte Max wissen, der sich bereits in die Schlange am Stand eingereiht hatte. »Das muss doch gefeiert werden.«

»Mit Senf bitte.« Inge wollte ihrem Rad gar nicht von der Seite weichen. Welche Möglichkeiten es ihr eröffnen würde! Ein Ruf von Max riss sie aus ihrer Träumerei: »Jetzt komm scho, sonst werdet die Würschtle kalt.«

Sobald Max ins Schwäbische fiel, sah Inge nicht mehr den gewieften Geschäftsmann vor sich, sondern den kleinen Buben vom Schiff. Es war gut, jemanden wie Max zum Freund zu haben.

***

Die Eltern Finkelstein hatten ganz schön verblüfft geschaut, als Inge das Fahrrad die Treppe herauf-schleppte und es auf dem Treppenabsatz parkte. (Den Wang-Kindern war nicht zu trauen.) Anfängliche Be-denken wegen der Gefährlichkeit des Straßenver-kehrs konnte sie zerstreuen, indem sie der Mutter anbot, Änderungsaufträge aus dem »Café Federal« hin- und herzutransportieren, außerdem ein hervor-ragender Grund, öfter mal bei den Fiedlers vorbei-zuschauen. So profitierte auch Frau Finkelsteins Ge-schäft von Inges neuer Mobilität. Die Mutter war froh um jeden Auftrag.

Herr Finkelstein war bei seiner Arbeitssuche eben-falls erfolgreich gewesen – sofern man das Erfolg nennen konnte: Im »Delikat«, dem Wiener Caféhaus in der Chusan Road, würde man ihn, wenn auch nur stundenweise, als Aushilfe für die Backstube brau-chen können. Hier im Ghetto, wo notgedrungen viele qualifizierte Arbeitskräfte auf engstem Raum zusam-mengepfercht waren, konnten die Arbeitgeber wäh-lerisch sein und einen Brandenburger Konditormeis-ter als Aushilfe einstellen.

»Besser, als untätig zu Hause rumsitzen«, versicher-te er tapfer. Inge hatte den Eindruck, als tröste er damit vor allem sich selbst. Immerhin hatten wenige Monate nach dem Umzug sämtliche Finkelsteins eine Erwerbsquelle aufgetan, das konnten nur wenige Emigranten von sich behaupten.

Dann schlug der Vater zu ihrer Verwunderung eine Partie »Mensch-ärgere-dich-nicht!« vor; die Initiative zum Spielen ging nur selten von ihm aus. Während die drei ihre Männchen aufstellten, hatte Inge das Gefühl, auch sie seien jetzt neu aufgestellt. Zum ersten Mal seit der Zwangsumsiedelung nach Hongkou haderte sie nicht mehr mit ihrem Los.

Am nächsten Morgen fuhr sie gleich mit dem Rad zur Schule, dann würde sie später nicht noch einmal durch die Sperre mit den japanischen Wachtposten müssen. Seit die Japaner ganz Schanghai beherrschten, mussten sich nicht nur Chinesen, sondern auch Westler vor den Stellvertretern des Tenno – des japanischen Kaisers – verneigen. Und von ihrem Rad absteigen würde sie auch müssen.

Die Shanghai Jewish Youth Association School befand sich seit Januar 1942 in einem schönen, hufeisenförmigen Neubau aus hellen einstöckigen Gebäuden. Deswegen ging Inge aber auch nicht lieber zur Schule als früher, sie war und blieb dort eine Außenseiterin und versuchte schon lange nicht mehr, etwas daran zu ändern.

Um bei den Klassenkameraden keine neugierigen Fragen zu provozieren, hatte sie ihr Rad, wie Max es ihr geraten hatte, etwas entfernt vom Schulgebäude an einen Baum gekettet. Dem Unterricht folgte sie an diesem Vormittag nur mit halbem Ohr; statt an Mathe, Hebräisch, Deutscher Aufsatz (da hatte man wenigstens seine Ruhe) und Geographie (das war wichtig wegen der Kriegsberichterstattung), dachte sie ständig nur an ihr Rad. Hoffentlich stand es nachher noch da! Sie stellte sich vor, was Sanmao wohl sagen würde, wenn sie damit durch die Toreinfahrt käme? Beim

Einholen der Flagge auf dem Sportplatz – dem Abschluss eines jeden Schultags – konnte sie kaum noch still stehen. Endlich durften die Schüler abtreten.

Inge rannte aus dem Schulhof und um die nächste Straßenecke. Gott sei Dank, das Rad war da und alles noch dran! Sie schloss das Vorhängeschloss auf und verstaute den Schlüssel vorsichtig in ihrem Brustbeutel, in dem auch die beglaubigte Abschrift des mütterlichen Passes, Inges Impfbescheinigung sowie Geld und der Zettel für die Besorgung der Farbbänder steckten. Jetzt konnte es losgehen – insgeheim war Inge froh, dass es nicht gleich zu Anfang um die Leberwurst ging.

Mit dem Linksverkehr war sie längst vertraut und wandte den Kopf beim Überqueren der Straße automatisch zur richtigen Seite. Doch auf einer belebten Kreuzung mit dem Fahrrad in die »falsche« Richtung abzubiegen, war eine andere Sache, es erforderte Mut und Überwindung. Zum Glück ging es auf Schanghais Straßen niemals rasch voran, sodass sie sich langsam an den verkehrten Verkehr gewöhnen konnte. Bei der Steigung an der Brücke stieg sie ab und schob. Die Garden Bridge markierte längst nicht mehr den Übergang in die Internationale Konzession; England und die Vereinigten Staaten hatten ihre exterritorialen Rechte bereits im vergangenen Jahr offiziell abgetreten. Dennoch empfand Inge die gewohnte Erleichterung, als sie das Rad auf der anderen Seite hinunterrollen ließ – die einzige Schussfahrt im ganzen brettebenen Schanghai. Vielleicht war es ja auch der weite Blick über den Fluss, der frische Wind vom Meer, die vertraute Kulisse des Bund oder die Vorfreude auf das Wiedersehen, die sie aufatmen ließen.

Inge fuhr nicht durch die belebte Nanking Road, sondern bog gleich am Deutschen Konsulat in die weniger befahrene Peking Road ein, die sie direkt zum Schreibmaschinengeschäft an der Ecke Gordon Road brachte. Die Besorgung für Max war schnell erledigt, und nun radelte Inge mit klopfendem Herzen ihren alten Schulweg entlang Richtung »Café Federal«.

Frühlingserwachen war die Erste, die sie im Hof traf. Misstrauisch musterte sie den Eindringling.

»Ying'ge, ist das du?«, fragte sie dann und legte prüfend den Kopf schief.

Um nicht durch wehende blonde Zöpfe unnötig Aufmerksamkeit zu erregen, hatte Inge beim Radfahren eine Kappe aufgesetzt. Die riss sie sich nun vom Kopf und fiel ihrer *āyí* lachend in die Arme. Dann sprudelte sie sämtliche Neuigkeiten der ereignisreichen letzten Wochen hervor. »Du kannst Mamas Zettel wegen der Änderungen wieder im Café aushängen«, schloss sie ihren Bericht. »Ich komme jetzt nämlich öfter.«

»Alter Himmel sei Dank, ihr habt Wohnung und Arbeit.«

Inge wollte eben nach Sanmao fragen, als er, die Schultasche über der Schulter, durch die Hofeinfahrt kam. Ihm konnte sie nicht so einfach um den Hals fallen, auch wenn sie das am liebsten getan hätte. Also besann sie sich auf die alte Rollenverteilung und meldete sich als Schülerin bei ihrem Lehrer zurück: »*Lǎo shī, hǎo. Xuésheng láile.*«

Sanmao starrte erst sie, dann das Rad an und war so

verblüfft, dass er prompt aus der Rolle fiel: »Wie hast du das geschafft, Entenkopf?«

Meinte er das Fahrrad oder die Tatsache, dass sie endlich wieder leibhaftig vor ihm stand? Inge zuckte mit den Schultern und bemerkte leichthin: »*Guānxi*.« Was genau das für Beziehungen waren, führte sie nicht aus.

Um die Verlegenheit zu überspielen, die unter dem mütterlich forschenden Blick von Frühlingserwachen zwischen ihnen entstand, nahm Inge automatisch Kampfhaltung an. Sanmao reagierte sofort mit ein paar fingierten Angriffen, die Inge prompt parierte.

»Ganz schön schlagfertig, unsere Musterhafte Person«, kommentierte Sanmao, jetzt wieder ganz Lehrer.

»Und nicht gefallen auf Mund«, fügte seine Mutter mit verschmitztem Lächeln hinzu. »Ich gehe sehen, ob Vater hat Bienenstich fertig.« Damit verschwand sie in die Backstube.

Kaum war Frühlingserwachen weg, ließen die beiden von ihrem Schaukampf ab.

»Wie geht's denn bei euch da drüben?«, erkundigte sich Sanmao.

»Na ja, ziemlich eng im Vergleich zu hier. Außerdem kann der ›Mund des Regenbogens‹ ziemlichen Mundgeruch entwickeln. Kannst ja mal vorbeischauen.« Inge fand, dass er das längst hätte tun können.

»Das wollte ich schon«, erwiderte Sanmao, der den leisen Vorwurf sofort heraushörte, »aber so einfach ist das nicht. Ich brauche einen triftigen Grund, um an den japanischen Posten vorbei in die ›Designated Area‹ zu kommen.«

Inge war überzeugt, »ein triftiger Grund« zu sein, wenn nicht für die Japaner, so doch für Sanmao. Da hätte er sich nun wirklich was einfallen lassen können. Doch sie ließ es auf sich beruhen. »Und bei dir? Wie geht's in der Schule?«

»Ziemlich heftig. Wir schreiben gerade die Abschlussarbeiten, in drei Wochen ist alles vorbei«, antwortete er; etwas anderes schien ihn jedoch viel mehr zu interessieren. »Jetzt mal ehrlich. Wo hast du das Rad her?« Sanmao wusste natürlich genau, wie gefragt und teuer solche Fortbewegungsmittel waren.

»Hab einen alten Bekannten vom Schiff wiedergetroffen, ein Geschäftsmann mit guten Verbindungen. Wir haben jetzt eine Geschäftsbeziehung: Er hat mir das Rad besorgt und ich mache Besorgungsfahrten für ihn.«

»Weil du rauskannst und er nicht.«

»Du hast's erfasst.«

Trotz ihrer Wiedersehensfreude konnte Inge nicht umhin, Sanmao spüren zu lassen, dass sie mehr von ihm erwartet hatte. Doch dann rief Frühlingserwachen die beiden zum ofenfrischen Bienenstich, und Inges Schanghaier Welt war erst einmal wieder in Ordnung.

Land unter

September, 1943 – Jahr der Ziege

Der Dachgarten war über den Sommer zu Inges Ausweichquartier geworden. Wenn sie es in der Enge des einzigen Familienzimmers nicht mehr aushielt, verzog sie sich nach oben, sogar zum Schlafen. In klaren Nächten schaffte sie ihr Feldbett hinauf und zündete darunter die unerlässlichen grünen Weihrauchspiralen an, deren beißender Qualm die Moskitos fernhielt. Auf dem Dach war es kühler, und vielleicht waren die Eltern ja auch froh, wenn sie mal allein sein konnten. Trotz Vorhang und vorsichtiger Zurückhaltung, war Inge längst klar, dass es Dinge gab, für die ein Ehepaar lieber allein sein wollte.

Auch ihr tägliches Kungfu-Training, zu dem Sanmao sie bei ihrem letzten Besuch nachdrücklich ermahnt hatte, absolvierte sie dort oben. Laifu, der den Dachgarten ebenfalls als sein Revier betrachtete, fand es lustig, wenn sie dort ihre sonderbaren Bocksprünge vollführte, und haschte begeistert nach ihren Fußknöcheln. Er schien das für ein Spiel zu halten, das sie eigens für ihn veranstaltete.

Wenn Inge den Blick von ihrem Ausguck über das Viertel wandern ließ, blieb er immer wieder an dem kühn geschwungenen, zweifachen Dach eines Tempels hängen, der Richtung Süden über den Giebeln der Reihenhäuser aufragte – der einzig erfreuliche Anblick im tristen Häusermeer Hongkous. Er lag gleich um die Ecke, in der Kunming Road. Inge war schon oft an dem großen Holztor vorbeigekommen, das ihre Neugier umso mehr erregte, als es stets verschlossen war. Dort wohnten Nonnen, die curryfarbene Kutten, weiße Strümpfe und Stoffschuhe trugen. Ihre Köpfe waren kahl rasiert, aber offenbar aus freien Stücken, jedenfalls wirkten sie fröhlich und lachten bei jeder Gelegenheit. Man hätte die dunklen Haarstoppeln auf ihren Schädeln von Weitem auch für graue Badekappen halten können. Inge war ihnen schon mehrfach auf dem Markt begegnet oder hatte sie durch das kleine Fensterchen in der hohen gelben Umfriedungsmauer mit Besuchern sprechen sehen. Der Tempel war sehr alt und hieß Hsiahai Miao 下海庙. Im Gegensatz zu Schanghai 上海, das seinem Namen nach »über dem Meer« lag, war dies ein »Tempel unter dem Meer«. Er war von Fischern gegründet und später zum Kloster erweitert worden.

Inge erinnerte sich noch genau daran, wie es ihr zum ersten Mal gelungen war, in diesen geheimnisvollen Bezirk vorzudringen. Ausnahmsweise stand einer der schweren Türflügel offen, und Inge hatte nicht widerstehen können, einen Blick hineinzuwerfen. In dem weitläufigen Vorhof war eine Nonne gerade dabei, die großen Steinplatten mit einem Bambusbesen zu fegen. Hinter einer Freitreppe erhob sich das prächtig verzierte Tempelgebäude, in dessen Innerem sie brennende Kerzen und eine gewaltige goldschimmernde Gestalt erahnen konnte. Als Inge an der Wand eines Nebengebäudes weitere Besen entdeckte, hatte sie sofort ihre Chance gewittert.

»*Wŏ bāngzhù nĭ, hăo bù hăo?*« – *Kann ich dir helfen?*« Mittlerweile kam ihr das Chinesische ohne Überlegen und meist auch tongenau über die Lippen; keine peinlichen Missverständnisse mehr. Auch die Nonne hatte sie sofort verstanden und kein langes Aufhebens gemacht, sondern nur wortlos genickt und auf die Besen gedeutet.

Nach dem Gedrängel und Geschrei auf Hongkous Straßen, nach der überfüllten, nach Müll stinkenden Lane und der Enge in den heimischen vier Wänden war Inge diese großzügige, feierlich stille Anlage wie ein Paradies erschienen. Der mit den Kriegsjahren immer härter gewordene Überlebenskampf, den Chinesen wie auch Langnasen hier auf engstem Raum ausfochten, blieb hinter der hohen Mauer zurück; nicht einmal die Rufe der Händler und der täglich zahlreicher werdenden Bettler drangen herein. Für Inge war die friedvolle Ruhe wie ein warmes Bad – auch das ein lang entbehrtes Vergnügen –, in das sie genüsslich eintauchte. Die Nonne hatte ihr freundlich zugelächelt und schweigend weitergekehrt. Ausnahmsweise hielt auch Inge ihren Schnatterschnabel, sie konzentrierte sich ganz auf das Wischeln ihres Reisigbesens. Vergessen waren die Pflichten und Erledigungen in der Welt da draußen. Nachdem die Nonne die gemeinsam zusammengefegten Blätter auf ein Kehrblech geschoben und ihren Besen ordentlich in die Ecke gestellt hatte, tat Inge es ihr nach und bedankte sich mit aneinandergelegten Handflächen und einem »*xièxie*«. Mit derselben Geste verabschiedete sie sich vom Hausherrn, dem freundlichen goldenen Buddha in der Tempelhalle.

»*Zài lái ba*!« – *Komm wieder* –, hatte die schweigsame Nonne ihr lächelnd nachgerufen.

Und Inge war wiedergekommen – immer dann, wenn sie den Lärm, die Menschenmassen und die Enge nicht mehr aushielt, wenn sie meinte, die erzwungene Nähe zu den Eltern und Nachbarn keinen Moment länger ertragen zu können und selbst das winzige Quadrat des Dachgartens ihr nicht mehr genügend Freiraum bot. Sie hatte herausgefunden, dass sie nur an das in die Mauer eingelassene Fensterchen zu klopfen brauchte. Mit etwas Glück öffnete es sich dann, und eine der Nonnen streckte den Kopf heraus. »*Wŏ lái săo dì*.« – *Ich komme zum Fegen* – erklärte Inge und erhielt Einlass. Mehr bedurfte es nicht, um endlich Platz und Ruhe zu haben.

Heute türmten sich schwarze Regenwolken hinter dem Tempeldach. Schon in der Nacht hatte heftiger Wind eingesetzt, ein Taifun war im Anzug. Es war nicht der erste, den Inge in Schanghai erlebte, aber es war ihr erster in Hongkou. Hier wären sie den Naturgewalten wesentlich mehr ausgeliefert als im geschützten Hinterhof des »Café Federal«. Bei Inges morgendlichem Gang zum Honigeimer ließ der Sturm den dünnen, halbhohen Bretterverschlag erbeben und zerrte auf dem kurzen Weg zurück zur Treppe an ihren Zöpfen.

»Inge, geh doch bitte zu Opa Hong und hol uns

noch mehr heißes Wasser. Wir müssen vorsorgen, wenn der Taifun kommt«, rief die Mutter, als sie Inge die Stufen herunterkommen hörte.

»Mach ich gleich. Heute fällt bestimmt die Schule aus.«

»Bist du sicher?«, hakte Frau Finkelstein nach.

»Ganz sicher«, erwiderte Inge mit Bestimmtheit. »Das ist immer so bei Taifun.« Damit war die Sache erledigt.

Bei Opa Hong war deutlich mehr los als sonst. Jeder wollte vorbereitet sein, falls er später nicht mehr aus dem Haus könnte oder kein sauberes Trinkwasser mehr verfügbar wäre. Inge musste anstehen und sah Opa Hong zu, wie er mit nacktem Oberkörper in der Septemberhitze schwitzend die Schöpfkelle schwang, während einer seiner Enkel den glühenden Herd fütterte.

Als sie mit den beiden randvollen Kannen vor die Tür trat, jagten erste Regenschauer durch die Straße. Hausfrauen hasteten mit vollen Netzen vom Markt nach Hause; die Versorgung mit frischem Gemüse würde durch den Taifun unterbrochen sein, und die Preise stiegen dann ins Astronomische. Eine unzeitgemäße Dämmerung hatte sich über die Stadt gesenkt; durch die dicken Wolken und dichten Regenschleier drang kaum Licht. In den Rinnsteinen bildeten sich Sturzbäche – Schifffahrtswege für den herumliegenden Unrat. Eine Kanalisation, die das alles hätte aufnehmen können, gab es in Hongkou nicht. Bald würde die Straße sich in einen reißenden Strom verwandeln. Die Ladenschilder und Wimpel der Geschäfte waren der Willkür des Windes schutzlos ausgeliefert; alles, was nicht niet- und nagelfest war, konnte zum gefährlichen Flugobjekt werden. Fahrräder fielen um wie Dominosteine, Regenschirme erwiesen sich als nutzlos, da die kraftvollen Böen kurzen Prozess mit ihnen machten oder sie dem Besitzer entrissen. Jetzt aber los! Inge krempelte sich die Hosen auf, klemmte ihre Holzschlappen unter den Arm und watete barfuß nach Hause.

»Du musst dir sofort die Füße waschen. Wer weiß, was da alles unterwegs ist«, begrüßte Frau Finkelstein ihre klitschnasse Tochter. Bei Taifun verschärfte sie die ohnehin strengen Hygienemaßnahmen. Sie goss Wasser – natürlich nicht das kostbare warme, sondern kaltes aus einem Eimer neben dem Treppenabsatz – in eine Emailschüssel und gab ein paar Körnchen ihres Allzweckmittels Kaliumpermanganat dazu. Inge senkte die Füße hinein; wenn sie mit den Zehen wackelte, lösten sich die Kristalle in malerisch violette Wolken auf.

Sogar Laifu hatte sich von Wind und Wasser den Schneid abkaufen lassen und verzichtete heute auf seinen Erkundungsgang. Zusammengerollt lag er auf Inges Schoß, ließ sich hinter den Ohren kraulen und schnurrte furchtlos gegen den Sturm an, der draußen tobte. Durch den grauen Wasservorhang konnte Inge aus ihrem Erkerfenster nicht mal das gegenüberliegende Haus erkennen.

»Wie Papa wohl nach Hause kommt?«, überlegte Inge laut. Der Vater hatte schon in aller Frühe seinen Dienst in der Backstube des »Delikat« angetreten, da war alles noch ziemlich ruhig gewesen, jetzt saß er fest.

»Wenn er schlau ist, bleibt er dort, bis das Schlimmste vorbei ist.«

Der irgendwann unaufschiebbare Gang zum Honigeimer war mittlerweile zur Mutprobe geworden. Dass man dabei völlig durchnässt wurde, war noch das kleinere Übel. Vor allem galt es, sich gut festzuhalten, um nicht vom Dach geweht zu werden. Der Bretterverschlag war längst zusammengefallen wie ein Kartenhaus, doch für Scham war keine Zeit. Jeder wollte nur schnell wieder ein festes Dach über dem Kopf haben. Kurz bevor es richtig dunkel wurde, kam auch der Vater nach Hause.

»Ich glaube zwar kaum, dass die Japaner heute die Einhaltung der nächtlichen Ausgangssperre überprüfen«, sagte er, als er nass und zerzaust in der Tür stand, »aber ich wollte es nicht drauf ankommen lassen.«

Inge seufzte erleichtert auf. Seit sie erfahren hatte, was mit Max' Vater geschehen war, fürchtete sie die japanischen Soldaten noch mehr.

Abends saß die Familie samt Kater bei Kerzenschein zusammen; der Strom war ausgefallen. Hätte die Wachskerze sich nicht unter der spätsommerlichen Hitze gekrümmt, dann hätte man es für eine trauliche Adventsszene halten können. Aber hier war Hongkou, hier war Schanghai, hier war China, hier war Krieg.

»Einer der Kollegen im ›Delikat‹ hat ein Kurzwellenradio«, berichtete der Vater.

Ganz schön mutig, dachte Inge. Seit der Machtergreifung der Japaner war das strengstens verboten, und die Einhaltung dieses Verbots wurde auch in Privathäusern durch brutale Razzien der Militärpolizei kontrolliert. Die Bewohner des besetzten Schanghai sollten durch lokale Rundfunksender, Presse und Wochenschauen ausschließlich über die Siege der Achsenmächte informiert werden.

»Er hat gehört, dass die Alliierten in Sizilien gelandet sind. Italien hat kapituliert und einen Waffenstillstand geschlossen. Damit ist es aus der Achse ausgeschert«, erzählte Herr Finkelstein weiter. »Und stellt euch vor, daraufhin soll die italienische Besatzung der ›Conte Verde‹ ihr Schiff versenkt haben, damit es von den Japanern nicht zu Kriegszwecken requiriert wird. Jetzt hat es Schlagseite und liegt mitten in der Fahrrinne.«

»Du meinst das Schwesterschiff von unserem ›Grafen‹?«, fragte Inge aufgeregt dazwischen. Dieser Dampfer aus der Flotte des Lloyd Triestino saß seit dem Angriff auf Pearl Harbor im Huangpu fest und war zum festen Bestandteil des Schanghaier Stadtbilds geworden. »Und was ist mit der Besatzung passiert?« Inge dachte natürlich sofort an Paolo.

»Die ist von den Japanern wegen Sabotage verhaftet worden.«

»Auweia, hoffentlich ist Paolo auf der ›Conte Biancamano‹ geblieben.«

Frau Finkelsteins Gedanken gingen in eine ganz andere Richtung: »Dann haben wir vielleicht doch noch Hoffnung, dass dieser Wahnsinn bald ein Ende hat«, und nach einer nachdenklichen Pause fügte sie in Richtung Inge hinzu: »Aber jetzt ab ins Bett. Wir müssen sparsam mit den Kerzen umgehen …«

»… wer weiß, was noch kommt«, beendeten Vater und Tochter ihren Satz.

Als Inge auf ihrem Feldbett im Erkerfenster lag, ließ der Sturm sie nicht gleich einschlafen. Von welchem »Wahnsinn« hatte die Mutter gesprochen? Es gab derzeit so viel davon. Meinte sie jenen fernen Krieg, den Hitler in Europa angezettelt hatte und vor dem sie sich hier sicher wähnten? Den Krieg vor der Haustür, den die Japaner in Asien gegen den Rest der Welt führten? Oder war das womöglich ein und derselbe Krieg, der sie irgendwann einholen würde? Vielleicht meinte sie aber auch ihr Leben in dieser Stadt, in der sich Frau Finkelstein nach wie vor fremd und deplatziert fühlte.

Für Inge dagegen fühlte sich dieses Leben trotz seiner Entbehrungen inzwischen völlig vertraut und normal an. Die Begegnung mit Max war ein Glücksfall gewesen. Das Rad und die damit verbundenen Aufträge verschafften ihr Bewegungsfreiheit und Verdienstmöglichkeiten, vor allem aber war der Kontakt zu ihrer »chinesischen Familie« wiederhergestellt. Inge liebte es, durch die Stadt zu gondeln – im Gegensatz zu den Inhabern von Passierscheinen war ihr ja keine genaue Route vorgeschrieben, an die sie sich halten musste. Begierig nahm sie all die farbigen, fremdartigen Szenen, die unterschiedlichen Viertel und ihre jeweilige Atmosphäre in sich auf, um anschließend in der Bubbling Well Road anzukommen, wo ihr Schlüssel zu dieser längst nicht mehr fremden Kultur lag.

Neulich zum Beispiel hatte sie Leberwurst zu einer Adresse in der Ferguson Road geliefert. Die Häuser dort mit ihrem Fachwerk, ihren Erkern und Türmchen kamen Inge immer wie aus dem Märchenbuch vor. Natürlich betrat sie solch ein Anwesen nicht durch den imposanten Haupteingang, sondern durch eine kleine Tür in der Mauer. Meist war es der Number one Houseboy, der ihr öffnete, wenn sie dort klingelte. Seine Stellung in der strengen Hierarchie der Bediensteten erlaubte ihm auch, einen kleinen Teil des Geldes, das ihm die Herrschaft für die Wurst gegeben hatte, als *cumshaw* für sich zu behalten. Das war, wie Inge inzwischen gelernt hatte, ganz in Ordnung so; er ging davon aus, dass sie, die er als seinesgleichen betrachtete, an anderer Stelle ihren »Schnitt« machen würde. Dafür wurde sie freundlich in die Küche gebeten und von der Amah oder vom Koch mit Tee und Gebäck verwöhnt. Man pflegte gute Beziehungen.

Gelegentlich machte Inge auch schon mal ein Geschäft auf eigene Rechnung. Seit mit der Seeblockade der Nachschub ausblieb, waren auch westliche Medikamente rar geworden, und so manche »Herrschaft« griff daher notgedrungen auf die traditionelle chinesische Medizin zurück. Doch als Weißer besprach man seine körperlichen Gebrechen weder mit den Dienstboten, noch traute man sich in eine chinesische Apotheke; man hatte ja gehört, welch unaussprechliche Dinge die Chinesen in ihre Arzneimittel mixten. Also vertraute sich die Hausfrau lieber dem blonden Leberwurstkurier an.

»Hast du schon mal von dieser Salbe gegen Hongkongfuß gehört?«, ein typisches Leiden in den feucht-heißen Sommermonaten, oder: »Mein Aspirin ist aus, es gibt doch da diesen Tee gegen Kopfschmerzen.«

Inge hatte inzwischen gute Kontakte zur Apotheke schräg gegenüber des Tempels. Fasziniert sah sie zu, wie deren Besitzer aus den unzähligen kleinen Schub-lädchen mit Heilsubstanzen pflanzlicher, tierischer und mineralischer Herkunft das Passende zusammen-mischte. Dabei war er jedes Mal so konzentriert, dass das lange Haar auf der Warze neben seinem Mund-winkel bebte. Was da am Ende herauskam, musste einfach helfen.

So war Inge als Kurier zwischen zwei Welten unter-wegs. Für sie war das hier kein Wahnsinn, sondern das ganz normale pralle Leben. Selbst für das Toilettenpro-blem hatte sie auf ihren Fahrten mittlerweile eine Lö-sung gefunden. Sie hatte keine Hemmungen, die un-scheinbaren öffentlichen Toiletten aufzusuchen. Die Zeichen für Frau 女 und Mann 男 konnte sie längst auseinanderhalten, wenngleich es Überwindung koste-te, sich in einen dieser nicht unterteilten Verschläge zu begeben. Den Geruchssinn stellte man dabei am bes-ten ab. Inge musste schmunzeln, wenn sie an ihren ersten Besuch zurückdachte. Als sie eintrat, hockten bereits zwei Frauen über einer betonierten Rinne und tauschten seelenruhig den neuesten Nachbarschafts-tratsch aus. Als sie Inge erblickten, verstummten sie augenblicklich und starrten das blonde Mädchen an, das sich anschickte, ebenfalls in die Rinne zu pinkeln.

»*Was schaut ihr so? Ich mach das auch nicht anders als ihr!*«, hatte sie zu den neugierigen Frauen gesagt.

»*Tā kě zhēn huì jiǎng o!*«, kam es anerkennend zurück, womit die beiden überrascht feststellten, dass die Ausländerin Chinesisch konnte, sie hatten aber zugleich auch ihre Bewunderung für deren »Mundwerk« zum Ausdruck gebracht.

Ich bin glücklich hier, brachte sie ihre Überlegungen auf den Punkt, und über diesem Gedanken schlief sie schließlich doch ein.

In der Nacht wurde Inge von Laifu geweckt, der unbedingt rauswollte. Verwundert horchte sie: In ihren Ohren dröhnte eine tiefe Stille – der Taifun war weitergezogen. Erst im Nachhinein merkte man, wie laut und ausdauernd er über der Stadt gewütet hatte. Sie ließ den Kater nach draußen und schlief beruhigt weiter.

***

Als Inge sich am nächsten Morgen widerwillig auf den Schulweg machte – leider gab es jetzt keine Ausrede mehr –, wurde das ganze Ausmaß der Verwüstung sichtbar. Der Sturm hatte Dächer abgedeckt, Bäume geknickt und sogar ein Stück vom Tempeldach weggerissen. Streckenweise mussten die Leute durch riesige Pfützen waten, auf denen halb nackte Kinder Boote aus abgegessenen Melonenschalen schwimmen ließen. Rikschafahrer pflügten wie Lastkähne durch die Fluten, damit wenigstens ihre Fahrgäste, die mit angezogenen Knien auf der Sitzbank hockten, trockenen Fußes an ihr Ziel kamen.

In den Straßen häufte sich der angeschwemmte

Müll. Inmitten dieses unappetitlichen Durcheinanders entdeckte sie eines jener in Bambusmatten verschnürten Bündel. Inge wusste sehr wohl, dass sie tote Babys enthielten, Mädchen zumeist, die ihre verzweifelten Eltern nicht länger ernähren, aber auch nicht ordentlich bestatten konnten. Darüber dachte man am besten nicht weiter nach, sondern machte einen Bogen um die Bündel, die irgendwann auf offenen Wagen von der Stadtreinigung abtransportiert wurden. Dieses jedoch gab Töne von sich: ein leises Wimmern, unterbrochen von verzweiflungsvollem Schluckauf.

Sanmao hatte Inge in Bezug auf Laifu eingeschärft, dass man für ein Lebewesen, dessen man sich annahm, dauerhaft Verantwortung übernehmen musste. War das vielleicht der Grund, warum so viele Chinesen wegschauten, wenn sie solche Bündel am Straßenrand liegen sahen? Wer sich Buddhas Ratschluss in den Weg stellte, musste selbst zum Erlöser werden. Doch das konnte sich in Zeiten des Überlebenskampfes kaum jemand erlauben.

Inge ging vorsichtig näher und schob einen Zipfel der Matte beiseite: Ein üppiger dunkler Haarschopf über einem verschrumpelten Gesichtchen, ein winziger, in Lumpen gewickelter Körper, der vom nächsten Hickser erschüttert wurde. Als das Beben vorüber war, öffneten sich die schmalen Augenschlitze; schwarze Augen unter langen Wimpern blickten ins Leere, versuchten das über ihnen schwebende Gesicht zu fixieren, aber das gelang noch nicht. Inge hielt den Atem an, der Säugling konnte nicht älter als ein paar Tage sein. In dem Moment schlossen sich mit erstaunlicher

Kraft fünf klitzekleine Finger um den Zeigefinger, der die Matte zurückbog.

Inge wurde von einer Welle warmer Zuneigung und gleichzeitig von Panik erfasst. Was tun? Das Kind in seinen Lumpenwindeln war völlig durchnässt, ob von außen oder innen, blieb unklar. Zum Glück war es warm. War es wie der kleine Moses angeschwemmt oder am Fuß dieser Mauer abgelegt worden? Doch ganz gleich wie es hergekommen war, es musste hier weg, und zwar schnell. Vorsichtig nahm Inge das Bündel auf. »*Nǐ bú yào pà*« – *hab keine Angst* –, beruhigte sie das fremde Wesen, obwohl es diesem vermutlich gleichgültig war, in welcher Sprache man es anredete.

Sie befand sich unweit der Kreuzung Chusan – Kunming Road. Vor ihr dräute das riesige Gefängnis. Nein, die Staatsgewalt – ganz gleich ob die der Besatzer oder der Besetzten – wäre nicht die richtige Adresse. Auch ein Krankenhaus nicht, denn soweit Inge sehen konnte, war das Kindlein nicht krank. Hier war Buddha persönlich zuständig, oder besser noch Guanyin, die Göttin der Barmherzigkeit, die doch so viele Arme zum Helfen hatte. Inge schlug den Weg in die Kunming Road ein, der Tempel lag nur wenige Schritte entfernt. Wie gewohnt klopfte sie an das Fensterchen in der Tempelmauer. Unwillkürlich hielt sie das Bündel fest an sich gedrückt, sodass die Nonne es von drinnen nicht sehen konnte. War sie erst einmal drin, so konnte man sie nicht mehr wegschicken.

»*Wǒ lái sǎo dì*«, meldete sie sich wie gewohnt, auch wenn sie heute nicht zum Fegen kam.

Im Vorhof hielt sie sich rechts und steuerte auf den

Seitenflügel zu, in dem die vielarmige Göttin der Barmherzigkeit ihren Schrein hatte. Sie wollte zur Himmelsmutter Guanyin. Die würde sich des Kindleins schon annehmen.

Vorsichtig legte sie das Bündel auf ein Bänkchen, auf dem sonst die Betenden knieten, sie selbst kniete sich auf den harten Steinboden. Zum ersten Mal sah sie der Göttin in ihr gütiges weißes Marmorgesicht. »Du musst ihm helfen, hörst du.« Vor lauter Dringlichkeit und Nachdruck vergaß Inge, die Göttin chinesisch anzusprechen. »Ich kann es unmöglich mit nach Hause nehmen. Also mach, dass die Nonnen es behalten und sich drum kümmern.« Ihr flehentlicher Blick brannte den Gedanken in die weichen Züge des Göttergesichts. »Ich danke Dir, Himmelsmutter, *xièxie nín*.« Sicherheitshalber wählte sie diesmal die förmliche Anredeform.

Dann strich sie ein letztes Mal über den seidigen schwarzen Haarschopf, ging in den Hof hinaus und schnappte sich einen Besen. Niemand beachtete sie. Die Nonnen besprachen aufgeregt das Ausmaß der Sturmschäden und deren Reparatur. Auch im Hof gab es heute viel zu tun. Der Sturm hatte Laub, Äste und allerlei Unrat in den Hof geweht. Inge war das gerade recht, mit Nachdruck ließ sie den Besen über die Steinplatten sausen. Nachdem sie alles zu einem ordentlichen Haufen zusammengekehrt hatte, schlüpfte sie auf die Straße hinaus und zog den schweren hölzernen Türflügel hinter sich zu.

Die Einschläge kommen näher

Schanghai, 1944 – Jahr des Affen

猴

Und dann holte der Krieg sie doch noch ein an ihrem Zufluchtsort Schanghai, im Ghetto von Hongkou. Sein Näherkommen hatte sich im Alltag schon des Längeren angekündigt, zum Beispiel in den rasant steigenden Lebensmittelpreisen, die die Japaner durch Bezugsscheine für lebenswichtige Güter ebenso zu regulieren suchten wie durch die Rationierung von Elektrizität, Gas und Treibstoffen.

Aus dem Konditormeister Finkelstein war ein Bäcker geworden – für Bienenstich und Torte fehlten sowohl Zutaten wie auch zahlungskräftige Kunden. Deshalb wurde in der Backstube des »Delikat« jetzt vor allem Brot gebacken, und man bezahlte Herrn Finkelstein für seine Arbeit vorwiegend in Naturalien – Brot, das die Familie ernährte, aber auch als Tauschware nützlich war.

Die Geschäfte von Max und Inge hingegen blühten auf. Was es auf Bezugsscheine nicht gab, das gab es auf dem Schwarzmarkt, ein völlig neues Betätigungsfeld für den findigen Max. Entsprechend hoch war das Transportaufkommen. Zumal durch den Mangel an Treibstoff und Elektrizität der Straßenbahn- und Busverkehr noch unzuverlässiger geworden war. Als kriegswichtiger Artikel durfte Benzin nicht zur öffentlichen Personenbeförderung verplempert werden, und die Holzvergaser waren nicht sehr effektiv. Auch bei den Straßenbahnen konnte man nie sicher sein, wann sie fuhren und ob sie unterwegs nicht einfach stehen blieben – entweder weil der Strom abgeschaltet wurde oder wegen der Straßensperren. Dann raste Wang Jingwei, Präsident der von den Japanern eingesetzten Marionettenregierung, in seiner Limousine mit den getönten Scheiben durch die Stadt – benzingetrieben natürlich –, und alle anderen mussten warten.

Nur Inge nicht; mit ihrem Rad war sie flexibel und kannte die Straßen Schanghais inzwischen gut genug, um ausweichen zu können. Und natürlich kannte sie die besten Nudelsuppenköche, Pfannkuchenbäcker, Maroniröster und Süßkartoffelbrater der Stadt, und die befanden sich in der Chinesenstadt, rund um den Stadtgotttempel, dort, wo man laut Frau Schwab als Weißer unmöglich hingehen konnte. Wann immer es sich einrichten ließ, machte Inge auf ihren Fahrten dort halt, magisch angezogen vom durchdringenden Duft des stinkenden Tofu. Ein Radfahrer brauchte schließlich auch seinen Betriebsstoff. Im Stehen oder auf winzigen Kinderhockern am Straßenrand hockend, schlürfte sie ihre Suppe Seite an Seite mit Rikschakulis, die jedes Mal große Augen bekamen, wenn Inge ihre Kappe zog und die blonden Zöpfe zum Vorschein kamen.

»*Tāmāde, shì ge xiǎo yáng guǐzi ya!*«– *Verdammt, das ist ja ein ausländischer Teufel*, riefen sie erstaunt, was nicht sehr höflich klang, aber durchaus nett gemeint war.

Sobald ihnen das hoch aufgeschossene junge Mädchen dann aber in fließendem Schanghai-Chinesisch versicherte, dass sie ebenfalls im Transportgewerbe tätig sei, wollten das Hallo und die Fragen nach dem Wie und Warum kein Ende nehmen. Inge beendete solche Debatten regelmäßig, indem sie durch einen kräftigen Rülpser ihr Mahl beschloss – als Anerkennung für den Koch. Das verstand hier jeder. Nur Frau Finkelstein hatte keinerlei Verständnis, wenn Inge das aus Versehen mal am häuslichen Esstisch passierte.

»Du isst wie ein Lohnkutscher«, schimpfte sie.

»Bin ja auch einer«, gab sie der Mutter scherzhaft zurück, »allzeit bereit mit meinem Stahlross.«

Doch die fand das gar nicht lustig. »Du verwilderst noch völlig, Kind. Und wie gefährlich es ist, in solchen Zeiten allein durch diese schreckliche Stadt zu fahren!«

»Schanghai ist die spannendste Stadt, die ich mir vorstellen kann.«

»Für die Schule hast du auch kaum noch Zeit.« Frau Finkelstein schüttelte missbilligend den Kopf.

»Stimmt, ich könnte noch viel mehr Fahrten machen, wenn ich nicht den ganzen Vormittag dort festgenagelt wäre.«

»Und wenn du zu Hause was lernst, dann sind es chinesische Schriftzeichen.« Jetzt kam sie richtig in Fahrt.

»Klar, weil die nützlich sind«, bestätigte Inge. »Aber gegen meine Noten kannst du doch nichts sagen, oder?« Inge brachte trotz allem stets ein ordentliches Zeugnis nach Hause, außer in Betragen. Sie machte das sozusagen mit Links – kein Wunder, wo sie doch Linkshänderin war.

Frau Finkelstein hatte ihr Pulver aber noch längst nicht verschossen.

»Ständig steckst du mit diesem Max zusammen. Ein richtiger Kleinkrimineller, wenn du mich fragst.«

»Ich frag dich aber nicht, Mama. Und du fragst besser auch nicht, wie Max, unser Beschaffungskünstler, den neuen Treibriemen für deine Singer aufgetrieben hat. Eigens herbeigeradelt aus der Franzosenstadt durch deine Tochter, die Lohnkutscherin Inge Finkelstein, genannt Entlein.«

»Du nimmst mich überhaupt nicht ernst«, empörte sich Frau Finkelstein, dann seufzte sie resigniert: »Ach, warum war es mir nicht vergönnt, meine Tochter in Deutschland ordentlich großzuziehen.«

»Das kann ich dir genau sagen: weil du den deutschen Juden Wilhelm Finkelstein aus Brandenburg geheiratet hast, und weil ein kleiner Irrer aus Österreich uns daraufhin allesamt von dort vertrieben hat. Aber mal ehrlich. In so einem Land will man doch nicht wohnen bleiben, oder?«

Jetzt aber genug. Als Inge den ehrlich verzweifelten Gesichtsausdruck der Mutter sah, stand sie auf und legte ihr schützend den Arm um die Schultern. Mit ihren mittlerweile sechzehn Jahren war sie fast schon einen Kopf größer als Frau Finkelstein. »Das musst du so sehen, Mama: Als kollektive Erwerbsgemeinschaft sind wir doch unschlagbar, du an der Singer, Papa am Backofen und ich auf dem Rad. Kleidung,

Nahrung und Transport, wir decken alle wichtigen Geschäftszweige ab. Uns kann so schnell keiner was. Wir, die Stehaufmännchen vom ›Mensch-ärgere-dich-nicht!‹.«

Da konnte selbst Frau Finkelstein ein schmallippiges Lächeln nicht unterdrücken.

***

Zumindest mit dem Transportwesen war es nicht mehr so einfach, als im Mai neue Luftschutzbestimmungen erlassen wurden:

Vorwarnung: 2 Minuten Dauerton
Luftalarm: 7 Tonsignale von je 5 Sekunden
Entwarnung: 2 Tonsignale von je 15 Sekunden

Dazu verschärfte Ausgangssperre und Verdunklung. Nach Sonnenuntergang mussten alle Fenster mit Verdunklungspapier oder schwarzem Stoff verhängt werden, damit der Feind keinen Lichtschein wahrnahm – welcher Feind? Ferner wurde das richtige Verhalten bei Fliegeralarm in Luftschutzübungen trainiert – was für Flieger?

Und worin bestand richtiges Verhalten bei Fliegeralarm, wenn es keine Schutzräume gab? Nur das Ward Road Gefängnis verfügte über einen Keller, doch kaum jemand begab sich freiwillig dorthin. Die sogenannten Luftschutzgräben, die die Bao Jia – der Ordnungsdienst, zu dem alle erwachsenen Männer des Ghettos verpflichtet waren – hatten ausheben müssen, waren ein Witz. Bei Regen liefen sie voll Wasser, und ansonsten dienten sie zur Müllentsorgung. Und weil in letzter Zeit – ob nun aus Sicherheits- oder Sparsamkeitsgründen – immer wieder die Straßenbeleuchtung ausfiel, lief man nach Einbruch der Dunkelheit ständig Gefahr, dort ein unfreiwilliges Bad zu nehmen.

»Was sollen wir denn machen, wenn die Sirenen losgehen, Papa?«, erkundigte sich Inge. Immerhin war ihr Vater der Einzige mit Kriegserfahrung.

»Jeder packt eine Tasche mit Papieren und Wertsachen, Wäsche zum Wechseln und so. Die nehmen wir dann mit nach unten. Auf jeden Fall muss man runter ins Erdgeschoss, am besten nach draußen, oder sich in einen Türrahmen stellen; da sind die Häuser am stabilsten.« Dabei wanderte sein Blick zweifelnd über die windige Konstruktion des Wang'schen Hauses.

»In meine Tasche muss unbedingt die Gundel rein.« Inges alte Puppe diente weiterhin als Familientresor. »Dann denken alle, ich bin ein bisschen zurückgeblieben und spiel noch mit Puppen.« Inge steckte den Daumen in den Mund, drehte die Zehenspitzen nach innen und schaute recht blöd.

»Mach keinen Quatsch. Das ist ernst.«

»Wer soll denn eigentlich kommen?«

Obwohl sie sich in den eigenen vier Wänden befanden, blickte ihr Vater sich vorsichtig um, dann beugte er sich zu seiner Tochter vor und flüsterte: »Der Kollege mit dem Kurzwellenempfänger hat gehört, dass die Amerikaner bis auf die Marianen vorgestoßen sind. Sie sind auf Guam und zwei anderen Inseln gelandet. Wenn die dort erst mal Fuß gefasst haben, ist die Strecke nach Japan und zurück für ihre B-29-Superfortress kein Problem mehr. Also werden sie den Feind bald bei sich zu Hause bombardieren können, und natürlich auch die von ihm besetzten Schlüsselpositionen, wie Schanghai.«

»Aber die wissen doch, wie viele Ausländer hier festsitzen: ihre eigenen Leute, verbündete Engländer und wir, die Juden, die sie nicht reingelassen haben.« Inge hatte inzwischen ein recht klares Bild der politischen Lage. Ihr konnte man nichts mehr vormachen.

»Natürlich wissen die das. Deshalb werden sie sich von den Wohngebieten fernhalten. Die Vorkehrungen der Japaner bestätigen nur, dass sie auf dem Vormarsch sind.«

»Dann können wir uns also auf die Amerikaner freuen?« Inge sah den Vater fragend an.

»Hoffen wir's mal«, erwiderte er; seine politische Naivität hatte Wilhelm Finkelstein spätestens seit Sachsenhausen endgültig verloren.

***

In einer warmen Juninacht war es dann so weit. Inge wurde von anhaltendem Sirenengeheul aus dem Schlaf gerissen. Natürlich kampierte sie bei dieser Hitze auf dem Dach. Die Sirene war gleich auf dem Nachbardach und legte mit solcher Wucht los, dass es Inge fast vom Feldbett hob. Waren das zwei Signaltöne oder mehr? Waren sie lang oder kurz? Und wie viele davon hatte sie bereits verschlafen?

Laifu war beim ersten Heulen unters Bett verschwunden. »Du machst es richtig, Katerchen.« Schlaftrunken tastete Inge nach ihm. »Soll ich dich mitnehmen, oder kommst du allein zurecht?« Vermutlich hatten Katzen diesbezüglich den besseren Instinkt; die veranstalteten ja auch nicht solche Schwachsinnskriege. Inge war jetzt ganz wach. Ein Blick in die Runde: Das Dächergebirge von Hongkou lag still und friedlich da, nur in der Ferne zirkelten die Suchscheinwerfer der Flakabwehrgeschütze über den dunklen Himmel. Sie griff nach ihrer Tasche, tappte zur Treppe und die Stiege hinunter. Die Eltern waren ebenfalls wach und auf dem Weg nach unten. Inge warf rasch einen Blick auf die Uhr: 2 Uhr 45. Ob morgen beziehungsweise heute die Schule ausfiel oder wenigstens später anfing?

Kaum waren sie unten, als das Signal für den Luftalarm ertönte. Ferne Motorengeräusche. Was tun? Abwarten.

Die Wangs waren bereits im Hinterhof, sie hatten den kürzesten Weg. Der Sohn und die drei kleinen Mädchen saßen wie die Orgelpfeifen auf der Einfassungsmauer, die Eltern liefen wie aufgescheuchte Hühner im Hof herum. A-Feng, der Älteste, rückte doch tatsächlich ein wenig zur Seite, um Inge Platz zu machen. Seit ihrer ersten Begegnung im vergangenen Jahr hatten die beiden längst Frieden geschlossen.

»*Měiguórén lái!*« – *die Amerikaner kommen* –, informierte A-Feng sie mit freudiger Erwartung in der Stimme. Jetzt hatte man nicht nur einen gemeinsamen Feind, sondern auch noch einen gemeinsamen

Verbündeten. Eines der Mädchen kuschelte sich schlaftrunken an Inge, den anderen wurde bald langweilig.

»*Yīqǐ wán ba!*« – *Spiel mit uns*, bettelten sie. Und Inge ließ sich nur zu gern erweichen.

»*Ich weiß ein Spiel, das kennt ihr bestimmt, eine chinesische Freundin hat es mir beigebracht: Jiǎndāo, shítou, bù – Schere, Stein, Papier.*«

»*Wǒmen zhīdào, wǒmen zhīdào*«, jubelten die Kleinen. Natürlich kannten sie das. Auf einmal waren alle hellwach.

Jeweils zu zweien zählten sie laut vor sich hin, wobei jeder seine geschlossene Faust vorstreckte. Bei drei musste man sich entscheiden, was die Hand anzeigen sollte: die Faust war der Stein, zwei Finger die Schere und die offene Handfläche das Papier. Damit stand auch schon fest, wer gewonnen hatte, denn die Schere schneidet das Papier, das Papier umwickelt den Stein, und der Stein macht die Schere stumpf. So ging das, immer der Reihe nach, und der jeweilige Sieger durfte weiterspielen. Als Inge übrig blieb, konnte A-Feng der Versuchung nicht widerstehen.

»*Yī – èr – sān!*« Inge zeigte den Stein, A-Feng das Papier.

Mit einem Siegerlächeln strahlte er sie an.

Als von der Sirene auf dem Nachbarhaus zweimal der lange Entwarnungston herüberschallte, lag Meimei, das jüngste der Wang-Mädchen, quer über Inges Schoß und wachte auch nicht auf, als das Heulen endlich röchelnd erstarb. Mit einem dankbaren Kopfnicken hob Frau Wang sie auf und trug sie ins Haus.

Inge verzog sich wieder aufs Dach. Im Osten, Richtung Meer, zog schon ein heller Streifen am Horizont auf. Jetzt erst mal ausschlafen.

Bald darauf gesellte sich Laifu dazu.

So ging der Sommer dahin, Fliegeralarm fast jede zweite Nacht. Auch am europäischen Kriegsschauplatz waren die Amerikaner im Vormarsch. Über den illegalen Kurzwellenempfänger – und weiter über den Bambustelegraphen – verbreitete sich die Nachricht von der Landung der Alliierten in der Normandie. Wer schlau war, konnte den Rückzug der deutschen Wehrmacht sogar am normalen Radio mitverfolgen. Die Russen in Schanghai durften – dank eines Nichtangriffspakts ihres Landes mit Japan – ihren Rundfunksender weiter betreiben und berichteten regelmäßig über den Frontverlauf und den Fall wichtiger deutscher Städte. Mit etwas Fantasie ließen sich die Ortsnamen aus dem unverständlichen russischen Redeschwall herauslösen und anschließend im Atlas nachschlagen. Auf diese Weise verfolgten die Finkelsteins den Vormarsch der Alliierten. Den abgegriffenen braunen »Diercke Schulatlas für Höhere Lehranstalten« hatte Wilhelm Finkelstein auf dem Straßenflohmarkt erstanden, wo jetzt immer mehr Emigranten ihre Habe verkauften, um über die Runden zu kommen.

Immerhin waren Ferien, und man konnte nach halb durchwachten Nächten wenigstens ausschlafen. Inge hätte jetzt jede Menge Zeit für Lieferfahrten gehabt, aber das Geschäft mit der Leberwurst lief schlecht;

dem Metzger in Hongkou gingen die Zutaten aus, und den Kunden die Geldmittel. Max engagierte sich jetzt notgedrungen mehr im Zigarettenhandel; und der war, wie er ihr erklärt hatte, Männersache. Das hätte Inge nicht gehindert, auf ihr Rad zu steigen, und in die Bubbling Well Road zu fahren, aber Sanmao musste sich auf die Aufnahmeprüfung an der St. John's University vorbereiten, er wollte dort ab Herbst Ingenieurwissenschaften studieren. Und dann waren da noch ihre Eltern:

»Dass das klar ist, Inge, du radelst nicht bei Fliegeralarm in der Stadt herum«, hatte ihr der Vater erklärt.

»Aber der kommt doch bloß in der Nacht.«

»Das kann sich jederzeit ändern.« Und das war's dann.

In ihrer Langeweile hatte Inge mit den Wang-Kindern eine Spielgemeinschaft gebildet, deren Repertoire sie um einige deutsche Spiele erweiterte; besonders beliebt war »Alle Vögel fliegen hoch«. Während die Wangs diesen deutschen Satz wie ein unverständliches Mantra murmelten und dabei mit den Fingern auf das Mäuerchen trommelten, schrie der Ansager das jeweilige Reizwort auf Chinesisch. Bei »fēijī« zum Beispiel – dem Flugzeug – rissen alle die Hände hoch. Wer zu langsam war oder bei Wörtern wie »yèhú« – Nachttopf – im Übereifer die Hände hochnahm, musste als Nächster ansagen. Als jemand »yāzi« – die Ente – ansagte, ließ Inge absichtlich die Hände unten.

»Aber ich kann doch gar nicht fliegen«, erklärte sie zur Verwunderung der Mitspieler unschuldig.

»Wieso du?«, fragten alle. So erfuhren auch die

Nachbarskinder Inges Spitznamen, und bald war sie im ganzen Haus nur noch das »Entlein«, ganz gleich ob auf Deutsch oder Chinesisch.

Eines Vormittags hockte Inge auf ihrem Feldbett und las. Ihrer Meinung nach war das Beste an der Schule die Schulbibliothek, und aus der hatte sie sich ordentlich mit Lesefutter für die Ferien versorgt. Im Moment war sie in »Lady Chatterley's Lover« im englischen Original vertieft – in den höheren Klassen eine Art Geheimtipp, von dessen einschlägigen Stellen man sich Aufklärung über so manch dringliche Frage erhoffte.

Plötzlich das Vorwarnsignal. Inge blickte von ihrem Buch auf. Hatte der Vater wieder mal recht behalten? Kamen die jetzt auch am helllichten Tag angeflogen? Gleich darauf Luftalarm. Vater war in der Backstube, die Mutter ausnahmsweise auch aus dem Haus. Und Inge hatte keine Lust auf Kinderspiele unten im Hof. Die Spiele der Erwachsenen faszinierten sie augenblicklich mehr, sie wollte weiterlesen, in Ruhe, hier oben auf dem Dach. Schließlich war bei diesem ganzen Fliegeralarm noch nie wirklich was passiert.

Als sie wieder aufblickte, sah sie zum ersten Mal eine dieser fliegenden amerikanischen Festungen aus der Nähe, die Superfortress B 29, jene Langsteckenbomber, die bei nächtlichem Alarm immer nur zu hören gewesen waren. Schlank, mit je zwei Propellermotoren an den langen Flügeln, zogen sie in Formation über den wolkenlosen blauen Himmel. Ihre metallenen Körper blitzten in der Sonne, sogar das Sternenbanner auf dem Leitwerk war zu erkennen. Richtig schön sah das aus. Von unten kläfften die japanischen Flakgeschütze wie wütende Hunde herauf, ohne den hoheitsvollen Zugvögeln jedoch nur im Mindesten gefährlich werden zu können.

Inge blickte ihnen nach, bis ihr der Nacken wehtat. Dann sah sie, wie die Flugzeuge wie auf Stichwort kleine Kügelchen aus ihren Bäuchen entließen, als legten sie Eier. Plötzlich waren es keine Vögel mehr, sondern gefährliche Bomber, die über den fernen Docks von Wusong ihr todbringendes Werk verrichteten. Schon wenige Sekunden nach dem Aufprall der Bomben schossen wütende Feuer- und Rauchsäulen auf. Das alles vollzog sich in völliger Stille. Das Krachen der Einschläge erreichte erst mit einiger Verzögerung den Dachgarten. Inge hatte genug gesehen. Sie warf ihr Buch aufs Bett und rannte beide Treppen hinunter in den Hof.

»*Wo warst du denn, Yatou?*«, schallte es ihr vielstimmig entgegen. »*Wir wollen mit dir spielen!*«

Inge berichtete nicht, was sie gesehen hatte. Vielleicht war es ja doch besser, noch eine Weile in der Welt der Kinderspiele zu verharren.

***

Aber dazu musste man ja nicht unbedingt kindisch aussehen. Schon seit einiger Zeit waren Inge die Zöpfe lästig geworden und mehr noch das morgendliche Ritual, das damit verbunden war. Die Mutter bürstete ihr vor dem Frühstück die Haare durch, hielt nach

Kopfläusen Ausschau, teilte das Haar dann mit einem ordentlichen Scheitel und flocht es zu zwei festen Zöpfen. Und weil ihr Inge in diesen endlos langen Minuten nicht entwischen konnte, nutzte sie sie regelmäßig zu Ermahnungen und Vorhaltungen aller Art.

Beide spürten, dass dies der letzte Zugriff war, den die Mutter auf ihre Tochter hatte. Und den würde die Mutter nicht so ohne Weiteres aufgeben. Es ging nicht nur um die Frisur, es ging um mehr. Deshalb würde Inge sie vor vollendete Tatsachen stellen müssen, wenn sie ihre Zöpfe loswerden wollte; den Vater konnte sie später immer noch überzeugen.

Als Inge an einem besonders heißen Sommertag auf schweißnassem Kissen erwachte, stand ihr Entschluss endgültig fest: Die lästigen Haare mussten weg! Ein letztes Mal ließ sie die Prozedur mütterlicher Fürsorge und Kontrolle über sich ergehen, dann wartete sie, bis der Vater in der Backstube und die Mutter an der Singer war.

Da das Haareschneiden – zumindest in der Preisklasse, die Inge sich gerade noch leisten konnte – eine öffentliche Angelegenheit war und am Straßenrand stattfand, wollte sie dieses Schauspiel nicht unbedingt im eigenen Viertel darbieten. Wenn schon, dann volles Risiko, dachte Inge, und schwang sich auf ihr Rad. Nachdem sie die Garden Bridge hinter sich gebracht hatte, suchte sie sich in einer der ruhigen Nebenstraßen der Nanking Road einen geeigneten Straßenbarbier. Als sie ihren Wunsch kundgetan hatte, starrte der ältere Chinese, der trotz langjähriger Berufserfahrung offenbar noch nie eine solche Kundin bedient hatte, auf Inges blonde Zöpfe, die ihr bis zur Taille reichten. Er wollte einfach nicht glauben, dass man sich von so schönen Haaren trennen konnte.

»*Willst du die wirklich abgeschnitten haben?*«, fragte er.

»*Deshalb bin ich ja hier. Und jetzt sag, was es kostet.*«

Sobald sie auf Geld zu sprechen kam, zweifelte er nicht mehr, dass es ihr ernst war. Preisverhandlungen waren der Auftakt zu jeder geschäftlichen Transaktion. Er überlegte ein Weilchen, und dann schlug er vor: »*Wenn du sie mir lässt, brauchst du nichts zu bezahlen.*«

Inge willigte sofort ein, was sie später allerdings bereute, als ihr klar wurde, welch teure Tauschware sie auf dem Kopf mit sich herumtrug.

Fürsorglich wedelte der Barbier mit der Hand die schwarzen Haarbüschel eines vorherigen Kunden vom Stuhl und ließ sie Platz nehmen.

»*Wie möchtest du es denn.*«

»*Wie die Chinesen*«, erwiderte Inge und meinte damit den klassischen Pagenkopf.

Er ließ die Schere probeweise klappern, bevor er sich an die Zöpfe heranwagte. Nachbarskinder und Passanten hatten sich um die beiden versammelt, um das Schauspiel mitzuverfolgen. Mühsam fraß sich die Schere durch das dicke Haar, und als der erste Zopf fiel, ging ein Seufzen durch die Menge, beim zweiten ebenso. Bevor sie es sich anders überlegen konnte, brachte der Barbier sein Honorar in Sicherheit, als fürchte er, sie könne es sich anders überlegen. Als das restliche Haar dann in Form geschnitten wurde, balgten sich die Kleinen kreischend um jede fallende Strähne. Inge tat, als bemerke sie das alles nicht, sie blickte starr geradeaus und verfolgte das Geschehen in einem gesprungenen Handspiegel, der an der Hausmauer hing.

»*Und was machst du mit den Haaren?*« Diese Frage konnte sie sich am Ende doch nicht verkneifen.

»*Perücken und Haarteile für die alten Ausländer. Die werden so schnell grau, und das gefällt ihnen gar nicht.*«

Schließlich war ihr Pagenkopf fertig, nur dass sich ihre Haare nicht helmartig um den Kopf legten, wie bei den Chinesen. Befreit aus dem Geflecht der Zöpfe und belebt von der feuchten Luft, ringelten sie sich über den Ohren und legten sich als kesse Locken über die Stirn. Als er fertig war, reichte ihr der Friseur den Spiegel. Inge gefiel, was sie da sah. Sie fuhr sich einmal mit der Hand durch die entfesselten Locken, schüttelte sie kurz und versteckte die neue Pracht dann unter ihrer Kappe. »*Zàijiàn.*« Unter den staunenden Blicken ihres zahlreichen Publikums fuhr sie davon. Gleich nach ihr ließ sich der nächste Kunde im Stuhl des Barbiers nieder: Wenn Langnasen dort arbeiten ließen, bürgte das für Qualität.

Wo sie nun schon einmal hier war, musste sie natürlich unbedingt bei den Fiedlers vorbeischauen. Was Sanmao wohl sagen würde? Sein Kommentar war ihr bei Weitem wichtiger als der von Mutter und Vater. Doch kaum war sie durch die Hofeinfahrt geradelt, als die Sirenen ertönten. Mist! Vorwarnung und gleich darauf Luftalarm. Immerhin war sie von der Straße weg, wo man sich während des Fliegeralarms nicht erwischen lassen durfte. Da kam auch schon Herr Fiedler aus dem Haus gekeucht, so kugelrund und herzensgut, wie sie ihn kannte. Er hielt sich nicht mit langen Begrüßungen auf, sondern schob sie vor sich her in den Schutzraum, den er für die Familie und die Caféhausgäste in einem Lager im Hinterhof eingerichtet hatte. Gleich darauf trafen auch Frühlingserwachen und Sanmao ein, die sich zuerst um ihre Gäste kümmern mussten. Als Sanmao Inge in ihrer Ecke entdeckte und sich neben ihr niederließ, war der Moment der dramatischen Enthüllung endlich gekommen.

»Yatou, was machst du denn hier? Wie gut, dass du's vor dem Alarm zu uns geschafft hast.«

Statt einer Antwort riss sie sich die Mütze vom Kopf. »Bin ich jetzt immer noch dein Entenkopf?«

Er starrte sie mit offenem Mund an, verschlang sie mit Blicken, konnte sich gar nicht sattsehen und brachte dabei kein Wort heraus.

Zögernd streckte er die Hand aus, um die widerspenstigen Locken durch die Finger gleiten zu lassen. Inge hielt den Atem an.

»Das ist 'ne Wucht, Yatou, äh, ich meine, das ist wirklich …«, stammelte er, als er sich wieder gefasst hatte. »Das ist *fēicháng piàoliang*. Yatou darf ich jetzt nicht mehr zu dir sagen, das passt wirklich nicht.«

»Wie wär's mit Inge«, sagte sie, jeden Moment seiner Verwirrung auskostend.

Dicht aneinandergedrängt hockten sie in ihrer Ecke; Sanmao hatte den Arm schützend um ihre Schulter gelegt. Lange saßen sie so. Die Caféhausgäste um sie herum waren vergessen. Da es vornehmlich Weiße waren, unterhielten sich die beiden weiter auf Chinesisch, man konnte ja nach Belieben wechseln, sie redeten über Sanmaos Prüfungen, über die schleppenden Geschäfte – auch im »Café Federal« – und natürlich über die Amerikaner. Schließlich sagte Inge: *»Das Problem ist, dass ich nicht mehr kommen kann, wegen des Fliegeralarms. Meine Eltern lassen mich nicht weg.«*

»Dacht ich mir, ich hab dich vermisst. Aber natürlich haben sie recht. Es ist einfach zu gefährlich.«

Ach, Sanmao, sei doch nicht immer so vernünftig!, dachte Inge. Immerhin vermisste er sie.

»Aber blöd ist es schon«, schob sie nach und schüttelte probeweise ihre neuen Locken. Ein herrliches Gefühl war das, vor allem, wenn man damit Sanmaos Wangen streifen konnte.

Dann kam das Entwarnungssignal. Zum ersten Mal hörte Inge es mit Bedauern. Als sie aus dem Schutzraum traten, fuhr ihr der Schreck in die Glieder: Draußen dämmerte es bereits. Sie hatte gar nicht gemerkt, wie schnell die Zeit vergangen war.

»Ich muss los, Sanmao.«

»Schaffst du es noch vor der Ausgangssperre? Willst du nicht lieber bei uns bleiben?«

Inge hätte nichts lieber getan, aber es ging nicht.

»Meine Eltern wissen nicht, wo ich bin. Die ängstigen sich zu Tode, wenn ich nicht heimkomme.« Im Café gab es zwar ein Telefon, aber natürlich nicht bei den Finkelsteins. Sanmao zog sie an sich. Einen süßen, langen Moment lang schmiegte sie sich an ihn. Dann riss sie sich los.

»Pass auf!«, rief er ihr nach, als sie durch die Toreinfahrt zurückschaute. Auch Sanmao war in letzter Zeit in die Höhe geschossen, seine Gesichtszüge wirkten klarer und bestimmter als früher. Die verwirrende Zuneigung, die sie für diesen schlanken jungen Mann empfand – war das Verliebtsein?

Inge trat in die Pedale. Auf unbeleuchteten Straßen einer japanischen Patrouille zu begegnen, das wäre das Letzte, was sie jetzt brauchte. Sie hatte die Garden Bridge, das Nadelöhr der Strecke, bereits hinter sich und fuhr die Seward Road entlang, die zum Ghetto führte. Hier und in der Parallelstraße, dem hafennahen Broadway, befanden sich die Vergnügungslokale, in denen Matrosen verkehrten. Vor ein paar Jahren hatte Inge sich noch gewundert, warum es hier Ladengeschäfte gab, in denen offenbar nichts verkauft wurde, weil keine Waren im Schaufenster lagen. Inzwischen wusste sie, dass dort durchaus eine Ware feilgeboten wurde: käufliche Frauenkörper, darunter auch viele »Weiße«, denen verzweifelte Armut und Hunger keine andere Wahl ließen.

Als Inge sich fast schon in Sicherheit wähnte, vertraten ihr zwei japanische Matrosen, die eben aus einem der Lokale getorkelt waren, den Weg. Die niederen Ränge ließen die Bewohner Hongkous immer wieder ihre kleine Macht spüren, vor allem, wenn sie angetrunken waren. Und diese beiden ahnten ja noch gar nicht, was für einen Fang sie gemacht hatten.

Inge wusste, jetzt war die Höflichkeitsbezeugung für den Kaiser fällig – vertreten durch diese beiden Prachtexemplare von Untertanen – und sie ahnte, was passieren würde, wenn sie ihre Kappe abnahm. Fast wünschte sie, einer richtigen Militärpatrouille in die Arme gelaufen zu sein. Dieser Moment des Zögerns genügte bereits, um die beiden wütend zu machen. Einer packte Inge an der Schulter, er brachte sein Gesicht dicht vor das ihre und riss ihr gleich selbst die Kappe herunter, dabei schrie er irgendetwas auf Japanisch, das Inge nicht verstand. Auf diese Situation hatte sie ihr Schulunterricht nicht vorbereitet.

Was der Matrose sah, verblüffte ihn so sehr, dass ihm die lallenden Worte im Hals stecken blieben. Ungläubig starrte er Inge mit blutunterlaufenen Augen an und keuchte ihr dabei seinen Alkoholatem ins Gesicht. Dann dehnte sich sein Mund zu einem breiten, lüsternen Grinsen. Er konnte sein Glück kaum fassen, frisches weißes Fleisch, dazu noch kostenlos. Er versuchte, sie mit einer Hand gegen die Hauswand zu drücken, mit der anderen Hand nestelte er an seiner Hose. Plötzlich splitterte Glas, Scherben fielen klirrend zu Boden. Der Matrose fuhr herum.

Sein Kamerad, der sich etwas entfernt gehalten hatte, deutete mit einem erregten Wortschwall auf die gegenüberliegende Fassade, Inge zischte er aus dem Mundwinkel zu: »Schnell weg!«

Das ließ sie sich nicht zweimal sagen, packte ihr Fahrrad und verschwand in der Dunkelheit.

Zitternd kam sie zu Hause an. Ihre Knie waren so weich, dass sie nicht mehr die Kraft hatte, das Rad nach oben zu tragen. Egal, die Wangs würden schon drauf aufpassen. Von der Treppe hörte sie die Mutter rufen: »Inge, bist du das? Wo warst du denn so lange, Kind?«

Statt einer Antwort warf Inge sich ihr in die Arme, lachte und weinte abwechselnd, ihre neue Frisur hatte sie völlig vergessen. Frau Finkelstein zog Inges Kopf zu sich und fuhr ihr erleichtert durchs Haar. Verwundert wegen des ungewohnten Gefühls schob sie die Tochter auf Armlänge von sich weg und betrachtete sie, aber sie war nur froh, ihre Tochter wiederzuhaben. Dann fielen sie sich gleich noch einmal um den Hals.

Ein Bombensommer

Schanghai, 1945 – Jahr des Hahns

Der Vorfall mit den beiden Japanern ging Inge lange nach. Wenn sie nachts wach auf ihrem Feldbett lag oder mit der Gewissheit erwachte, die Szene im Traum noch einmal durchlebt zu haben, versuchte sie sich immer wieder, darüber klar zu werden, was damals eigentlich abgelaufen war. Sie hatte aus dem Augenwinkel wahrgenommen, wie der zweite Matrose, ihr Retter, sich bückte. Hatte er einen Stein aufgehoben und ihn in die Fensterscheibe des gegenüberliegenden Hauses geworfen? Warum hatte er das für sie getan? Und warum hatte er Deutsch mit ihr gesprochen? Wo hatte er das gelernt? War er in Deutschland gewesen? Hatte er deutsche Freunde? Hatte ein Deutscher ihm vielleicht einmal geholfen?

Er hatte menschlich reagiert und die Macht, mit der ihn seine Nationalität ausstattete, nicht missbraucht, wie sein Kamerad das zweifellos vorhatte. Mit knapper Not war sie einer Vergewaltigung entkommen, und das vermutlich nur, weil ein anderer irgendwann, in ganz anderen Zusammenhängen, einmal menschlich gehandelt hatte. Güte und Menschlichkeit, das begriff Inge jetzt, funktionierten nicht als

simpler Tauschhandel. Da gab es größere Zusammen-
hänge, weitere Bögen.

***

»Hitler ist tot! Der Krieg ist aus!« Man hörte den
Vater schon auf der Treppe rufen. Er hatte noch gar
nicht Feierabend, kam aber völlig außer Atem ins
Zimmer gestürzt. »Die Wehrmacht hat kapituliert,
Hitler hat sich umgebracht«, keuchte er.

»Mein Gott, Willi, und dieser Mann hat uns sieben
Jahre unseres Lebens gestohlen«, stieß Frau Finkelstein hervor, dann fiel sie ihrem Mann um den Hals.

Inge stand ein wenig hilflos daneben, solche Gefühlsausbrüche war sie von ihren Eltern nicht gewöhnt. Sie selbst blieb von dieser Nachricht seltsam
unberührt. Natürlich hasste sie den Mann, der ihr
Volk und so viele andere mit ihm ins Unglück gestürzt hatte, und natürlich war sie froh, dass der Krieg
in Europa zu Ende war. Aber was bedeutete das für
sie? Statt Freude empfand sie nur tiefe Verunsiche-
rung. Der Krieg vor ihrer Haustür, der ihren Schlaf
stahl und ihre Bewegungsfreiheit einschränkte,
machte hingegen keinerlei Anstalten, zu Ende zu
gehen.

In Hongkou wurde diese Neuigkeit ausschließlich
über den Bambustelegrafen verbreitet, weitergetra-
gen von Mund zu Mund. Die Japaner hätten die
Niederlage ihres Verbündeten nie an die große Glo-
cke gehängt, noch dazu, wo die Alliierten auch im
Pazifik auf dem Vormarsch waren. Die Emigranten

hatten ihre Freude über deren Sieg in Europa daher nicht offen zu zeigen gewagt.

Das war im Mai gewesen. Mittlerweile war Juli, und alles wie gehabt – nur schlimmer. Seit die Amerikaner im Frühsommer die zu Japan gehörende Insel Okinawa eingenommen hatten, verstärkten sie auch ihre Bombenangriffe auf Schanghai, ganz gleich ob nachts oder am Tag. Das ständige Aufwachen und ewige Unausgeschlafensein, die Ungewissheit und der Mangel an praktisch allen lebenswichtigen Gütern hatte die Nerven der Ghettobewohner zum Zerreißen gespannt. Dabei ging es den Finkelsteins mit ihrem Ernährer ja noch gut, wenigstens hatten sie immer Brot auf dem Tisch, das konnten nicht viele von sich behaupten.

Inge war sauer, sie war unleidlich und grantig, sie wusste nicht, wohin mit sich in den engen Grenzen ihrer geschrumpften Welt. Noch dazu in dieser unerträglichen Hitze. Wieder plagten sie die roten, nässenden Pusteln des Frieselausschlags, die unerträglich juckten und die jedes Kleidungsstück zur Qual werden ließen. Man konnte ihm nur durch Talkumpuder beikommen, aber der war schwer zu beschaffen.

Was ihr erst recht die Laune verdarb, war die Tatsache, dass sie Sanmao seit dem Nachmittag im Schutzraum nicht mehr gesehen hatte. Inzwischen war ein Diktator zu Fall gebracht, ein Reich untergegangen und ein Krieg beendet, und ihnen beiden sollte es nicht möglich sein, sich innerhalb dieser Stadt zu sehen? Doch die Japaner am Boden und die Amerikaner in der Luft wussten dies zu verhindern.

Ständig musste Inge an ihn denken. Und da kein Treffen möglich war, spielte sie ihre früheren Begegnungen wieder und wieder durch wie alte Filme. Dabei unterzog sie jedes Wort, jeden Blick einer genauen Prüfung. Inge kam zu dem Ergebnis, dass die Zuneigung zwischen ihnen keineswegs Einbildung war, sie existierte, und zwar beiderseits, da war sie sich sicher. Vielleicht hat er ja nur noch nicht gemerkt, dass er mich wirklich mag, versuchte sie sich die Funkstille aus der Bubbling Well Road zu erklären.

Sie selbst zweifelte seit jenem Fliegeralarm nicht mehr daran, dass es sich bei dem Gefühl, das sie seither so vollkommen besetzt hielt, um akutes Verliebtsein handelte. Aber warum trieb einen etwas so Schönes, so prickelnd Aufregendes gleichzeitig fast in den Wahnsinn? Warum musste sie dieses Gefühl unter so denkbar schwierigen Umständen erleben? Andererseits waren es diese »schwierigen Umstände« gewesen, die sie überhaupt nach Schanghai und zu Sanmao gebracht hatten. Im Gegensatz zur Mutter sah sie die Jahre hier keineswegs als verloren an. Ihr hatte niemand was gestohlen, im Gegenteil, ihr war etwas geschenkt worden, Möglichkeiten hatten sich eröffnet. Aber jetzt wollte sie bitte endlich leben, nicht länger hier eingesperrt sein, dieser elenden Pattsituation entkommen.

Wenn sie doch wenigstens mit jemandem reden könnte. Aber Max, ihr einziger ernsthafter Gesprächspartner, war nun ausgerechnet kein geeigneter Kandidat für dieses Thema. Der schaute ihr selbst manchmal einen Tick zu lange in die Augen. Und die Mutter taugte erst recht nicht als Vertraute. Wenn schon, dann war Frühlingserwachen jetzt die Richtige. Sie kannte Sanmao und seine Empfindlichkeiten am besten und hätte Inge seine chinesische Hälfte erklären können. Aber sie war momentan genauso unerreichbar wie ihr Sohn.

Inge saß vor sich hinbrütend im Erker, die Füße zur Erfrischung in einer Emailschüssel mit kaltem Wasser. Seit die Tigerhitze Schanghai erbarmungslos im Griff hatte, war ihr Zufluchtsort auf dem Dach zu einem Bratrost geworden. Wenn ihr Blick über die Dächer schweifte, fragte sie sich manchmal, wie Buddha wohl mit dem Säugling verfahren war, den sie zu seinen Füßen abgelegt hatte. Bei ihren späteren Besuchen hatte sie natürlich nie gewagt, die Nonnen danach zu fragen. Und der bleierne Himmel über der von Hitze und Krieg gelähmten Stadt gab keine Antwort.

»Inge, lass uns eine Runde spielen«, schlug die Mutter vor, die die Verzagtheit ihrer sonst so lebhaften Tochter kaum mehr mitansehen konnte. Sie selbst hatte in Ermangelung zahlungskräftiger Kunden auch immer weniger zu tun, allenfalls durchgewetzte Krägen und zerschlissene Manschetten wurden noch gewendet oder zwei kaputte Hemden in ein ›neues‹ verwandelt. Inge hatte zwar keine Lust, wollte aber die ungewöhnliche Initiative ihrer Mutter nicht zurückweisen. Ohne erkennbare Begeisterung holte sie das Brett und stellte die Männchen auf, deren Farbverteilung und Position sie im Schlaf kannte.

Wieder einmal spielte sie den Erwachsenen zuliebe, diesmal aber nicht aus therapeutischen Gründen, wie auf dem Schiff, sondern um den Schein zu wahren. Sie war längst nicht mehr das Kind, das im Schutzraum des Spiels alle Probleme vergessen konnte, das hatten ihre Eltern offenbar noch nicht begriffen. Sie wäre ja selbst gern dorthin zurückgekehrt, wo alles einfach und unkompliziert war, aber es funktionierte einfach nicht. Ihr vorherrschendes Gefühl war eine unbestimmte Wut gegen alles und niemand im Besonderen.

Verbissen schmiss sie jeden raus, der sich ihr in den Weg stellte, würfelte wie eine Besessene und schaffte es schließlich, ihre Männchen als Erste ins Ziel zu bringen.

»Hast du's wieder mal geschafft, Entlein«, beglückwünschte sie der Vater.

»Und? Was bringt mir das?«, erwiderte Inge gereizt. Ihre Eltern tauschten einen erstaunten und zugleich verletzten Blick. Dann konnten sie zusehen, wie ihre Tochter buchstäblich explodierte: »Ich hab's so satt, hier rumzusitzen. Und dieser ständige Fliegeralarm. Hat doch sowieso keinen Zweck. Wo sollen wir auch hin, wenn's ernst wird? Keine Nacht lassen diese Amerikaner uns in Ruhe. Was sind die nun eigentlich? Unsere Befreier oder unsere Feinde? Ich will bloß, dass das endlich aufhört!«

»Jetzt hör mir mal zu, Inge«, begann der Vater, nachdem er Luft geholt hatte. Sein Ton war ernst geworden. »Es kann jetzt nicht mehr lange dauern. Aber bis dahin müssen wir Geduld haben. Wir sitzen momentan in einer Sackgasse der Weltgeschichte, aber die hat uns auch vor vielem bewahrt, was noch viel, viel schlimmer gewesen wäre. Das weiß ich besser als du, aber du weißt es auch. Wir sind am Leben, wir haben zu Essen und ein Dach über dem Kopf. Also reiß dich zusammen.«

Inge senkte den Blick. Natürlich wusste sie das. Aber darum ging es ja gar nicht. Den Punkt, wo es wirklich schmerzte, hatte der Vater mit seiner berechtigten Ermahnung überhaupt nicht berührt.

»Ich weiß ja, Papa.« Kleinlaut räumte sie das Spiel in die abgegriffene rote Pappschachtel, auf der sich der Mann mit der roten Krawatte noch immer verzweifelt die Haare raufte.

Der Einzige, der an sie herankam, wenn sie ihre Verzweiflungsstacheln ausgefahren hatte, war Laifu. Auch wenn ein schnurrendes, pelziges Katertier bei fast 40 Grad Celsius nicht unbedingt eine Einschlafhilfe war, so wärmte es einem doch das Herz. Und das hatte Inge in diesem Schanghaier Hochsommer dringend nötig.

✳✳✳

Am nächsten Tag bummelte Inge auf der Suche nach einem Mittagessen durch die Chusan Road. Frau Finkelstein wollte in der Mittagshitze nicht auch noch den Herd anwerfen, und Inge, die sonst in der Schule aß, versorgte sich während der Ferien nur zu gern bei den Garküchen. Ein Teil des Vergnügens bestand in der Marktforschung, schließlich wollte sie ihre begrenzten finanziellen Mittel optimal einsetzen. Also erst mal die Stände abgehen, die sich um die Markthalle herum konzentrierten. Langnasen aßen hier kaum, die waren eher in den westlichen Cafés und Restaurants von »Little Vienna« weiter oben in der Straße anzutreffen. Inge quälte sich eben mit der Wahl zwischen einer kühlenden, süßen Suppe aus Mungobohnen und weißen Mu-er-Pilzen oder einer Portion frischer Teigtäschchen mit Chinakohl-Hackfleischfüllung, als das Dröhnen eines B-29-Geschwaders die Luft erfüllte, gleich darauf huschten die gespenstischen Schatten der Flugzeuge über die sonnenbeschienene Straße. Warum fliegen die heute so tief?, fragte sich Inge, die sind ja direkt über uns. Dann erst hörte sie den Luftalarm. Na danke, wem soll der jetzt noch nützen! Luftabwehrgranaten heulten. Die Uhr über dem Eingang der Markthalle zeigte 12:50, diese völlig nutzlose Information prägte sich Inge ein. Sie war sich sicher, dass die Bomber weiterfliegen würden, wie sie es immer taten, in einen der Industrievororte oder zu den Hafenanlagen, wo sie ordentlich Schaden anrichten konnten. Da krachte es so laut, dass jeder weitere Gedanke sofort verpuffte. Die Erde bebte. Inge wurde von der Druckwelle einer Explosion an die Hauswand gepresst. Sie musste in unmittelbarer Nähe stattgefunden haben, Leute rannten mit erhobenen Armen und offenen Mündern an ihr vorbei, doch sie hörte nichts. Um sie herum war nichts als wattige Stille. Instinktiv ließ sie sich zu Boden rutschen und kroch unter den improvisierten Ladentisch der nächsten Imbissbude. Benommen und mit tauben Ohren kauerte sie zwischen der Abfalltonne und einem Stapel Briketts, ein Platz, den sie sich mit einem zitternden Straßenhund teilte. Er war grau, völlig abgemagert und zitterte mehr als Inge. Der muss von der Rennbahn sein, schoss es Inge durch den Kopf. Natürlich hatten die Japaner die Hunderennen verboten, und jetzt streunten die Stars von damals auf der Suche nach Futter durch die ganze Stadt.

Doch die silbernen Vögel hatten ihre Mission noch nicht beendet. Weitere Einschläge folgten, Glasscheiben klirrten, Menschen suchten sich in Sicherheit zu bringen. Gleich würde alles um sie herum in die Luft fliegen. Inge kniff fest die Augen zu, um es nicht mitansehen zu müssen. Doch nichts geschah. Eine gespenstische Stille hatte sich über die Szene gelegt, in ihren Ohren läuteten ganz laut die Glocken. Glocken in Hongkou? War das das Jüngste Gericht?

Brandgeruch holte sie in die irdische Gegenwart zurück. Inge hätte nicht sagen können, wie lange sie schon in ihrem Versteck hockte. Der Hund hatte seine spitze Schnauze auf ihr Knie gelegt; er schien mindestens so viel Angst zu haben wie sie.

Dann endlich hörte sie wie aus weiter Ferne die Sirenen der Entwarnung. Sie rappelte sich hoch, schob den Hund beiseite, dessen Flanken noch immer bebten, und rannte nach Hause. Alle anderen rannten auch.

Inge hetzte durch die Lane, dann durch den Hausgang, dann die Treppe hinauf. »Mama! Mama?«

»Hier bin ich! Bist du heil?«

Zum Glück war auch der Vater zu Hause. Sobald Inge sich überzeugt hatte, dass beide unverletzt waren, begann Inge zu zetern: »Sind die denn verrückt geworden? Wollen die uns umbringen?«

»Sei froh, dass wir nichts abgekriegt haben«, beruhigte sie Herr Finkelstein. Er kannte seine Tochter; erschrocken oder in die Enge getrieben, schimpfte sie sich ihren Schreck von der Seele. Sie hatte ja recht, doch für Debatten war jetzt keine Zeit. »In der Tangshan Road hat es mehrere direkte Treffer gegeben. Leute sind verschüttet, Häuser brennen. Ich muss helfen, mit den Leuten vom Ordnungsdienst.«

»Ich komme mit.«

»Du bleibst bei deiner Mutter. Diesen Anblick ersparst du dir besser.« Der Ton des Vaters duldete keinen Widerspruch.

Als er weg war, machten Mutter und Tochter sich erst mal einen Tee. »Ausnahmsweise mit Zucker, das hilft gegen Schock«, wusste die Mutter und rührte in jede Tasse einen kleinen Löffel der begehrten Süße.

Allmählich merkte Inge, dass sie seit dem Frühstück nichts mehr gegessen hatte. Sie schnitt sich eine Scheibe von dem Brotlaib, der zum Schutz vor Ungeziefer in einem Stoffbeutel von der Decke hing. Als Mutter und Tochter am Tisch saßen und die Anspannung langsam von ihnen abfiel, fragte Inge mit vollem Mund: »Hast du Laifu gesehen?«

»Zuletzt auf dem Dach, als ich Wäsche aufgehängt habe. Aber das war am Vormittag, vor dem Angriff.«

Noch kauend, kletterte Inge die Stiege zum Dach hinauf. Kein Kater. Sie sah an seinen bevorzugten

Schlafplätzen nach, suchte alle ihr bekannten Verstecke ab, lockte, rief, klapperte mit seinem Fressnapf – eine sonst fast immer erfolgreiche Methode – und schaute sich auch auf den benachbarten Dachgärten um. Kein Kater. Das wohlige Gefühl, noch einmal davongekommen zu sein, wich erneuter Panik. »Laifu!«

Sie stolperte die Stiege wieder hinunter.

»Laifu ist weg!«

»Der hat sich bestimmt furchtbar erschreckt und irgendwo verkrochen. Der kommt schon wieder.«

»Ich muss ihn suchen, Mama.«

»Hast du nicht gehört, was dein Vater gesagt hat?«

»Ja, aber das ist ein Notfall.« Inge war bereits an der Tür.

Frau Finkelstein seufzte nur. Ihr war klar, dass sie die Tochter nicht halten konnte; Inge entglitt ihr immer mehr in dieses wilde, gefährliche Schanghaier Leben. »Trink wenigstens deinen Tee aus«, rief sie ihr hinterher.

Atemlos rannte Inge durch die Straßen von Hongkou und rief nach ihrem Kater. Was sie dabei sah, war wie ein Film, in den sie besser nicht gegangen wäre: Blutüberströmte Menschen wurden auf improvisierten Tragen in das Spital im Ward Road Gefängnis gebracht, direkt am Eingang ihrer Lane vorbei.

»Laifu!«

In unmittelbarer Nähe der Einschläge hatten sich die baufälligen Backsteinhäuser in Schutthalden verwandelt, verzweifelte Angehörige und Helfer gruben mit bloßen Händen nach Verschütteten.

»Laifu!«

Herdfeuer waren außer Kontrolle geraten, und Nachbarn, egal ob gelb oder weiß, bildeten Ketten, um die Brände zu löschen.

»Laifu!«

Am schlimmsten war der Anblick der Bombenkrater in der Tangshan Road. Wo früher ein Haus oder eine Straße gewesen war, klaffte jetzt ein tiefes Loch. Tote Menschen lagen herum, manchen fehlten Arme oder Beine. Niemand kümmerte sich um sie, denn die erste Hilfe musste den Lebenden gelten.

»Laifu!«

Heiser vom Schreien, vom Qualm der Brände und vom Staub der Trümmer, taumelte Inge wie betäubt durch die Straßen und Lanes ihres Viertels, das Gesicht nass von Schweiß und Tränen, die Knie weich vor Schwäche und Schock. Sie wusste genau, dass das, was sie da tat, sinnlos war. Laifu würde wiederkommen – oder er würde nicht wiederkommen. Darauf hatte sie keinen Einfluss. So waren Katzen, sie kamen und gingen wie das Glück, auch das ließ sich nicht zwingen. Dennoch konnte sie nicht aufhören, konnte nicht stehen bleiben, musste immer weiter nach ihm rufen.

»Laifu!«

Eine unbändige Wut auf diese bombenwerfenden Amerikaner, die überall als Befreier gepriesen wurden, trieb sie an. Schließlich zog die Hoffnung, dass der Kater vielleicht längst zu Hause auf sie wartete, sie doch nach Hause.

Auf der Treppe hörte sie die Mutter rufen: »Sieh mal, Inge, wer da ist!«

»Laifu?«

»Nein, Sanmao! Und schau nur, was er mitgebracht hat.« Die Mutter hielt ihr eine große Tüte hin.

Doch Inge hatte nur Augen für Sanmao. Den Blick fest in seinen verhakt, machte sie ein paar Schritte auf ihn zu. Warum musste man immer erst etwas verlieren, um etwas anderes zu bekommen?, dachte sie noch, dann wurde ihr schwarz vor den Augen.

Als sie wieder zu sich kam, lag sie auf dem Feldbett; zwei besorgte Gesichter blickten auf sie herab.

»Kind, wie geht's dir? Da, trink das. Das kommt davon. Hättest du doch auf mich gehört und deinen Tee ausgetrunken. Und das alles wegen dieser Katze.« Frau Finkelstein hörte vor lauter Erleichterung gar nicht mehr auf zu plappern. Inge beachtete sie nicht, verwirrt und fragend sah sie Sanmao an.

»Ich hab mir solche Sorgen um euch gemacht. Wir haben mitgekriegt, dass die Bomben diesmal direkt über Hongkou niedergegangen sind, dann haben wir die Rauchsäulen gesehen. Da hab ich mich auf den Weg gemacht. In dem Chaos gab's auch keine Wachtposten mehr.«

»Zu Fuß?«

»Zum Teil, bis zur Garden Bridge ist die Tram noch gefahren.«

»Und schau mal, was er mitgebracht hat.« Wieder fuchtelte ihr die Mutter mit der Tüte vor dem Gesicht herum. »Du musst unbedingt was in den Magen kriegen, Inge. Dein Blutzucker ist bestimmt völlig am

Boden. Du hast ja seit heute Morgen nichts mehr gegessen, und dann der Schock.«

Damit endlich Ruhe war, langte Inge in die Tüte und fischte ein Stück Sandkuchen heraus. Seit Wochen, ja Monaten, hatte sie Sanmao nicht gesehen, und jetzt konnte man nicht mal richtig reden, weil man mit einer hysterischen Mutter in diesem einzigen Zimmer eingesperrt war. Inge wäre vor lauter Verzweiflung am liebsten gleich in die nächste Ohnmacht versunken.

Stattdessen unterhielten sie sich unter den wachsamen Augen von Frau Finkelstein, unter anderem über Sanmaos Uni-Prüfungen, die er inzwischen erfolgreich abgelegt hatte.

»Ich hab einen Platz in Ingenieurwissenschaften bekommen. Ab Oktober werde ich an der St. John's University studieren. Bis dahin helfe ich meinem Vater ein bisschen aus. Wegen der Inflation ist es schwierig geworden, so viele Angestellte zu bezahlen.«

Bald darauf musste Sanmao auch schon aufbrechen. Ausgangssperre. Als er gegangen war, hätte Inge vor Wut in den Tisch beißen mögen: Laifu weg, Sanmao weg, und der Krieg jetzt unmittelbar vor der Haustür.

Dennoch musste sie dankbar sein, denn die traurige Statistik des Bombenabwurfs vom 17. Juli verzeichnete vierunddreißig Tote unter den Flüchtlingen, die Zahl der chinesischen Opfer wurde auf über 200 geschätzt. Von da an nahm niemand mehr den Fliegeralarm auf die leichte Schulter. In Hongkou ging die Angst um. Am 7. August berichtete eine unscheinbare kurze Meldung in der »Shanghai Times«, dass die Amerikaner über der Stadt Hiroshima, in Japan, eine »neuartige Bombe« abgeworfen hatten. Was war das nun schon wieder?

Der Krieg ist aus

Schanghai, 1945 – Jahr des Hahns

»Der Krieg ist aus!«

»Das hast du uns schon öfter erzählt.« Inge sah kaum von ihrem Buch auf, als der Vater drei Tage nach der rätselhaften Bombenmeldung mit dieser Neuigkeit nach Hause kam. Laifu war und blieb verschwunden, und das nahm sie den Amerikanern persönlich übel. Also bitte keine neuen Siegesbotschaften von den sogenannten Befreiern.

»Nein, wirklich. Es heißt, Japan hätte die Bedingungen der Potsdamer Erklärung anerkannt. Das bedeutet bedingungslose Kapitulation.«

Nun hob Inge doch den Kopf. In der Lane war lautes Rufen zu hören. »Du meinst, die Japaner geben auf?«

»Sieht ganz so aus.«

»Dann sind wir hier nicht länger eingesperrt?«, mischte Frau Finkelstein sich ein.

Draußen ging das Rufen in Jubel über. Plötzlich tat ihre Mutter etwas, das Inge nie für möglich gehalten hätte. Mit einem Satz war Frau Finkelstein am Fenster und riss die Verdunklungsgardinen, die sie mühsam selbst genäht hatte, herunter, dass der Stoff in Fetzen ging. »Wie ich diese schwarzen Dinger gehasst habe!«

Und tatsächlich hatte es etwas Befreiendes, endlich wieder durch das Erkerfenster in die nächtliche Lane hinunterschauen zu können, wo sich die Nachbarn in den Armen lagen.

Jetzt hielt es auch Inge nicht mehr auf ihrem Stuhl. Das durfte sie nicht verpassen. »Ich seh mal nach, was draußen los ist.« Schon war sie auf dem Treppenabsatz. Die Eltern standen, sich an den Händen haltend, mitten im Zimmer.

»Nicht das Fahrrad, Inge«, rief ihr der Vater noch hinterher. »Bleib hier in der Gegend!«

Auch die Wangs waren noch wach. Inge steckte den Kopf zur Tür hinein und verkündete auf Chinesisch: »*Habt ihr gehört, der Krieg ist aus!*«

Drei Generationen Wang starrten sie an, als sei ihnen ein Geist erschienen. Der älteste Sohn reagierte als Erster: »*Rìběn guǐzi dǎbàile! – Die japanischen Teufel sind besiegt*!«, brüllte er.

Doch Inge war längst weiter. Draußen auf der Straße ging es zu wie am hellen Nachmittag. Verdunklung und Ausgangssperre waren vergessen, jetzt gab es kein Halten mehr. Sie ließ sich in der begeisterten Menge durch die Straßen treiben. Chinesen und Emigranten waren sich durch die Hilfsaktionen nach dem Bombenangriff endlich nähergekommen. Nun feierten sie, zerlumpt und ausgemergelt wie sie waren, als einvernehmliche Nachbarn ihre Befreiung; die einen von der dreizehn Jahre dauernden Besatzung, die anderen von den Beschränkungen des Ghettos.

Inge blieb stehen, um dem Treiben vom Straßenrand aus zuzusehen. Japanische Militärs ließen sich nicht blicken, nur die Männer vom Ordnungsdienst mit ihren Armbinden waren präsent, griffen aber nicht ein. Plötzlich entdeckte Inge einen Rotschopf in der Menge.

»Max!« Ihr Freund sah ein wenig mitgenommen aus. Das Hemd hing ihm aus der Hose, und er hatte eine Schramme an der Stirn. »He, Max!«

Erst beim zweiten Rufen wandte er den Kopf und kam strahlend auf sie zu. »Inge! Hast du's schon gehört?«

»Na klar. Wie siehst du denn aus?«

»Wir haben uns den Ghoya geschnappt«, stieß er hervor und senkte ganz automatisch die Stimme. »Mit ein paar anderen haben wir ihn aus seiner Wache geholt und auf ein Brachgrundstück geschleppt. Dort haben wir ihn tüchtig vermöbelt. Ich weiß, das ist feige, aber er hatte es verdient. Da war noch eine Rechnung offen, du weißt schon. Auch die anderen hatten ihre Gründe.«

»Und?«

»Gewinselt hat er und um sein Leben gebettelt, der König der Juden. Am Ende haben wir ihn laufen lassen. Mit blutiger Nase ist er nach Hause gehumpelt. So einen will ich nicht auf dem Gewissen haben, nicht jetzt, wo's endlich wieder aufwärtsgeht. Komm, Inge, lass uns einen trinken gehen. Heute machen die Kneipen nicht so schnell dicht.«

Inge hatte jedes Zeitgefühl verloren. War es nicht schon furchtbar spät? Aber heute war alles egal, heute war Ausnahmezustand, das würden auch die Eltern verstehen. Sie war lange genug gegängelt worden: vom deutschen Rassenwahn, vom Terror der Japaner, von amerikanischen Luftangriffen, von der elterlichen Fürsorge. Irgendwann musste die Freiheit endlich beginnen! Warum nicht gleich heute?

»Also gut.«

»Ins ›Roof Garden‹?« Statt einer Antwort hakte sie sich bei ihm unter, und er dirigierte sie durch die Menge in Richtung Broadway.

Natürlich waren sie nicht die Einzigen, die diese gute Idee gehabt hatten. Der Dachgarten war voll fröhlicher Menschen, die »Drei H« schienen Überstunden zu machen, auf der Tanzfläche drängten sich die Paare. Max und Inge fanden mit Mühe noch zwei freie Plätze.

»Heute kommst du mir nicht mit einem Obi davon«, erklärte Max entschieden und bestellte zwei Berliner Weiße mit Schuss, als der Kellner kam.

Inge protestierte nicht. Irgendwann war immer das erste Mal. Sie fragte sich bloß, woher er das Geld dafür nahm. Auch Max' Geschäfte waren in letzter Zeit eingebrochen. Er hatte auf Zigaretten umgesattelt, die er einzeln drehte, und zwar mit einem selbst konstruierten Maschinchen, das aus einer alten Konservendose mit Kurbel bestand. Den Tabak dazu pulte er aus alten Kippen.

»Auf die alten Zeiten«, prostete Inge ihm zu, als der Kellner die bauchigen Gläser brachte. Der Schuss Himbeersirup ließ das Bier in schrillem Rosa aufleuchten.

»Und auf die neuen!«, hielt Max dagegen. Seine

Augen strahlten angesichts der unbegrenzten unternehmerischen Möglichkeiten, die sich jetzt auftaten.

Inge durchzuckte ein unangenehmer Gedanke.

»Brauchst du das Rad zurück?«

»Kein Problem, Inge. Das geht klar.« Max winkte mit großzügiger Geste ab. »Vielleicht schaff ich mir bald was Besseres an.«

»Meinst du denn, es ist abgegolten?«, fragte Inge unsicher nach. Sie würde nur ungern ihre Mobilität verlieren, wollte aber auch nichts schuldig bleiben.

»Mach dir keine Gedanken, du hast genug Leberwurst ausgefahren«, beruhigte er sie.

Das war nun wirklich großzügig. Inge hob dankbar ihr Glas.

»Prost, Max, du bist schwer in Ordnung.«

»Du auch, Inge. Das hab ich schon auf dem Schiff gemerkt.« Er sah sie lange aus treuherzigen graugrünen Augen an. Den sprießenden roten Bartwuchs hatte er zu einem modischen Schnauzer getrimmt, um seinen Mund spielte ein kennerhaftes Lächeln. »Und seit die Zöpfe ab sind, siehst du richtig fesch aus. Wollen wir 'ne Runde tanzen?« Er legte den Kopf schief und sah sie aufmunternd an.

»Kann ich nicht. Noch nie gemacht.«

»Das kann jeder, bei so vielen Leuten tritt man eh bloß auf der Stelle. Lass dich einfach führen.«

Max legte ihr die Hände auf die Schultern und schob sie vor sich her auf die Tanzfläche. Inge bedauerte jetzt, dass sie in diesem ausgeblichenen, angestückelten und überhaupt völlig lächerlichen Blümchenkleid, das sie eigentlich nur noch zu Hause trug, losgerannt war. Wer hatte auch ahnen können, dass ausgerechnet heute der Krieg zu Ende ging. Entschlossen fasste Max sie mit einer Hand um die Taille, die andere legte er ihr in den Nacken, dann schaukelte er sie zu den Klängen des Swing mitten hinein in die hüpfende, zuckende Menge. Bald wurde das Gewühl so dicht, dass sie eng aneinandergedrückt wurden. Die Combo wechselte in einen langsamen Foxtrott. Max zog sie an sich. Sie gab dem sanften Druck seiner Hand an ihrem Nacken nach und legte den Kopf an seine Brust. Es tat gut, die Verantwortung – auch die für sich selbst – an jemand anderen abzugeben. Sie roch den Schweiß, den das Adrenalin der Schlägerei in ihm freigesetzt hatte. Es war ihr nicht unangenehm.

Max, einen guten Kopf größer als sie, hatte das Gesicht in ihren blonden Schopf vergraben. Inge wusste genau, dass er eigentlich nicht derjenige war, mit dem sie das erleben wollte, trotzdem genoss sie, was sie da erlebte. Max war die längste gleichaltrige Bekanntschaft ihres jungen Lebens. Max teilte das Schicksal des Schanghaier Exils, und er war auf demselben Weg wie sie hierhergekommen. Er hatte auf seine Weise versucht, das Beste daraus zu machen. Max wusste Bescheid. Warum also nicht mit ihm ausprobieren, was sie dem wahren Objekt ihrer Zuneigung erst mühsam würde beibiegen müssen?

Die Trauer um Laifu, die Ungewissheit mit Sanmao und die große Erleichterung dieses Abends mischten sich zu einem ungekannten Wehmutsglück. Inge fühlte sich innerlich weich werden, sie schmolz Max entgegen. Und der fing sie auf, die Arme schützend hinter ihrem Rücken verschränkt, hielt er sie fest. So wiegten sich die beiden, eng aneinandergeschmiegt, zu einem leisen Saxophonsolo.

Als sie an den Tisch zurückkamen, hatte der Kellner, offenbar auf ein Zeichen von Max hin, die leeren Gläser gegen volle getauscht. Ihre Tischnachbarn waren gegangen.

»Was meinst du, wird jetzt wohl passieren?«, fragte Inge.

»Mit uns?« Max sah sie hoffnungsvoll an.

»Nein, mit der Politik.«

»Ach, Inge. Warum kannst du nicht ein bisschen romantischer sein?«, lachte Max gutmütig. Doch dann ging er mit ungebremster Begeisterung auf ihre Frage ein. »Die Amerikaner werden hier auftauchen und dann die chinesischen Nationalisten, vielleicht auch in umgekehrter Reihenfolge. Jedenfalls werden sie Wang Jingwei und seine Marionettenregierung zum Teufel jagen. Und wir sind freie Menschen. Ich sehe da ganz neue Möglichkeiten, vor allem in Beziehung auf die Amerikaner.«

»Du immer mit deinen Beziehungen.«

»Gib zu, dass sie nützlich waren.«

»Schon, aber willst du denn nicht weg?«

»Wieso denn? Jetzt wo's hier spannend wird? Ich meine, geschäftlich gesehen.«

Inge merkte plötzlich, wie unendlich erleichtert sie war über diese Antwort. Hier sprach jemand aus, was auch sie fühlte, sich aber bisher nicht eingestanden hatte. Ihren Eltern hingegen merkte sie an, dass sie immer nervöser wurden und auf eine Abreise hinfieberten. Bald würde die Sackgasse der Weltgeschichte, von der ihr Vater gesprochen hatte, sich öffnen. Aber wohin? Demnächst würde dieses Thema auch bei den Finkelsteins zur Sprache kommen. Da musste man sich vorher schon mal Gedanken gemacht haben.

Inzwischen waren die Gläser leer, und auch der Dachgarten leerte sich. Die »Drei H« zeigten berechtigte Ermüdungserscheinungen. Inge fühlte sich schon ganz schwummerig vom vielen Bier. Wie herrlich es war, diese feuchtwarme Sommernacht draußen zu verbringen! Auch der schwarze Verdunklungsstoff des Himmels wies Löcher auf und war von unzähligen Sternen übersät. Im Westen lag eine schmale Mondsichel gemütlich auf dem Rücken. Kein Suchscheinwerfer störte ihren Frieden.

Auf Max gestützt stakste Inge die Treppe hinunter. Es war gut, jemanden zum Festhalten zu haben. Draussen zündete sich Max sofort eine Zigarette Marke Eigenbau an. Auch das Rauchen in der Öffentlichkeit war unter den Japanern verboten gewesen. Genüsslich nahm er einen tiefen Zug. Die Straßenbeleuchtung funktionierte noch nicht, aber das war Inge gerade recht. Wäre es nach ihr gegangen, hätte der Heimweg gern auch länger sein können. Viel zu schnell standen sie vor dem kleinen Reihenhäuschen in der Lane, in der längst alles dunkel war. Max hielt sie an den Schultern und sah ihr direkt in die Augen.

»Einen Gutenachtkuss für den braven Max?«

»Einen Gutenachtkuss für den braven Max«, willigte Inge ein, nicht ohne ihn vorher in den noch dunkleren Hausgang zu ziehen. Dann ließ sie sich ein wenig nach vorne kippen. Alles Weitere überließ sie Max, der kannte sich aus.

Als sie auf Zehenspitzen das Zimmer betrat, sah sie ihre Eltern eng umschlungen auf dem Ausziehbett liegen, das sie auf Zehenspitzen umrundete, um in ihren Erker zu gelangen. Ein Blick auf Vaters Wecker zeigte ihr, dass es zwei Uhr war. Offenbar hatte bei den Finkelsteins jeder auf seine Weise die Nacht der Freiheit gefeiert, und sie war nicht vermisst worden. Erleichtert schlüpfte Inge in ihr Bett, das heute partout nicht stillstehen wollte, sondern mit ihr durchs Zimmer zu fahren schien. Ihr letzter Gedanke, bevor sie die Kurve in den Schlaf nahm, galt Sanmao. Wie er diesen Abend wohl verbracht hatte?

Deplatziert

Schanghai, 1945 – Jahr des Hahns

Am 15. August war es dann amtlich. Wer ein Kurzwellenradio besaß – und es jetzt auch wieder offiziell benutzen durfte –, konnte dem japanischen Kaiser lauschen, der sich zum ersten Mal direkt an seine »guten und loyalen Untertanen« wandte und mit stockender Stimme die Kapitulationserklärung verlas. Tags darauf wurde sie auf Japanisch, Chinesisch und Englisch im Schanghaier Lokalsender wiederholt: »Die Erfordernisse der Zeit haben Uns veranlasst, den Weg des Friedens zu beschreiten, unter Erduldung all dessen, was überhaupt erduldet werden kann.«

»Und was haben wir erduldet? Und die Chinesen erst, und die Menschen in ganz Südostasien?« Inges Gerechtigkeitssinn rebellierte gegen eine so realitätsferne Verteilung des Leidensdrucks. Sie hatte dazu ihre eigene Meinung: »Und was heißt das, ›die Erfordernisse der Zeit‹? Die haben schließlich angefangen, genau wie Hitlerdeutschland in Europa.«

»Das hat wohl eher was mit Ehre und der Wahrung von Gesicht zu tun«, meinte der Vater. »Davon verstehen wir Langnasen nichts.«

Und für das japanische Militär war es unter diesen

Umständen tatsächlich keine leichte Aufgabe, ihr »Gesicht zu wahren«. Im Auftrag der Alliierten hatte es für Ruhe und Ordnung in der Stadt zu sorgen, bis die ersten amerikanischen Truppenkontingente dort landen würden und Tschiang Kai-schek mit seinen Truppen aus dem Landesinneren eingetroffen wäre. Mit versteinerten Mienen bewachten die Soldaten auch weiterhin strategische Punkte und wichtige Gebäude. Vor allem die Wachtposten auf der Garden Bridge mussten sich manches gefallen lassen. Auf dem Weg in die Bubbling Well Road hatte Inge mit eigenen Augen gesehen, wie sie angespuckt und beschimpft wurden. Insgeheim hoffte sie, dass der Volkszorn nicht auch ihren Retter traf; der hatte das nicht verdient.

Endlich konnte man sich wieder frei bewegen. Weder Ausgangssperre noch Fliegeralarm hielten Inge zurück, keine Leberwurst diktierte ihre Route durch die Stadt. Zum Glück waren immer noch Ferien, weshalb sie jetzt häufiger in der Bubbling Well Road anzutreffen war als zu Hause in Hongkou.

Leider hatte Sanmao kaum noch Zeit für Kungfu-Stunden, weil er in der Backstube des Vaters so eingespannt war. Oder kam es ihm mittlerweile unpassend vor, mit einer jungen Frau in einem verwilderten Park Kampfkunst zu üben? Seit dieser dämlichen Ohnmacht im unpassendsten Moment hatten sie sich nicht mehr allein getroffen. Eine seltsame Befangenheit lag über ihren Begegnungen.

Dies galt jedoch nicht für Frühlingserwachen, und

Inge nahm die Schreibübungen bei ihr begeistert wieder auf. Sie waren zugleich eine gute Gelegenheit, ihre *āyí* über Dinge auszuhorchen, die ihr nach wie vor rätselhaft blieben an China und den Chinesen. Man konnte sie einfach alles fragen, denn sie war mit beiden Kulturen vertraut, schließlich hatte sie einen Halbdrachen großgezogen.

Vorsichtig steuerte Inge das Thema an, das sie am meisten beschäftigte. Doch auch sie hatte inzwischen gelernt, dem chinesischen Sprichwort folgend auf den Maulbeerbaum zu deuten und die Akazie zu meinen.

»Sag mal, *āyí*, wie war denn das, als ihr euch damals kennengelernt habt, du und Curt *shūshu?*« Herr Fiedler trug jetzt ebenfalls den Titel eines Onkels ehrenhalber. »Ich glaube, bei meiner Mutter war es die Sahnetorte.«

»Sahnetorte für Chinesen nicht Heiratsgrund – zu süß. Aber ich sehr überrascht, als er mich fragt: ›Magst du mich?‹ Einfach so, ganz direkt. Ist, als ob er legt seine große, deutsche Herz einfach so auf Tisch. Chinese würde nicht so machen.«

»Und wie würde ein Chinese das machen?«

»›Nein‹ sagen ist sehr schrecklich, für beide Seite. Also du musst zuerst ausschalten Möglichkeit, dass andere sagen ›Nein‹. Und du sollst nicht fragen Mädchen, du sollst fragen Eltern. Am besten lassen machen Heiratsvermittler oder Verwandte.«

»Aber man muss doch nicht schon gleich an Heiraten denken.«

»Heute nicht, damals schon. Junge Leute heute haben einfacher«, lachte Frühlingserwachen, »oder schwieriger.« Damit schien das Thema erst mal erledigt.

Inge war zwar nicht der Meinung, dass das alles so einfach war, aber immerhin wurde ihr manches klarer. Man musste also nicht nur selbst seiner Sache ganz sicher sein, sondern auch noch Gewissheit über die Antwort des anderen haben, bevor man fragte. Aber wie sollte das gehen, wenn man nicht fragte? Das mit dem »Gesicht« war schon eine verzwickte Sache, ganz gleich, ob in der Politik oder im Privatleben.

**

Die khakifarbenen Uniformen der Japaner verschwanden allmählich aus dem Stadtbild und wurden ersetzt durch die blendend weißen Outfits der Marines, die von den Schanghaiern wie alte Freunde begrüßt wurden. Ihre erste Tat war die Öffnung und Evakuierung der zahlreichen Internierungslager rund um die Stadt. Seither waren die Langnasen im Straßenbild wieder zahlreicher. Ausgemergelte Gestalten, die, wenn sie Glück hatten, ihre Anzüge noch vorfanden – zwei Nummern zu groß und nach Mottenkugeln riechend. Am 26. August zog Tschiang Kai-schek mit seiner Armee in die Stadt ein. Er war dem japanischen Feind zwar fast überall militärisch unterlegen gewesen, wurde aber dennoch wie ein Sieger begrüßt. Auch Inge und Sanmao standen jubelnd und Fähnchen schwenkend am Straßenrand. Und wenige Tage darauf, am 2. September, gab es gleich wieder was zu feiern, die Unterzeichnung des Friedensvertrags. Diesmal waren die Läden und Häuser in den Hauptstraßen geschmückt mit den Flaggen der Siegermächte: die Vereinigten Staaten, England, die Sowjetunion und die Republik China.

Schanghai war also wieder international, nur mit dem Unterschied, dass es jetzt eine chinesische Stadt war. Und diese Stadt ging zu ihrer gewohnten Tages-, beziehungsweise Nachtordnung über. Die Bordelle am Broadway hatten Hochbetrieb, und aus den Clubs und Tanzlokalen schallte Jazzmusik, die unter den Japanern verboten gewesen war. Die amerikanischen Soldaten brachten Lebensmittelpakete, Dollars und neue Lebenslust in die ausgehungerte Metropole. Auch die Kinos zeigten nach all den deutschen und japanischen Propagandastreifen endlich wieder ein attraktives Filmangebot.

Sanmao hatte Inge ins Kino eingeladen. Diesmal würden sie keine blinden Passagiere bei einer Freiluftvorführung sein und sich auch nicht auf den billigen Plätzen die Hälse verrenken. Sie würden ins »Uptown« gehen, gleich um die Ecke vom »Café Federal«. Inge war begeistert; zwei Stunden lang neben Sanmao eine Hollywood-Schnulze mit dem vielversprechenden Titel »Honeymoon for Three« ansehen – welche Möglichkeiten sich da boten! Inge war schon ganz zappelig.

Sie hatten sich für die Nachmittagsvorstellung verabredet. Inge musste ja anschließend noch mit dem Rad nach Hause. Seit dem Vorfall mit den Japanern war sie vorsichtig geworden, betrunkene

Matrosen gab es nach wie vor genügend in der Stadt.

Mit den neuen Filmen kamen auch die aktuellen Wochenschauen. Sanmao und Inge hatten es sich eben in ihren Sesseln gemütlich gemacht, als amerikanische Aufnahmen aus Deutschland gezeigt wurden: Bilder vom zerbombten Berlin, von ausgebrannten Straßenzügen und Frauen mit Kopftüchern, die in den Trümmern ihrer Häuser wühlten. Der amerikanische Kommentator benutzte sogar im Englischen das deutsche Wort »Trümmerfrauen«. Dann wurde die Befreiung eines deutschen Konzentrationslagers gezeigt: bis aufs Skelett abgemagerte, kahlgeschorene Männer in gestreiften Anzügen, die wie Schlafanzüge aussahen. Manche konnten sich vor Schwäche kaum auf den Beinen halten.

Inge hatte sich aufgesetzt, sie biss sich in die geballte Faust, die sie in den vor Entsetzen geöffneten Mund presste, um nicht zu schreien. Sie sah ihren Vater vor sich, wie er mit geschorenem Kopf nach Hause gekommen war. Jetzt sah sie, was er damals gesehen und worüber er all die Jahre geschwiegen hatte. Die Kamera schwenkte über Leichenberge und Skeletthaufen, über ordentliche Stapel von Armbanduhren, Zahnprothesen, Brillen. Große Duschräume wurden gezeigt, und der Sprecher gebrauchte das Wort »vergasen«.

Inge spürte, wie sich ihr Magen hob. »Ich muss hier raus«, stieß sie hervor, dann drängte sie sich an Sanmao vorbei zur Tür.

Draußen vor dem Kino rang sie nach Luft. Nur

langsam trat das vertraute Getümmel und Lärmen der chinesischen Umgebung wieder in ihr Bewusstsein, und Inge war zutiefst dankbar dafür. Schlagartig wurde ihr klar, was sie dieser Stadt, die sie aufgenommen hatte, verdankte. Inzwischen war auch Sanmao herausgekommen und legte ihr den Arm um die Schultern. Das war nicht die romantische Geste, nach der sie sich eben noch gesehnt hatte. Es war ein Ausdruck von Mitgefühl, Fürsorge und Trost, der ihr unendlich wohltat.

»Sanmao … mein Vater«, stammelte Inge. »Stell dir doch bloß vor, wie knapp wir davongekommen sind. Er hätte einer von denen sein können.« Kaum hatte sie den Gedanken ausgesprochen, als ein heftiger Weinkrampf sie schüttelte. Sanmao zog sie an sich. Inge heulte jetzt hemmungslos. »Ich hab das nicht gewusst«, stieß sie immer wieder hervor, »ich hab das nicht gewusst.« Die Leute auf dem Kinovorplatz drehten sich nach ihnen um.

»Komm mit, Inge. Meine Mutter kocht dir einen Tee.« Sanmao brachte sie langsam zum Nebenhaus und durch die Toreinfahrt in den Hof der Fiedlers, in ihr chinesisches Zuhause.

***

In Hongkou drängten sich die Menschen um die Listen von Überlebenden aus den befreiten Konzentrationslagern, die das Internationale Rote Kreuz ausgehängt hatte. In banger Hoffnung suchten sie nach den Namen ihrer Lieben. Je mehr über das Schicksal der Juden in Deutschland bekannt wurde, desto mehr wuchs das Grauen über das Ausmaß der Vernichtung. Viele Emigranten konnten erst jetzt wirklich ermessen, welcher Glücksfall dieser Ort, den sie sich nicht ausgesucht und den sie oft genug gehasst hatten, für sie bedeutete. Was waren die Leiden und Unannehmlichkeiten der vergangenen Jahre, verglichen mit dem Unfasslichen, das in Deutschland geschehen war?

Inge hatte es immer bedauert, so wenig Verwandtschaft zu haben, und hätte sich, wo sie schon keine Geschwister hatte, eine Schar munterer Cousins und Cousinen gewünscht. Auch Großeltern hatten in ihrem Leben nie eine Rolle gespielt. Jetzt war sie beinahe froh darüber. Immer wieder drängten sich ihr die Bilder aus der Wochenschau ins Bewusstsein, und sie sah die stumme Verzweiflung derjenigen, die ihre Angehörigen auf den Listen nicht fanden. Mit dem Vater hatte sie über das, was sie gesehen hatte, nicht gesprochen; inzwischen verstand und respektierte sie seine Weigerung, über diese Dinge zu reden. Sie waren einfach zu schrecklich.

Auch über den Verlust ihres Katers hörte niemand mehr sie klagen, obwohl sie Laifu nach wie vor schmerzlich vermisste. Es wäre einfach nicht in Ordnung gewesen angesichts der Verluste, die andere zu tragen hatten. Inge legte sich das so zurecht: Laifu war – wie sein Name es verhieß – in einem Moment zu ihr gekommen, wo sie ihn dringend gebraucht hatte, und aus ihrem Leben verschwunden, als dieses sich grundlegend zu verändern begann. Vielleicht führte er ja jetzt anderswo ein zufriedenes Katerleben und brachte anderen Glück, die es nötiger brauchten. Seine Mission bei Inge war erfüllt.

***

»Wir müssen dringend Familienrat halten«, verkündete Wilhelm Finkelstein, als er eines Abends von der Arbeit heimkam. »Heute war ein Vertreter der UNRRA im Café. Das ist die United Nations Relief and Rehabilitation Agency, die sich um die Rückführung oder Umsiedelung der Flüchtlinge kümmert. Alle staatenlosen Flüchtlinge sollen zu Interviews in deren Büro kommen. Ich nehme an, sie wollen herausfinden, was wir vorhaben.«

Seine Frau legte ihre Flickarbeit aus der Hand. Auch Inge, die mit einem Buch im Erker saß, war sofort hellhörig geworden. Hier ging es um die Zukunft, um ihre Zukunft. Und was haben wir vor?, schoss es ihr durch den Kopf. Und wer ist wir?

Inge fühlte, wie sich ihr vor Aufregung der Hals zuschnürte. Im Gegensatz zum Aufbruch aus Brandenburg gab es jetzt Optionen, und Inge wollte sie nutzen. Sie war jetzt achtzehn und hatte, so fand sie, das Recht auf eine eigene Meinung. Und die hatte sie sich in den letzten Tagen und Wochen in ihrem Kopf oder Bauch – oder wo sonst die entsprechende Instanz saß – gebildet.

»Ich gelte ab jetzt als ›displaced person‹, als heimatloser Ausländer«, erklärte der Vater, als alle um den Tisch saßen, diesmal ohne das »Mensch-ärgere-dich-nicht!«. Inzwischen brauchten sie die Spielfiguren nicht mehr, um das eigene Schicksal in die Hand zu nehmen.

»Als solcher kann ich mit meiner Familie ein Visum für die USA, Kanada oder Australien beantragen. Aber es gibt Quoten. Ich weiß noch nicht genau, wie das funktioniert. Jedenfalls scheinen diese Länder ihre Lektion gelernt zu haben.«

»Zu spät, wenn du mich fragst.« Diese Bemerkung kam von Inge, die natürlich keiner gefragt hatte. Der Vater sah seine Tochter erstaunt an. Woher kam dieser scharfe Ton? Wie viel wusste das Kind? War die Person, die ihm forschend ins Gesicht sah, überhaupt noch ein Kind? Im Überlebenskampf der vergangenen Jahre hatte er völlig übersehen, wie rasch seine Tochter erwachsen geworden war. Ihm gegenüber saß kein kleines Mädchen mit Zöpfen, sondern eine junge Frau mit klaren Gesichtszügen, entschlossenem Mund und kritischen blauen Augen, die gelernt hatte, in dieser Stadt ihre eigenen Wege zu gehen. Besser als er selbst, das musste er zugestehen.

»Aber ich«, fuhr diese junge Frau jetzt mit Entschiedenheit fort, »bin keine Person am falschen Ort, ich bin genau richtig hier.«

»Inge!« Zum ersten Mal mischte sich Frau Finkelstein in den Schlagabtausch ein. Hilflos blickte sie von einem zum anderen.

»Für euch ist das hier doch nach wie vor ein Koffertisch, auch wenn er jetzt vier Beine hat«, hörte Inge sich sagen. Eigentlich hatte sie abwarten wollen, bis die Eltern ihre Vorstellungen geäußert hatten. Aber in dem Drang, den eigenen Standpunkt klarzumachen, war sie zu weit vorgeprescht, jetzt gab es kein Zurück mehr. »Ihr habt euch hier doch nie zu Hause gefühlt, ihr wart immer nur auf der Durchreise. Eigentlich habt ihr gar nicht mitgekriegt, dass wir in China leben. Das hat euch nie interessiert.« Als sie das entsetzte Gesicht ihrer Mutter sah, bereute sie ihren Ausbruch. »Ich weiß, dass ihr anderes zu tun hattet. Ihr habt mich und die Familie durchbringen müssen, das war schwer genug. Ich will ja nur sagen: Ich mag es hier, ich mag die Leute, ich mag die Sprache, ich will dableiben.« Endlich war es heraus.

Frau Finkelstein schlug die Hände vors Gesicht: »Haben wir das alles durchlitten, damit wir am Ende die Tochter verlieren?«, stieß sie unter Schluchzen hervor.

»Aber, Mama, ihr verliert mich doch nicht. Ich will bloß nicht schon wieder in ein fremdes Land.«

»Du bist in einem fremden Land.«

»Nein, bin ich nicht. Schanghai ist meine Stadt. Ich habe hier fast so lange gelebt wie in Brandenburg.«

»Wie stellst du dir das vor, Inge?«, meldete sich Herr Finkelstein, die Stimme der Vernunft.

»Nächstes Frühjahr bin ich mit der Schule fertig. Und danach würde ich am liebsten ordentlich Chinesisch lernen und diese Sprache und Kultur studieren. Das kann man an der St. John's University, da, wo auch Sanmao eingeschrieben ist. Ich weiß, dass ihr mich finanziell nicht unterstützen könnt, aber ich könnte nebenher in einem Kindergarten arbeiten.«

Inge war selbst überrascht über den fertigen Plan,

den sie da aus dem Ärmel schüttelte. Aber wenn sie in sich hineinhorchte, war es genau das, was sie am liebsten tun würde. »Ich kann's mit kleinen Kindern, Mama, das weißt du doch. Damals, als sie mich in den Kindergarten der Kadoori-Schule gesteckt haben, musste ich immer mit den Kleinen spielen. Die folgen mir wie die Lämmlein, ganz egal in welcher Sprache.«

Daran hatte Frau Finkelstein keinen Zweifel, man musste nur die Wang-Kinder ansehen, die Inge ständig am Rockzipfel hingen.

»Aber warum hier in Schanghai? Und wieso willst du unbedingt diese unmöglichen Schriftzeichen lernen.«

»Die sind nicht unmöglich, die sind sehr praktisch, sie werden von vielen Menschen benutzt, und das schon sehr lange. Es muss doch Leute geben, die dolmetschen, übersetzen, für Verständigung sorgen.«

»Das kann jemand wie Sanmao machen, dem wurde das in die Wiege gelegt.«

»Der will das aber nicht, offenbar gerade deshalb, weil es ihm in die Wiege gelegt wurde. Aber mich interessiert diese Sprache.«

»Und wir?«, fragte Frau Finkelstein verletzt. »Spielen wir in deinen Plänen überhaupt keine Rolle?«

»Doch, Mama, natürlich. Das ist mir alles bloß so rausgerutscht, und es tut mir ja auch leid. Ich hätte es euch schonender beibringen sollen, aber trotzdem ist es wahr. Es ist genau das, was ich tun möchte. Und was habt ihr euch gedacht?«, schob sie anstandshalber nach.

»Nett, dass du dich erkundigst. Wenn's nach mir

geht, verlassen wir diese Stadt lieber heute als morgen.«

»Lass uns sachlich bleiben, Marianne«, schaltete sich der Vater ein. »Hier kann jeder seine Meinung sagen, dazu ist ein Familienrat da. Und es stimmt schon, was Inge sagt. Schanghai war für uns nie eine Perspektive, aber eine Rückkehr nach Deutschland kommt erst recht nicht infrage. Deine Mutter und ich sehen unsere Zukunft eher in den USA oder in Kanada, wenn's sein muss auch in Australien. Ein Neuanfang wird es allemal. Aber natürlich sind wir davon ausgegangen, dass wir gemeinsam fahren.«

Aha, die Eltern hatten sich also auch ihre Gedanken gemacht.

»Warum soll ich mich irgendwo neu eingewöhnen, wo's mir hier doch gut geht? Wozu habe ich Chinesisch gelernt?«

»Aber du kannst doch nicht allein in Schanghai leben, du bist gerade mal achtzehn.«

»Warum nicht? Außerdem bin ich nicht allein. Da sind ja noch die Fiedlers. Vielleicht könnte ich wieder bei denen einziehen.«

»Du kannst dich doch nicht fremden Leuten aufdrängen.«

»Das sind keine fremden Leute. Frühlingserwachen ist so was wie eine Patentante für mich. Und Sanmao ist wie ein Bruder.« Hier schluckte Inge.

»Das mag ja sein«, räumte ihr Vater ein. »Aber China ist politisch instabil. Der Krieg mit den Japanern ist zu Ende, aber da sind ja auch noch die Kommunisten. Als es gegen die Japaner ging, haben sie mit den Nationalisten gemeinsame Sache gemacht, aber dieser Burgfriede wird nicht lange halten.«

»Politik ist immer. Dagegen kann man sein Leben nicht absichern, das haben wir ja gesehen. Man weiß vorher nie, was passieren wird. Erst die Nazis, dann die Japaner, irgendwann vielleicht die Kommunisten. Außerdem kann ich ja nachkommen, wenn es hier zu gefährlich wird.«

»Haben wir unsere Tochter unbeschadet durch zwei Kriege gebracht, um sie dann in China zu verlieren?« Frau Finkelstein verstand die Welt nicht mehr. Verzweifelt schlug sie sich die Hände vors Gesicht.

»Nun mal langsam«, lenkte der Vater ein. »Es sind schließlich noch keine Tatsachen, über die wir hier reden. Wissen denn die Fiedlers schon von ihrem Glück?«

»Nö«, musste Inge kleinlaut zugeben.

»Dann hat unser Familienrat immerhin erreicht, dass jeder sagen konnte, wie er sich die Zukunft vorstellt. Die organisatorischen Probleme sind eine andere Sache. Ich schlage vor, wir schlafen erst mal drüber.«

Inge sah ihren Vater dankbar an. Sie musste jetzt unbedingt die eigenen Gedanken sortieren, das war alles so plötzlich gekommen. Mehr denn je empfand Inge die drückende Enge dieses einen Zimmers. Auch die Eltern hatten jetzt sicher manches zu bereden. Am liebsten wäre sie ausgebüxst, zu Max ins »Roof Garden«. Aber das konnte sie ihnen nicht antun, dann würde die Mutter vollends hysterisch und sähe ihre Tochter bereits im Sündensumpf dieser

Stadt versinken. Immerhin war es warm genug, um auf den Dachgarten zu entfliehen und ungestört von Fliegeralarm im Freien zu schlafen. Inge schloss dort oben niemals die Augen ohne die stille Hoffnung, dass Laifu sich womöglich doch noch schnurrend zu ihr gesellen würde.

Ungewisse Zukunft

1946 – Jahr des Hunds

狗

Die Zukunft ließ wie immer auf sich warten. Erst mal war Alltag, und das bedeutete für Inge vor allem Schule. Seit die Amerikaner in der Stadt waren, hatten ihre Mitschülerinnen nichts anderes mehr im Kopf.

»Gestern war ich mit soo einem süßen Boy im Kino. Er war aus Arkansas. Fragt mich nicht, wo das liegt.«

»Meiner hat mich in die ›New World‹ zum Tanzen ausgeführt. Anschließend hat er mich in der Rikscha heimgebracht. Wir haben Händchen gehalten – really cute!«

In den Pausen standen sie kichernd beieinander und verglichen die Dienstgrade ihrer Eroberungen.

Blöde Zicken!, dachte Inge, die da nicht mitreden konnte, weil sie ja angeblich mit einem Jungen aus dem Ghetto »ging«. Sie war mit Max im »Roof Garden« gesichtet worden, wie sie eng mit ihm tanzte. Derzeit galt es als äußerst unschick, einen solchen Freund zu haben.

Klar, dass ich wieder mal falsch liege, stellte Inge trocken fest. Erst war ich ihnen zu wenig jüdisch, jetzt bin ich nicht amerikanisch genug, und dann behaupten sie auch noch, ich geh mit einem Juden. Sie hatte längst aufgegeben, es ihren affigen Schulkameradinnen recht machen zu wollen.

An Angeboten von feschen Matrosen mangelte es ihr nicht, aber irgendetwas hielt sie davon ab, mit diesen lauten, prahlerischen jungen Männern auszugehen, die es nach überstandenem Kriegseinsatz so richtig »krachen« ließen. Insgeheim nahm sie ihnen wohl immer noch übel, dass sie Laifu vertrieben hatten.

Auch für die Jungs gab es offenbar nichts Erstrebenswerteres als einen Job bei den »Amis«. Max war einer der Ersten gewesen, der sich im Stützpunkt zum Fahrer hatte ausbilden lassen. Jetzt brauste er mit einem Jeep durch die Stadt, organisierte Lebensmittellieferungen und machte hie und da Geschäfte auf eigene Rechnung, kurz: Er war wieder mal völlig in seinem Element.

Seine alte Freundin hatte er jedoch nicht vergessen. Wenn möglich, versorgte er sie mit den Luxusgütern der Stunde: Seidenstrümpfe, die sie meist an ihre Mutter weitergab, Kaugummi, Schokolade und Cola. Letzteres fand Inge überschätzt. Ihrer Meinung nach schmeckte das Zeug wie Medizin, in die man zum Zweck der Geschmacksverbesserung Zucker eingerührt hatte. Auch die amerikanischen Zigaretten rauchte sie nicht selber, sondern benutzte sie als Tauschware; in geschäftlichen Dingen war sie Max' gelehrige Schülerin.

Einmal konnte er den Jeep für den Nachmittag »freistellen« und machte mit ihr eine Spritztour zum Longhua Tempel. Die ummauerte buddhistische Anlage lag in den südlichen Außenbezirken. Inge hatte in den acht Jahren ihres Aufenthalts die Stadtgrenzen von Schanghai niemals verlassen. Plötzlich tat sich eine völlig neue Welt vor ihr auf: flaches, unbebautes Land, durchzogen von Wasserläufen und Kanälen, kleine Weiler mit strohgedeckten Häusern, Bauern, die ihre Gemüsefelder bestellten. Inge hatte sich Schanghai vom Wasser her genähert, ihr Schiff hatte an der imposanten Kulisse des Bund angedockt, die wie eine Fata Morgana hinter der Flussbiegung aufgetaucht war. Über das Hinterland dieser Stadt hatte sie sich nie Gedanken gemacht, es lag außerhalb ihrer Reichweite.

Sie rasten über verlassene Landstraßen, und zwar rechts! Mit den Japanern war auch der Linksverkehr verschwunden. Inge sah das durchaus symbolisch: Ihr Leben war wieder zurechtgerückt. Sie genoss es, sich den Fahrtwind ins Gesicht wehen und den Blick schweifen zu lassen; das war Freiheit, die man körperlich spürte.

»Schau mal, da vorne!« Inge deutete auf eine vielstöckige, filigrane Pagode, die sich wie ein mahnender Zeigefinger über den weiten Horizont erhob.

»Die gehört zum Tempel. Ein Wunder, dass sie überhaupt noch steht. Die Japaner hatten da oben ein Flakgeschütz installiert. Ganz in der Nähe war ein großes Internierungslager, wo fast zweitausend Ausländer festgehalten wurden. Das haben die extra gemacht, weil gleich nebenan der Militärflugplatz lag, von dem viele japanische Bomber gestartet sind. Die haben natürlich drauf spekuliert, dass die Amis ihre Landsleute verschonen würden.«

»Und wir? Um uns haben sich weder Amis noch Japaner geschert!« Inge konnte sich jedes Mal ereifern, wenn sie das Gerücht wiederholte, das in Hongkou kursierte. »Hast du gewusst, dass sie es bei der Bombardierung im Juli auf einen japanischen Radiosender und ein Munitionslager abgesehen hatten? Das Depot befand sich im Ward Road Gefängnis, gleich bei uns um die Ecke. Alles bestens getarnt durch staatenloses Menschenmaterial«, erzählte sie verbittert. »Wir saßen praktisch auf dem Pulverfass.«

»Sind wir froh, dass wir nicht damit hochgegangen sind«, erwiderte Max unbekümmert. Auf seine neuen Arbeitgeber ließ er nichts kommen. »Da drüben können wir parken und uns den Tempel ansehen, oder was davon noch übrig ist.«

Nachdem sie den Jeep abgestellt hatten, betraten sie die ummauerte Anlage durch ein großes Eingangstor. Die typischen Tempelwächter, von denen einer besonders weit sehen, der andere besonders gut hören kann, waren schwer mitgenommen; an vielen Stellen schaute das hölzerne Innenleben der Figuren hervor. Dennoch war es ihren grimmigen Fratzen offenbar gelungen, den Tempel vor der völligen Zerstörung zu bewahren.

»Die haben sowohl die japanischen wie die rothaarigen Teufel abgeschreckt«, bemerkte Inge, während sie sich die Figuren ansah.

Max sah sie fragend an. »Meinst du mich?«

»Nein, das ist nur ein chinesischer Ausdruck für Ausländer«, erklärte Inge. Mit Max' Chinesisch war es noch immer nicht weit her, aber er schlug sich so durch; handeln konnte er wie ein Weltmeister.

Ein Innenhof fügte sich an den nächsten, und die aufeinander folgenden Tempelhallen übertrafen sich in immer kühner aufgewölbten Dachkonstruktionen. Trotz der Kriegsschäden regte sich schon wieder religiöses Leben; Menschen in zerlumpter, bäuerlicher Kleidung, offenbar Anwohner der umliegenden Weiler, entzündeten Räucherstäbchen und verbrannten Totengeld für ihre verstorbenen Angehörigen. Nach so einem Krieg muss ganz schön viel Geld überwiesen werden ins Totenreich, dachte Inge beklommen. Hoffentlich haben sie's dort wenigstens ein bisschen besser als im irdischen Leben. Sofort waren die Bilder aus der Wochenschau wieder da.

»Ich muss mal kurz was erledigen«, ließ sie Max wissen und kaufte einem alten Weiblein einige Bündel Totengeld ab. Auch wenn Sanmao ihr erklärt hatte, dass man beim Verbrennen fest an einen bestimmten Empfänger denken musste, hoffte sie, dass es vielleicht auch mit einer Sammeladresse funktionieren würde. Inge war klar, dass so viel Totengeld gar nicht gedruckt werden konnte, wie dort gebraucht würde. Es konnte nur eine Anzahlung sein, die sie zugleich als Dank dafür verstand, dass ihre Familie davongekommen war. Vielleicht ließen sich die schrecklichen Bilder, die sie nicht mehr losließen, auf diese Weise bannen.

Max fragte nicht. Das war das Gute an Max, im Geschäftsleben hatte er Diskretion gelernt. Außerdem ging er Dingen, die mit dem Tod zu tun hatten, aus dem Weg. Sollte Inge doch ihren chinesischen Hokuspokus machen, die war ohnehin schon eine halbe Chinesin.

Er war zum Parkplatz vorausgegangen und hatte am Tor eine Frau entdeckt, die neben einem Pott mit dunkler Brühe am Boden hockte und warme Teeeier verkaufte. Die Mischung aus starkem schwarzem Tee, Sojasoße und Anis gab den Eiern eine schöne Farbe und ein kräftiges Aroma. Max hatte ihr zwei abgekauft und hielt Inge eins hin, als sie aus dem Tempel kam.

»Das ist auch was, das ich an den Chinesen schätze«, sagte Inge. »Überall gibt's was zu mampfen.«

»Genau«, bestätigte Max, während er sein Ei pellte. Jetzt konnte er wieder mitreden. »Und aus allem entwickeln sie eine Geschäftsidee, simpel, aber einträglich. Davon kann man nur lernen.«

Auf der Rückfahrt ließ Inge sich von dem Tempo, das Max vorlegte, in den Sitz drücken und war einfach nur glücklich.

Vor dem Eingang zur Lane stieg ihr Chauffeur aus, umrundete den Kühler und öffnete ihr formvollendet den Schlag. Inge war sich der Blicke ihrer Nachbarn durchaus bewusst: Die Langnasen standen diskret hinter der Gardine, die Chinesen in voller Sicht am Fenster. Aber das war ihr egal. Nach diesem Ausflug fühlte sie sich gründlich durchgelüftet und höchst zufrieden. Es gab noch etwas anderes als die Enge, den Mief und die Schäbigkeit von Hongkou. Und sie fühlte sich bestärkt in ihrem Entschluss zu bleiben, nicht im »Mund des Regenbogens«, aber in dieser Stadt. Dankbar drückte sie Max einen Kuss auf die Wange: »Einen Abschiedskuss für den braven Max.«

An diesem Ritual hatten sie festgehalten, auch

wenn es im hellen Licht des Tages etwas züchtiger ausfiel.

***

Bei den Finkelsteins betrieb nun jeder stillschweigend seine eigenen Zukunftsvorbereitungen. Vater Finkelstein hatte bei den Konsulaten möglicher Einwanderungsländer vorgesprochen und Anträge gestellt, natürlich erst mal für die gesamte Familie. Mutter Finkelstein nahm sich in Mußestunden Inges Lehrbücher vor und lernte Englisch. Und Inge? Sie war selbst ganz verblüfft gewesen von dem fertigen Plan, den sie ihren Eltern beim Familienrat unterbreitet hatte. Mittlerweile hörte er sich längst nicht mehr so fantastisch an, und sie hatte ihn, zumindest in Teilen, auch schon in die Tat umgesetzt.

In der ehemaligen Franzosenstadt hatte sie einen Kindergarten ausfindig gemacht, in dem sie, zunächst als Ferienjob, an drei Nachmittagen pro Woche aushalf. Frau van Gaal, die holländische Leiterin, war Inges Talent im Umgang mit Kleinkindern sofort aufgefallen.

»Inge, dich hat mir der Himmel geschickt. Ich weiß gar nicht, wie ich ohne dich zurechtgekommen bin«, versicherte sie ihr nach der ersten Woche. »Derzeit kann ich mich vor Anmeldungen gar nicht retten. Viele der internationalen Geschäftsleute wollen ihre Firmen wieder eröffnen, und neue kommen in die Stadt. Auch viele Chinesen schicken ihre Kinder jetzt zu uns, damit sie Englisch lernen.«

Offiziell wurde im Kindergarten Englisch gesprochen, aber das ließ sich nicht immer durchhalten. Vor allem, wenn es galt, heulende Kleinkinder auf Chinesisch oder Deutsch zu trösten, waren Inges Sprachkenntnisse gefragt.

Inge fühlte sich wohl als Kindergartentante. Die Zeit im »Kindergarten« der Kadoori-Schule war die glücklichste ihres Schanghaier Schullebens gewesen. Und jetzt durfte sie den ganzen Tag mit den Kleinen spielen und bekam sogar noch Geld dafür. Es war ihr nicht schwergefallen, sich bei Frau van Gaal unentbehrlich zu machen, ein erster wichtiger Schritt in ihrer Zukunftsplanung.

Auch den nächsten Schritt hatte sie bereits in die Wege geleitet. Sie hatte in Erfahrung gebracht, dass man an der Language School der St. John's University Chinesisch lernen konnte. Das war genau, was sie wollte, noch dazu dieselbe Uni, an der Sanmao studierte. Sie war im vorigen Jahrhundert von anglikanischen Geistlichen gegründet worden, und ihre altehrwürdigen Backsteingebäude lagen, umgeben von einer weitläufigen Parkanlage, im engen Knie des Soochow Creek. Man hatte beinahe das Gefühl, auf einer Insel zu sein, auf einer Insel der Ruhe und Gelehrsamkeit. Von Hongkou war es ein weiter Weg Richtung Nordwesten, selbst mit dem Fahrrad, von den Fiedlers jedoch nur die halbe Strecke. Inge nahm das als gutes Omen. Jetzt konnte sie nur noch hoffen, dass sich auch der andere Teil ihres Plans wunschgemäß erfüllen würde.

Den Mut, die Fiedlers oder Sanmao einzuweihen,

hatte sie bislang noch nicht aufgebracht. Doch der Schulabschluss rückte unaufhaltsam näher, und niemand konnte absehen, wann die Einwanderungsbehörden der von Herrn Finkelstein angefragten Länder reagieren würden. Falls grünes Licht für die Ausreise käme, würde womöglich alles ganz schnell gehen.

Da es vom Kindergarten nicht weit bis in die Bubbling Well Road war, sah sie Sanmao jetzt wieder häufiger. Sie hatten den verwilderten Hatong-Park, der den japanischen Truppen zeitweilig als Hauptquartier und Lagerplatz gedient hatte, für sich zurückerobert. Nicht so sehr für Kungfu-Übungen, sondern für ungestörte Spaziergänge.

»Lass uns 'ne Runde im Park drehen, Sanmao«, schlug Inge eines Nachmittags vor. »Ich muss mit dir reden.«

»Gehen wir zu unserem Stein, da können wir uns hinsetzen«, schlug Sanmao vor, nachdem sie durch ihr übliches Schlupfloch gestiegen waren. Er meinte damit den zweisprachigen Gedenkstein, den Silas Hardoon für seine Frau hatte errichten lassen. Auf der halbrunden Treppe, die zu dem Denkmal führte, ließen sie sich nieder. Sanmao sah sie erwartungsvoll an.

»Meine Eltern haben die Ausreise beantragt.«

Inge ließ die Nachricht wie eine reife Frucht vor ihn ins Gras plumpsen.

»Das habe ich befürchtet«, murmelte er und nach längerer Pause: »Wohin?«

»In die Staaten, nach Kanada und Australien. Letzteres ist am wahrscheinlichsten, weil wir keine Verwandten haben, die in den USA oder Kanada für uns bürgen können. Aber ich will da nicht hin.«

»Kann ich verstehen.«

»Am liebsten würde ich hierbleiben. Ich fühl mich hier zu Hause.«

»Schön, dass du das sagst, Inge«, entgegnete Sanmao ernst, fast ein wenig feierlich. »Du bist ja auch zu Hause bei uns, du gehörst zur Familie.« Jetzt war Sanmao ganz Chinese – stolz auf seine Heimat und sein Heim, das er anderen mit selbstverständlicher Gastfreundschaft öffnete. Aber er war noch nicht zu Ende. »Trotzdem wirst du hier immer Ausländerin bleiben und damit eine Außenseiterin sein, ein *wàiguórén* oder *nakoning*, jedenfalls eine Fremde, der man ihr Fremdsein sofort ansieht.«

»Damit konnte ich bisher gut leben.«

»Na ja, da war Ausnahmezustand, wir hatten Krieg. Aber im normalen Leben können einen Chinesen das ganz schön spüren lassen. Glaub mir, ich hab da Erfahrung.« Jetzt kam Sanmaos deutsche Seite zutage, das Grüblerische an ihm und die Zweifel, wo er eigentlich hingehörte, aber auch die Verantwortung, die er für Inge und ihre Zukunft empfand.

»Aber du bist doch in der glücklichen Lage, dass du beides bist, Ausländer und Einheimischer.«

»Täusch dich da nicht. In deren Augen bin ich ein *sìbúxiàng*, ein ›viermal nicht gleich‹.«

»Ist das so was wie ein Qilin?« Dieses chinesische Mischwesen kannte sie von Ina, die eines als Jadeanhänger getragen hatte.

»So ähnlich, aber ohne die positive Bedeutung. Mehr im Sinne von: Nicht Fisch, nicht Fleisch.«

»Ich dachte immer, es ist eine Bereicherung, wenn man alles doppelt hat: zwei Sprachen, zwei Kulturen.«

»So kann man's auch sehen. Aber wenn einem das ins Gesicht geschrieben ist, so wie mir, dann sehen es die Leute eher als Mangel, als Weder-noch, nichts Halbes und nichts Ganzes.«

Am liebsten hätte Inge ihm jetzt gesagt, dass sie sein Gesicht für das Beste hielt, was zwei Völker miteinander hervorbringen konnten, doch dann fiel ihr das Gespräch mit Frühlingserwachen ein. Lieber nicht mit der Tür ins Haus fallen. Stattdessen suchte sie nach etwas, das sie beide verband.

»Laut deutschen Rassegesetzen bin ich auch ein Mischling – ersten Grades sogar, wenn du's genau wissen willst.«

»Mag sein, aber die gelten ja zum Glück nicht mehr, und außerdem hat man dir das nie angesehen. In meinen Augen bist du ein ganz und gar deutsches Mädchen.«

»Na danke, das fehlte gerade noch. Kannst du dir nicht vorstellen, dass ich mit diesem Volk meine Probleme habe? Da gehöre ich jedenfalls nicht mehr hin. Aber zu den Kängurus auch nicht!«

Nach dieser heftigen Reaktion blieb es eine Weile still. Dann unternahm Sanmao in seiner bedächtigen Art einen neuen Anlauf.

»Inge, versteh mich richtig. Ich will dich ja nicht davon abhalten, hierzubleiben. Ganz im Gegenteil, das musst du mir glauben.«

Inge glaubte ihm das nur zu gern. Gleichzeitig rechnete sie es Sanmao hoch an, dass er über seine eigenen schmerzlichen Erfahrungen mit ihr sprach. Männern, das wusste Inge, fiel so etwas nicht leicht, noch dazu, wenn sie chinesisch erzogene Halbdrachen waren.

»Ich wollte dir nur sagen, wie sich das für mich anfühlt. Wahrscheinlich reagiert man auf dich ganz anders. Bei dir erwartet keiner, dass du Chinesisch kannst, und deshalb freuen sich die Leute, wenn du in ihrer Sprache mit ihnen redest. Bei mir wissen sie dagegen nie, woran sie sind, und das verunsichert sie. Ich bin in beiden Ländern ein Ausländer, weil mir überall eine Hälfte fehlt.«

Inge würde ihn so gern trösten, diesen chinesischen Simon Fiedler. Um ein Haar hätte sie ihm ihre Hälfte zur Ergänzung angeboten: die deutsche Fang Ying'ge, als »bessere Hälfte«. Doch dann merkte sie gerade noch rechtzeitig, dass das einem Heiratsantrag gleichgekommen wäre. Wie verräterisch Sprache doch sein konnte!

Mit seinem Sinn fürs Praktische, den er ganz offensichtlich von seiner chinesischen Mutter geerbt hatte, rettete Sanmao sie aus ihrer Verlegenheit: »Und wie hast du dir das konkret vorgestellt?«

»Ich helf doch jetzt in diesem Kindergarten aus, und das macht mir großen Spaß. Damit kann ich ein bisschen Geld verdienen, aber was ich wirklich möchte, ist richtig Chinesisch studieren.« Diese Neuigkeit ließ sie erst einmal wirken.

Sanmao sah sie mit schief gelegtem Kopf prüfend an. »Ich kann mir gut vorstellen, wie du kleine Kinder dressierst«, sagte er lachend. »Meine Mutter hat also richtig gelegen mit deinem chinesischen Namen:

Ying'ge, die vorbildliche, musterhafte Person. Aber noch mehr wird sie freuen, dass du weiter Chinesisch lernen willst. Endlich hat sie ein williges Opfer gefunden. Bei meinem Vater und mir ist sie nicht weit gekommen damit.«

»Ich hab auch schon rausgekriegt, dass es an St. John's Chinesischkurse gibt«, platzte Inge heraus.

Ein Lächeln breitete sich über Sanmaos Gesicht. »Und wohnen könntest du bei uns.«

»Sanmao! Ist das dein Ernst?« Inge war vor Begeisterung aufgesprungen. »Dann hast du das vorhin also nicht bloß höflich gemeint, dass ich bei euch zu Hause bin?«

»Nein, wieso? Ist doch naheliegend. Meine Eltern hätten bestimmt nichts dagegen. Von hier zur St. John's kann man bequem mit dem Rad fahren. Was sagen denn deine Eltern dazu?«

»Meine Mutter hat natürlich ein großes Drama gemacht, als sie hörte, dass ich dableiben will, aber ich glaube, mein Vater versteht mich. So genau haben wir noch nicht drüber gesprochen. Vermutlich hoffen sie, dass ich Angst vor der eigenen Courage kriege, wenn's erst mal so weit ist. Aber ich muss vorbereitet sein, verstehst du? Deshalb wollte ich unbedingt mit dir reden.«

»Ich frag meine Mutter. Die hat sich schon immer eine Tochter gewünscht.«

»Meine Eltern würde das bestimmt sehr beruhigen. Ich hab ja sonst niemanden hier.«

»Und was ist mit dem Deutschen, dieser lange Kerl aus dem Ghetto, der dir das Rad besorgt hat?«

»Ach, du meinst Max«, erwiderte Inge leichthin. War, was sie da hörte, vielleicht eine Spur von Eifersucht? War es Max gewesen, der ihm die ganze Zeit auf der Seele gelegen hatte?

»So heißt er wohl.«

»Den kenn ich doch schon vom Schiff, das ist bloß ein Gefährte.«

Sanmao sah sie verunsichert an. Er beherrschte die Feinheiten des Deutschen nicht gut genug, um die Gefühlsnähe auszuloten, die in diesem altmodischen Wort steckte. Und Inge, die das genau merkte, ließ ihn genüsslich schmoren.

»Er hat mir ein Gefährt besorgt, also ist er mein Gefährte. Klar, oder?«

»Aber du hast gesagt, ihr habt eine ›Geschäftsbeziehung‹?«

Ein weiterer Stolperstein für den armen Sanmao im Dschungel der Gefühle und ihrer Benennungen. Lachend hakte sie sich bei ihm unter.

»Haben wir auch, aber die Betonung liegt auf ›Geschäft‹.«

Sollte er nur ein bisschen grübeln, vielleicht begriff er dann endlich, was er für sie empfand und was Inge längst spürte. Womöglich würde er dann sogar über seinen chinesischen Schatten springen und es ihr sagen können.

Schwein gehabt

Schanghai, 1947 – Jahr des Schweins

Das chinesische Neujahrsfest lag in diesem Jahr besonders früh. Am 21. Januar würde das Schwein das Regiment übernehmen. Frühlingserwachen war optimistisch: »Das Schwein schließt Tierkreis ab, es bringt Leute Ausbeute von letzte zwölf Jahre Mühe. Besonders gut für Geld und akademische Angelegenheit«, prognostizierte sie aus dem reichen Schatz ihrer chinesischen Lesensweisheit.

Das ließ sich gut an, fand Inge. Und nicht nur der Tierkreis fand in diesem Jahr seinen Abschluss. Vor den Neujahrsferien beendete Inge die Schule mit einem Abschlusszeugnis, das dem deutschen Abitur entsprach.

Als Inge neben ihren Klassenkameraden im U-förmigen Schulhof stand, um aus den Händen der Rektorin das Abgangszeugnis entgegenzunehmen, empfand sie eine Mischung aus Erleichterung und Dankbarkeit. Ein letztes Mal wurde die Flagge mit dem Davidsstern gehisst und die Hatikva gesungen. Sie war nie gern in diese Schule gegangen und dort immer eine Außenseiterin geblieben. Aber mittlerweile war ihr klar, dass sie hier etwas sehr Kostbares erhalten hatte, eine solide Ausbildung, vor allem auf ihrem Hauptinteressengebiet, den Sprachen. Und das war in diesen Zeiten und an diesem Ort und für Leute wie Finkelstein keineswegs selbstverständlich. Als die Reihe an Inge war, ihr Zeugnis entgegenzunehmen, sagte Mrs. Hartwich, die jedem Abgänger ein paar Worte mit auf den Weg gab: »Ich weiß, Inge, dass du dich nicht immer wohlgefühlt hast bei uns. Ich hoffe, es lag nicht ausschließlich an uns. Aber das hat dich nicht daran gehindert, hart zu arbeiten. Dafür bekommst du jetzt den Lohn. Ich weiß ja nicht, was du vorhast, aber mit diesem Durchschnitt wird man dich an jeder Universität willkommen heißen, vielleicht sogar mit einem Stipendium.«

»Streberin«, hörte Inge eine ihrer Mitschülerinnen zischen, doch Inge achtete nicht mehr darauf, das lag jetzt alles hinter ihr.

Kaum war die Feier zu Ende, schwang sie sich auf ihr Rad und fuhr durch die Stadt, einfach so, ohne Ziel, ohne Angst, ohne Auftrag. In den Straßen herrschte wieder Leben, der Fluss war voller Schiffe, und es war einfach herrlich, jung und frei zu sein.

Auf dem Rückweg machte sie noch kurz im Tempel unter dem Meer halt. Es konnte nicht schaden, dem großen goldenen Buddha und seiner wohltätigen Helferin, der marmornen Guanyin, einen Dankesbesuch abzustatten. Inge hatte das Gefühl, dass die beiden sich nicht nur um das Findelkind gekümmert, sondern auch ein wachsames Auge auf dessen Überbringerin, die Nachbarin aus dem Viertel, gehabt hatten.

Nachdem sie niedergekniet und ihre Räucherstäbchen geschwenkt hatte, trat Inge in den Hof hinaus.

Natürlich hatte sie den Nonnen, mit denen sie sich beim Fegen angefreundet hatte, stolz erzählt, dass sie jetzt ihr Abschlusszeugnis in der Tasche hatte. Nun trat eine von ihnen auf sie zu und sagte: »*Unsere Äbtissin möchte dich gern sehen. Würdest du bitte mitkommen?*«

Völlig überrascht folgte Inge der Nonne in den Wohn- und Verwaltungstrakt im hinteren Teil der Anlage, in dem sie zuvor nie gewesen war. Sie wurde in ein karg ausgestattetes Arbeitszimmer geführt. Hinter einem Schreibtisch aus dunklem Holz saß eine zierliche Frau im safrangelben Habit, den Kopf ebenso geschoren wie ihre Mitschwestern. Sie musterte Inge aus wachen, gütigen Augen.

»*Mein Name ist Yuan Jing. Wir kennen uns noch nicht, Ying'ge, aber ich weiß, dass du in den letzten Jahren oft bei uns warst und viel zur Sauberkeit unseres Tempels beigetragen hast.*« Hier lächelte Harmonische Ruhe ihre Besucherin verschmitzt an, und Inge fragte sich, was die kleine, aber Ehrfurcht gebietende Frau sonst noch alles über sie wusste. »*Dein Chinesisch ist sehr gut, und du interessierst dich für unsere Kultur. Jetzt hast du die Schule beendet. Wir wissen nicht, wie deine Pläne für die Zukunft aussehen und was deine Eltern mit dir vorhaben, wollten dir aber vorschlagen, ob du nicht bei uns bleiben möchtest. Du könntest zunächst die buddhistischen Schriften studieren, bevor du dich endgültig für ein Leben im Kloster entscheiden müsstest.*«

Inge sah sie völlig entgeistert an. Sie hatte mit allem gerechnet, aber nicht damit. Das Entlein als buddhistische Nonne? Inge wusste inzwischen, dass das Leben viele Farben annehmen konnte, aber Safrangelb war sicherlich nicht die ihre. Die eben gewonnene Freiheit würde sie nicht gleich wieder aufgeben, und sosehr sie die chinesische Kultur schätzte, so war sie sich unter dem unergründlichen Blick des goldenen Buddha doch immer ein wenig als Eindringling vorgekommen. Außerdem gab es da noch Sanmao.

Höflich, aber bestimmt formulierte Inge ihre Antwort, auch wenn sie nicht wusste, wie man die Oberin eines buddhistischen Klosters korrekt anredete: »*Ich danke für Ihr Angebot und Ihr wertes Vertrauen, Nonne Oberin. Meine Eltern werden Schanghai bald verlassen, und ich werde an der St. John's University Chinesisch studieren. Ich komme gern auch weiterhin zum Fegen.*« Sie hatte inzwischen gelernt, dass man in China ein Angebot, noch dazu ein so schwerwiegendes, nicht mit einem einfachen Nein zurückwies, sondern die Absage höflich verpackte. Doch ihr Gegenüber hatte bereits verstanden.

»*Wir wollten nur sichergehen, dass dir dieser Weg offensteht*«, erwiderte die Nonne freundlich. In ihrem Gesicht war keine Reaktion zu lesen. »*Und natürlich freuen wir uns immer über deinen Besuch. Ich wünsche dir Glück für deine weitere Zukunft, Ying'ge. Amitoufo.*«

Mit diesem buddhistischen Segenswunsch war Inges Audienz beendet. Als sich das Tempeltor hinter ihr schloss, fühlte sie sich seltsam getröstet. Immer taten sich neue Möglichkeiten auf im Leben, und manchmal kamen sie aus einer Richtung, aus der man sie nicht erwartet hätte. Auch hatte die Bestimmtheit, mit der sie der Nonne ihre Zukunftspläne auseinandersetzte, Inges eigenes Vertrauen in deren Realisierbarkeit gestärkt. Den Eltern erzählte sie nichts von ihrem Erlebnis im Tempel unter dem Meer.

Auch zu Hause gab es Neuigkeiten. Ihr Vater hatte Interviews bei verschiedenen Konsulaten gehabt, und wie vorauszusehen, wollte nur Australien die Finkelsteins haben. Dort wurden Fachkräfte in Handwerksberufen dringend gesucht. Sie würden ohne Bürgschaft durch Verwandte aufgenommen, denn sie könnten sich ihr Brot selbst verdienen.

»Das kannst du dir im Notfall sogar selber backen«, kommentierte Inge trocken, nachdem ihr Vater mit seinem Bericht zu Ende war.

Herr Finkelstein sah seine Tochter prüfend an. Warum eine Diskussion vom Zaun brechen, solange nichts entschieden war? Das Problem mit Australien waren nämlich nicht die Visa, sondern die Schiffspassagen. Da das Land im Pazifischen Krieg zahlreiche Schiffe verloren hatte und sich noch viele Soldaten an den Kriegsschauplätzen befanden, hatte deren Repatriierung Vorrang vor der Einreise staatenloser Flüchtlinge. Die Finkelsteins mussten also weiter warten.

Inge hatte inzwischen Fakten geschaffen. Sie war an der Language School der St. John's University eingeschrieben, und man würde ihr aufgrund ihrer guten Noten sogar die Studiengebühren erlassen, was einem Stipendium gleichkam. Gleich nach den Neujahrsferien sollte es losgehen. So viel zu »Geld und akademischen Angelegenheiten«; Inge fand, dass sie bereits vor Beginn des Schweinejahrs »Schwein gehabt« hatte.

Und Sanmao hatte mit seinen Eltern gesprochen. Als Inge das nächste Mal bei den Fiedlers vorbeischaute, nahm Frühlingserwachen sie unter dem Vorwand, sie solle in der Küche helfen, beiseite.

»Ying'ge, Sanmao sagt, du willst bleiben in Schanghai und Ausbildung machen. Hier wohnen kein Problem. Du bist doch meine *gān nǚ'ér*.«

»Was ist denn das – eine Trockentochter?«, fragte Inge erstaunt, dieser Ausdruck war ihr noch nicht untergekommen.

»Du bist wie eine Tochter von mir, aber ich habe dich nicht – wie sagt man – gesaugt, keine Milch gegeben, ich meine. Deshalb du bist trockene Tochter.«

»Ah, wie eine Patentante.«

»Genau, Patenttante, die ist immer sehr patent, sehr praktisch.«

Lachend fiel ihr Inge um den Hals. »Nicht Patenttante, Xiaochun *āyí*, sondern Paten-tante. Aber du hast völlig recht, so eine Tante ist was sehr Praktisches. Genau so eine brauche ich.«

»Und weißt du, Ying'ge. Jede Mutter macht große Sorge um Kind, auch wenn Kind schon groß ist. Bald ist Neujahr, da einladen wir deine Eltern und besprechen alles. Dann sie sind beruhigt.«

»Oh, das wäre wunderbar. Du hast uns doch schon mal eingeladen, ganz am Anfang, als wir gerade angekommen waren. Da gab es so viele gute Sachen zu essen. Diesmal kommen meine Eltern bestimmt. Kann ich dir vielleicht bei den Vorbereitungen in der Küche helfen? Oder sollen wir was mitbringen?«

»Nicht mitbringen, aber du kannst an Tag zuvor

kommen. In chinesische Küche muss immer viel schneiden, alles ganz klein und ordentlich. Ich zeige dir, dann du kannst lernen.«

Diesmal konnten die Eltern Finkelstein nicht kneifen, und das wollten sie auch gar nicht. Das Wohlergehen ihrer Tochter lag ihnen viel zu sehr am Herzen. Die Hoffnung, dass Inge einlenken und einen Rückzieher machen würde, hatten sie spätestens mit Inges Immatrikulation aufgeben.

Vor allem Frau Finkelstein hatte erleichtert auf die Zusage der Fiedlers reagiert. Nachdem Inge von ihrer Idee offenbar nicht mehr abzubringen war, erschien ihr diese Lösung noch die sicherste. Keinesfalls aber sollte Inge den Fiedlers auf der Tasche liegen.

»Du musst unbedingt für Kost und Logis aufkommen«, insistierte sie, als die Familie über die bevorstehende Neujahrseinladung sprach. »Aber dein Vater und ich haben vorerst noch keine Möglichkeit, dich finanziell zu unterstützen.«

»Ich arbeite doch bei Frau van Gaal. Klar, angesichts der galoppierenden Inflation ist das ein lächerlicher Betrag, aber immerhin verdiene ich ein Taschengeld, das ich Frühlingserwachen geben kann. Außerdem könnte ich im Haushalt oder in der Konditorei helfen«, wandte Inge ein.

Auch Herr Finkelstein hatte seine Bedenken, aber die waren anderer Art, und er würde sie besser mit Herrn Fiedler besprechen.

»Ich hab immer ein schlechtes Gewissen gehabt,

wegen der Gundel damals«, sagte seine Frau unvermittelt. Vater und Tochter sahen sich an.

»Aber, Mama, wie kommst du denn darauf? Das ist doch längst vergessen.«

»Für mich nicht. Und jetzt sag ich euch was. Sie hat immer noch etwas Kostbares in ihrem Bauch.« Seit Jahren hatte Inge die Puppe nicht mehr angeschaut, die auf dem Regal saß und Staub ansammelte. Sie war davon ausgegangen, dass der »Familientresor« längst leer war.

Frau Finkelstein stand auf, holte die ziemlich ramponierte Käthe-Kruse-Puppe an den Tisch und zog ihr das Pünktchenkleid aus. Auf dem hautfarbenen Trikotstoff ihres Puppenrückens zeigte sich eine lange Narbe.

»Wirklich ein Wunder, dass ein letzter Rest meines Schmucks diese harten Zeiten überdauert hat. Aber zum Glück konnten dein Vater und ich die Familie weitgehend mit unserer Hände Arbeit ernähren. Deshalb dachte ich mir, was noch übrig ist, soll in Inges Zukunft, in ihre Ausbildung investiert werden.« Den letzten Satz richtete sie mehr an ihren Mann als an Inge.

»Marianne, davon hast du mir nie etwas gesagt.«

»Auch Frauen haben ihre Geheimnisse. Es hat mich all die Jahre sehr beruhigt, dass wir diesen Notgroschen hatten. Man wusste ja nicht, was noch kommen würde.« Vater und Tochter grinsten sich an. »Und nachdem unser kluges Kind jetzt ein Stipendium bekommen hat, würde es mich weiterhin beruhigen, wenn auf diese Weise für ihren Aufenthalt hier gesorgt wäre, notfalls auch für ihre Überfahrt.«

Inge drückte ungläubig an ihrer Puppe herum und ertastete tatsächlich etwas Hartes in ihrem weichen Wattebauch.

Herr Finkelstein sah seine Frau bewundernd an. »Marianne, du warst schon immer ein Organisationsgenie. Da hast du mir eindeutig was voraus.«

Aber seine Frau war bereits einen Schritt weiter. »Ich frage mich bloß, wie wir das machen sollen. Wenn wir den Schmuck jetzt verkaufen, bekommen wir wegen der Inflation nur einen Haufen Scheine dafür, die schon morgen nichts mehr wert sind.«

»Was hältst du davon, wenn wir den Fiedlers den Schmuck so geben? Die können den richtigen Zeitpunkt abwarten.« Dieser Vorschlag kam von Herrn Finkelstein.

»Das hatte ich auch gedacht.«

»Am besten, wir besprechen das mit ihnen selbst. Morgen sind wir doch eingeladen.«

Inge blickte von einem zum anderen. Immer wieder war sie verblüfft von den Reaktionen ihrer Mutter. Im einen Moment vollkommen außer sich und der Verzweiflung nahe, fand sie im nächsten mit kühlem Kopf die rettende Lösung. Dieses Talent hat sie in den vergangenen Jahren mehrfach unter Beweis gestellt, dachte Inge stolz.

»Zu der Einladung müssen wir aber noch was anderes mitbringen. Von Schmuck kann man nichts runterbeißen.«

»Stimmt, Mama. Frühlingserwachen hat aber extra gesagt, nichts zu essen. Die kocht sowieso immer viel zu viel. Wie wär's mit einer Flasche Maotai? Das hat sich beim letzten Mal bewährt, da können auch die Ahnen mittrinken.«

Frau Finkelstein machte ein verständnisloses Gesicht, fragte aber nicht weiter. Was chinesische Etikette anbelangte, war Inge längst die anerkannte Autorität der Familie.

»Die kann ich besorgen«, meldete sich Herr Finkelstein; inzwischen waren die Regale der Schanghaier Geschäfte wieder gut gefüllt.

An *chúxī* – dem chinesischen Silvesterabend – hatten sich die Finkelsteins wieder einmal fein gemacht, was mit den ewig gleichen, von Alter und Klima stark mitgenommenen Sachen kein Leichtes war: die Mutter im unverwüstlichen Tweedkostüm, der Vater im speckigen dunklen Anzug. Also war es an Inge, ein bisschen Farbe ins Bild zu bringen, denn um das neue Jahr zu begrüßen, trug man Rot, die Farbe der Freude. Sie zog die seitlich mit Knebelknöpfen geschlossene Jacke aus roter Seide an, die Frau Finkelstein aus einem zu eng gewordenen *qípáo* von Frühlingserwachen umgearbeitet hatte, dazu trug sie schmale schwarze Baumwollhosen. Die Schuhfrage wurde durch handgenähte chinesische Stoffschuhe gelöst – eine Sonderanfertigung von Oma Hong für extra große Langnasenfüße.

Irgendwann, das hatte Inge sich fest vorgenommen, würde sie sich einen *qípáo* anmessen lassen; diese figurbetonten Seidenkleider mit den gewagten Seitenschlitzen und strengen Stehkragen hatten es ihr angetan. Die nötigen weiblichen Kurven besaß sie mittlerweile.

Sie fuhren mit der Straßenbahn, die nun wieder zuverlässig verkehrte. Auf der Garden Bridge standen keine Wachtposten gleich welcher Nationalität, und auf dem Glenline Building wehte keine Hakenkreuzfahne mehr, die Wilhelm Finkelstein in Panik hätte versetzen können. An den Anlegern herrschte wieder reges Treiben, die versenkte »Conte Verde« war längst von den Japanern gehoben und repatriiert worden.

Als sie am »Federal« vorbei in den Hof gingen und zu den Fenstern des Hinterhauses hinaufsahen, wurde selbst Marianne Finkelstein von Wehmut erfasst. So schlecht war die Zeit hier eigentlich gar nicht, meinte Inge in ihrem Gesicht zu lesen. Da kam Sanmao in seinem langen blauen Festtagsgewand auch schon die Treppe herunter und empfing die Gäste. Inge zwinkerte er verschwörerisch zu, nachdem er ihre Eltern begrüßt hatte.

»Hallo, Yatou, das hätten wir uns bei unserem ersten gemeinsamen Neujahr auch nicht träumen lassen, wie? Damals war es der Hase, stimmt's?«

»Stimmt. Und jetzt haben wir Schwein.« Inge musste lachen, obwohl Sanmao ihren Scherz wahrscheinlich nicht mitbekam, dazu fehlte seinem Deutsch der Feinschliff.

Diesmal war es Inge, die ihren Eltern die Neujahrsbräuche erklärte: die Bedeutung der Kalligraphie auf den roten Spruchbändern beiderseits der Tür, den Kotau vor dem Ahnenschrein, die Glück verheißende Wirkung der Speisen und das Fledermausdekor auf dem Service. Dass ausgerechnet die Glück bringen sollten, wollte Frau Finkelstein nicht einleuchten, doch ihr skeptischer Blick schien zu sagen: »Solange ich sie nicht essen muss …«

Die Finkelsteins waren von Inge bereits gewarnt worden, tagsüber wenig zu essen. Dennoch übertraf die Fülle und Vielfalt der Speisenfolge jede Erwartung. Ihrer Tochter war es peinlich, dass die Eltern nach mehr als acht Jahren in China noch immer nicht mit Stäbchen essen konnten, aber zugleich sah sie mit Genugtuung, wie die beiden mit den bereitgelegten Gabeln kräftig zulangten.

»Da können wir nicht mithalten mit unserer Weihnachtsgans oder dem Karpfen«, bemerkte Herr Finkelstein, der immer den richtigen Ton traf.

»Vergessen Sie mir die Weihnachtsplätzchen nicht, Lieber Kollege!«, warf Herr Fiedler lachend ein, und die beiden Konditormeister waren sich darin einig, dass deutsches Weihnachtsgebäck eine bedeutende Kulturleistung darstellte.

Schließlich bekamen die Gäste selbst nach mehrmaliger Aufforderung keinen Bissen mehr herunter. (Inge hatte ihren Eltern zuvor eingebläut, dass sie nie sofort einwilligen, sondern immer erst mindestens eine weitere Aufforderung abwarten mussten.) Die beiden Herren verzogen sich mit ihren Zigarren ins Nebenzimmer, und Frau Finkelstein folgte Frühlingserwachen angeregt plaudernd in die Küche.

Sanmao und Inge tauschten einen kurzen Blick.

»Wir gehen mal nachsehen, ob schon jemand seine Knaller zündet«, rief Sanmao den Eltern hinterher. Auch dieser wichtige Bestandteil der Neujahrsfeierlichkeiten war jetzt wieder erlaubt, und die Begeisterung der Chinesen für den Krach und Gestank von Feuerwerkskörpern war trotz eben überstandenem Bombenkrieg ungebrochen. »*Die vermissen uns jetzt bestimmt nicht*«, sagte er darauf zu Inge. »*Zieh dir was über. Wir gehen in den Park.*« Diesmal auf Chinesisch. Ihre Geheimsprache war immer die jeweils andere.

Draußen war es kühl, dennoch lag ein Hauch von Frühling in der Luft. Inge war noch nie abends im Hatong-Park gewesen. Als sie die beleuchtete Bubbling Well Road verließen und in die tiefen Schatten der Büsche und Bäume eintauchten, hakte sie sich bei Sanmao unter. Inmitten der festlich erleuchteten Stadt bildete der Garten ein dunkles Planquadrat, in dem man sich verlieren und unsichtbar machen konnte. Weil Neujahr immer auf Neumond fällt, war die Nacht besonders schwarz. Mit traumwandlerischer Sicherheit ging Sanmao den Weg zu »ihrem« Stein, und sie setzten sich auf das Treppchen. An den wuchernden Azaleen- und Kamelienhecken mussten sich bereits erste Blüten geöffnet haben; man sah sie nicht, roch aber ihren zarten Duft. Erste vorwitzige Knallfrösche explodierten, in der Ferne prasselte der Trommelwirbel einer Löwentanz-Aufführung, die Nacht war voller Hoffnung und Neuanfang.

»Die beraten jetzt über deine Zukunft«, sagte Sanmao.

»Ich weiß, aber immerhin haben sie akzeptiert, dass die hier liegt und nicht irgendwo am Ende einer langen Schiffsreise.«

»Ich bin froh, dass du dableibst.« Sanmao sah Inge ernst an. Er schien noch mehr sagen zu wollen, fand aber offenbar nicht die richtigen Worte. Da fiel sein Blick auf die zweisprachige Inschrift unmittelbar hinter ihr.

»Wir haben immer noch nicht rausgekriegt, was das heißt«, lenkte er ab, indem er auf die hebräischen Zeilen deutete. »Du bist doch lange genug auf diese Schule gegangen. Kannst du's inzwischen lesen?«

»Mit ein bisschen Licht vielleicht schon.« Sanmao zog Streichhölzer aus der Tasche, zündete eines an und hielt das flackernde Flämmchen vor die eingravierten Buchstaben.

Inge murmelte Unverständliches vor sich hin, was Sanmao mehrere Streichhölzer und eine fast verbrannte Fingerkuppe kostete: »Autsch, nun sag schon.«

Ein Lächeln zauberte zwei Grübchen neben Inges zuckende Mundwinkel. »Soll ich?«

»Mach's nicht so spannend.«

»Hier steht: ›Siehe, meine Freundin, du bist schön! Siehe, schön bist du. Hohelied Solomonis, Kapitel 4,1.‹«

»Mensch, Inge«, Sanmao starrte sie entgeistert an. »So was in der Art wollte ich dir eben auch sagen, aber so gut hätt ich das nie hingekriegt. Jetzt hat mir der alte Silas Hardoon ausgeholfen.«

»Ich glaube, die Hilfe kam von noch weiter oben.«

»Wieso, wo steht denn das?«

»In der Bibel, du Heide.«

»Na dann. Aber Inge, ehrlich, ich finde, wenn unsere Eltern über die Zukunft reden, sollten wir das auch tun. Das meinte ich vorhin, als ich sagte, dass ich mich freue. Weil ich dich nämlich sehr gern mag. Und …«

Schon wieder blieb er stecken, aber diesmal kam Inge ihm zu Hilfe.

Sie verschränkte die Hände hinter seinem Nacken und sah ihm auf Armlänge direkt in die Augen: »Ich dich auch, Sanmao. Das hättest du eigentlich schon mal merken können.«

»Ich war mir nicht sicher, ob du mit so einem Halbdrachen wie mir befreundet sein willst.«

»Jetzt hör doch endlich damit auf. Kannst du denn nicht kapieren, dass ich das ganz anders sehe. Als eine große Bereicherung.«

»Und da ist ja auch noch dieser Max.«

»Hab ich dir doch längst erklärt.« Das war es also gewesen.

»Aber du hast doch gesagt, er ist dein Gefährte. Ich weiß einfach nicht genau, was dieses Wort bedeutet.« Mit verzweifelter Entschlossenheit brach die Frage, die ihn so gequält hatte, aus Sanmao heraus.

»Das war doch bloß ein Wortspiel, das mir gerade eingefallen ist. Max ist ein Freund, wir waren Kinder, als wir uns kennengelernt haben. Aber er ist *ein* Freund, nicht *mein* Freund. Das ist ein feiner Unterschied. Es ist gut, ihn zu haben, weil er aus meiner alten Heimat kommt, weil er auch von dort vertrieben wurde, weil er versteht, was für ein Gefühl das ist.«

Sanmao seufzte hörbar auf.

»Ich weiß, über Gefühle zu reden ist nicht einfach, egal in welcher Sprache, dazu muss man alle ihre Feinheiten kennen. Aber wir haben ja zwei Sprachen. Da hat immer einer den Heimvorteil, deshalb gleicht sich's wieder aus.«

»In dieser Hinsicht bin ich wahrscheinlich chinesischer als du denkst.«

Als ob ich das nicht längst gemerkt hätte, dachte Inge.

»Aber deinem Heimvorteil kann ich auch anders beikommen.«

Plötzlich wurde Inge von kräftigen Händen in eine Umarmung gezogen. Sanmaos Lippen drückten sich sanft auf die ihren. Dann löste er sich von ihr, als wollte er ihr Einverständnis einholen, nur um sie gleich noch einmal und mit mehr Nachdruck zu küssen.

»Ganz schön gut für ein Auswärtsspiel«, stammelte Inge, als sie wieder zu Atem gekommen war. Das letzte Wort musste natürlich sie behalten.

Aus den vereinzelten Neujahrskrachern war jetzt Dauerbeschuss geworden.

Schweren Herzens lösten sie sich voneinander und vom verwunschenen Erinnerungsort einer jüdisch-chinesischen Liebe und schritten wie benommen über den Lärmteppich, den das neue Jahr für sie ausgerollt hatte.

Die Ehepaare Fiedler und Finkelstein standen bereits in der Toreinfahrt, wo die beiden Väter zündelten wie kleine Jungs.

»Wo wart ihr denn so lange?«, wollte Frau Finkelstein wissen.

»Wir sind zum Jing'an-Tempel gegangen, da gibt's am Abend vor Neujahr immer Löwentanz«, log Inge routiniert. Ihre Mutter wäre sicher nicht begeistert, wenn sie wüsste, dass die Tochter sich nachts mit jungen Männern im dunklen Park herumdrückte.

Und wie sie sich gedrückt hatten!

Bald darauf verabschiedete man sich, und die Finkelsteins dankten für den in jeder Hinsicht gelungenen Abend. Offenbar hatten auch die Eltern ein einvernehmliches Gespräch geführt. Dann rumpelte die Straßenbahn mit vielen fröhlichen Nachtschwärmern Richtung Hongkou.

Neues Spiel, neues Glück

Schanghai, 1947 – Jahr des Schweins

豬

Plötzlich ging alles ganz schnell.

»… können wir ihnen heute mitteilen, dass entsprechende Einreisepapiere auf dem Konsulat für Sie bereitliegen. Für den 7. Februar besteht auf der ›Hwa Lien‹ die Möglichkeit einer Schiffspassage nach Sydney. Bitte bestätigen Sie uns umgehend …«

Herr Finkelstein wurde blass, als er die Benachrichtigung vom Büro der UNRRA überflog. »Es ist so weit« war alles, was er sagte, dann reichte er den Brief an Frau und Tochter weiter. Alle drei standen einen Moment lang wie erstarrt. Jeder kämpfte mit den eigenen widerstreitenden Gefühlen. In den Zügen von Marianne Finkelstein spiegelte sich spontane Erleichterung darüber, dass sie diese Stadt endlich verlassen konnte, andererseits würde das die Trennung von ihrer einzigen Tochter bedeuten. Wilhelm Finkelstein, der noch immer darunter litt, das Schicksal der Emigration über seine Familie gebracht zu haben, empfand große Dankbarkeit. Hier in Schanghai hatten er und die Seinen Zuflucht gefunden, sie hatten überlebt. Aber würde er noch einmal die Kraft für einen Neuanfang aufbringen? Inge traf die Nachricht wie ein Schlag in die Magengrube. Seit vielen Monaten hatte sie über diesen Moment nachgedacht und ihre Pläne dafür gemacht. Jetzt war er da. Aus ferner Zukunft war konkreter Abschiedsschmerz geworden, und was sie sich die ganze Zeit gewünscht hatte, tat auf einmal sehr, sehr weh.

»Inge, jetzt kannst du noch entscheiden. Willst du wirklich hierbleiben?«, fragte ihr Vater in die Stille hinein. »Auch Herr Fiedler meint, die Gefahr eines Bürgerkriegs sei nicht zu unterschätzen. Im Norden kommt es immer wieder zu Kämpfen zwischen Nationalisten und Kommunisten.«

Inge räusperte sich, um ihrer Stimme jene Festigkeit zu verleihen, die sie nicht wirklich empfand, doch ihr Entschluss stand fest. Vor ein paar Wochen wäre sie vielleicht noch schwach geworden, aber das Wissen um Sanmaos Zuneigung gab ihr Kraft.

»Ja, Papa, ich will ordentlich Chinesisch lernen, wenn möglich einen Abschluss machen. Dann sehen wir weiter. Und bis dahin habt ihr herausgefunden, wie es euch bei den Kängurus gefällt.« Sie versuchte einen unbefangenen Ton, aber eigentlich war ihr zum Heulen.

»Herr Fiedler wird die Lage im Auge behalten. Das hat er mir versprochen. Sobald es gefährlich wird, kauft er dir eine Schiffskarte nach Sydney. Und dann fährst du, ganz gleich, ob mit oder ohne Diplom. Hast du mich verstanden, Inge? Man macht im Leben nicht zweimal den gleichen Fehler.«

»Ja, Papa.« Sie verstand ihn. Sie hatte ihren Vater schon immer verstanden.

Frau Finkelstein stand stumm dabei. Als Inge bemerkte, dass der Mutter Tränen über die Wangen liefen, brachen auch bei ihr die Dämme; schluchzend lagen sich die beiden in den Armen.

Herr Finkelstein, den weinende Frauen immer nervös machten, beeilte sich, den »Diercke« aus dem Regal zu holen. Der Schulatlas widmete dem fünften Kontinent gerade mal eine Seite.

»Mich wird man nicht noch mal in eine Stadt verschiffen, von der ich nicht weiß, wo sie liegt«, sagte er und vertiefte sich mit verbissener Entschlossenheit in die Landschaften Australiens.

Auch bei seiner Frau gewann der Sinn fürs Praktische allmählich wieder die Oberhand. Während Herr Finkelstein den folgenreichen Gang zum Konsulat antrat, begannen Mutter und Tochter mit Sortieren und Räumen, Packen und Wegwerfen. Auf diese Weise kamen sie wenigstens nicht ins Grübeln.

»Max wird mir meine Sachen bestimmt zu den Fiedlers fahren, und euch bringt er mit den Koffern zum Hafen. Dann brauchst du in keine Rikscha zu steigen.« Inge konnte es nicht lassen, die Mutter ein wenig hochzunehmen, die in all den Jahren ihre Abneigung gegen diese Art der Beförderung nicht hatte überwinden können.

Inge würde Schanghai zwar nicht verlassen, aber auch für sie war es ein Abschied; nie hätte sie gedacht, dass auch eine Zwangsunterkunft zum Zuhause werden konnte. Die beengten Wohnverhältnisse und die nach Müll stinkende Lane mit den vielen neugierigen

Nachbarn würde sie kaum vermissen, wohl aber die Sommernächte auf der Dachterrasse, die vielen kleinen Geschäfte und Lokale von Little Vienna, besonders Opa Hong, den Meister des Bambustelegrafen, selbst die ungezogenen Nachbarskinder waren ihr ans Herz gewachsen.

Als Max einen Tag vor der Abreise der Eltern ihre handlich verschnürte Habe in den Jeep lud, den er am Eingang der Gasse geparkt hatte, wollten ihr die Wang-Kinder nicht von der Seite weichen.

»Ying'ge, *bú yào zǒu, bú yào zǒu*!«, bettelten sie.

»Aber ich geh doch gar nicht weg«, tröstete Inge die Kleinen, die den Tränen nahe waren. »Ich kann euch doch jederzeit besuchen kommen.« Das konnte sie schon deshalb versprechen, weil sie bestimmt hin und wieder zum »Fegen« zu den Nonnen kommen würde.

Als Inge mit Max bei den Fiedlers vorfuhr, war nur Sanmao zu Hause.

»Da seid ihr ja«, murmelte er unverbindlich mit einem Seitenblick auf Inges Begleiter.

»Sanmao, das ist Max, ich glaube, ihr kennt euch noch nicht. Das ist Simon, genannt Sanmao. Und bitte haltet euch nicht beim Sie auf«, stellte Inge die beiden vor.

»Inges Freunde sind auch meine Freunde.« Weltmännisch streckte Max die Hand aus.

»Freut mich«, erwiderte dieser. Ob es ihn wirklich freute, war nicht auszumachen, jedenfalls schlug er ein. Max holte den großen, verschnürten Karton aus dem Kofferraum – die Koffer würden die Eltern brauchen. Inge und Sanmao brachten noch ein paar Kleinigkeiten, das war's auch schon. Dann begab sich die Prozession in das kleine Zimmer im Haupthaus, wo Inge künftig wohnen würde.

»Net schlecht«, bemerkte Max kennerhaft und trat ans Fenster. »Das ›Uptown‹ nebenan und ein Café im Untergeschoss. Bestlage. Kein Vergleich mit Hongkou. Unsere Inge hat schon immer Wert auf erstklassige Unterkunft gelegt. So habe ich sie kennengelernt«, schwadronierte Max, um die Verlegenheit zu überspielen.

Inge knuffte ihn in die Seite. »Dämlack.«

»Kommst du mit zurück?«

»Ich schlaf heute noch mal bei den Eltern, aber, danke, Max, ich fahr später mit der Straßenbahn.«

»Na, dann sehen wir uns morgen. Ich werd mir unten noch ein paar süße Teilchen mitnehmen, die sahen so lecker aus.«

Sanmao, der den Dialog verfolgt hatte wie ein Ping-Pong-Match, erwachte wie aufs Stichwort zum Leben.

»Such dir am Buffet was aus. Ich komm mit runter, das geht aufs Haus.«

Er kann's einfach nicht lassen, dieser Schnorrer, dachte Inge, als die beiden aus der Tür waren. Dann atmete sie erst einmal tief durch und setzte sich auf ihren Karton.

***

Am nächsten Morgen stand der Jeep pünktlich am Eingang der Lane. Auf Max war Verlass. Diesmal gestaltete sich das Verladen des Gepäcks schwieriger, zumal außer dem Fahrer auch noch drei Personen befördert werden mussten. Max schob den größten Koffer kurzerhand auf den Beifahrersitz, Problem gelöst. Inge fragte sich, wie es ihm gelang, Fahrzeuge des amerikanischen Militärs immer wieder für private Zwecke zu nutzen, aber Max hatte da seine Methoden.

Eingezwängt zwischen ihren Eltern saß sie auf der Rückbank und spürte deren Nähe plötzlich als etwas Kostbaren, etwas, das sie bald sehr vermissen würde. Während der letzten Nacht im Erker hatte sie kaum ein Auge zugetan und nahm nun alles mit der dünnhäutigen Überdeutlichkeit der Schlaflosen wahr. Sie fuhren denselben Weg, den sie damals auf der Ladefläche eines Lastwagens zurückgelegt hatten, nur in entgegengesetzter Richtung. Unzählige Male war Inge über die Garden Bridge in die Innenstadt gefahren, und jedes Mal gab es diesen einen, atemberaubenden Augenblick, wenn plötzlich über die Flussbiegung hinweg der Bund in seiner ganzen Pracht sichtbar wurde.

Der Februarmorgen war klar und blau, vor der imposanten steinernen Kulisse kreuzten die dunklen Segel der Dschunken und Sampans. Diesmal war es kein weißes Märchenschiff, das am Kai wartete. Die Überfahrt würde kein Ferienspaß werden. Einen Seelenverkäufer nannte ihr Vater das Schiff, das für so lange Reisen eigentlich nicht ausgelegt war und bereits viel zu viele Dienstjahre hinter sich hatte. In seinem behäbigen Bauch gab es nach Geschlechtern getrennte Schlafsäle mit Stockbetten. Kein Paolo würde ihnen Erfrischungen reichen oder den Wäschesack abholen.

Als sie am Kai vorfuhren, stand Sanmao schon da, ein hochgewachsener junger Mann, der sich suchend in der Menge umsah. Inges Herzschlag beschleunigte sich, während sie ihn einen Augenblick lang unbemerkt musterte. Dann winkte sie. »Hier sind wir, Sanmao!«

Er erklärte, dass die Eltern leider unabkömmlich seien, aber ihre besten Wünsche für die Reise schickten. *Yīlù shùnfēng* – einen günstigen Wind ließ Frühlingserwachen ausrichten.

Max wuchtete mit Vater Finkelstein die Koffer aus dem Jeep. Gleich darauf hingen sie an der Tragestange eines Gepäckträgers, der sich schwertat mit der Singer. Da geht er, unser Koffertisch, dachte Inge.

Dann gab es rein gar nichts mehr zu tun. Die ganze Hektik der vergangenen Tage war auf diesen einen, letzten, leeren Augenblick hingelaufen, den schwierigsten von allen, und jetzt wussten sie nicht, was anfangen damit. Marianne Finkelstein hatte sich die Tasche unter den Arm geklemmt, mit der anderen Hand hielt sie die Hand ihrer Tochter umklammert.

»Inge …«, mehr brachte sie nicht heraus. Schluchzend presste sie sich ein Taschentuch an den Mund.

»Marianne, wir gehen jetzt. Es ist alles gesagt. Und ihr geht bitte auch. Es wird eine Weile dauern, bis die Ausreiseformalitäten erledigt sind, also wartet nicht, bis wir da oben irgendwo auf Deck erscheinen. Und eine Kapelle wird es auf diesem Frachter sicher auch nicht geben, das erspart uns dieses Tränendrüsenlied.

Mach's gut, mein Mädchen. Wir schreiben, sobald wir eine Adresse haben.«

Herr Finkelstein drückte seine Tochter fest an sich. »Neues Spiel, neues Glück, Papa«, flüsterte Inge in das kratzige Revers seines wollenen Wintermantels. Er lächelte ihr zu, ein Lächeln, das trotz Abschiedsschmerz Zuversicht ausstrahlte. Während sie sich überflüssigerweise fragte, ob er diesen Mantel am Ende der Reise wohl brauchen würde – meist war man für die entscheidenden Momente des Lebens ja falsch angezogen –, hatte Herr Finkelstein seine Frau bereits bei den Schultern genommen und schob sie vor sich her die Gangway hinauf.

Inge fühlte einen scharfen Stich, als sie die beiden in der Menschenmenge verschwinden sah. Zugleich aber wusste sie, dass die Eltern auf dem richtigen Weg waren. Und sie selbst war es auch. Deshalb mussten sich ihre Wege jetzt trennen. Als ein trockenes Schluchzen sie schüttelte, spürte sie, wie sich auf beiden Seiten je ein starker Arm durch ihren schob. Max fand als Erster die Sprache wieder.

»Ich bring euch nach Hause.«

Inge ließ sich zum Jeep führen. Sie schaute nicht zurück. Beim Einsteigen fragte sie: »Könnt ihr zwei eigentlich ›Mensch-ärgere-dich-nicht!‹ spielen?«

Das chinesische Horoskop

Das chinesische Horoskop besteht aus einem Zyklus von zwölf Tieren, die dem Geburtsjahr, und nicht wie bei uns, dem Geburtsmonat zugeordnet werden. Diese zwölf Tiere sollen der Legende nach dem Buddha ihre Aufwartung gemacht haben, und zwar in der Reihenfolge, die dann im Horoskop festgeschrieben wurde. Den Anfang machte die Ratte als flinkstes der zwölf Tiere. Das Geburtsjahr bestimmt also das Tierkreiszeichen, unter dem man geboren ist.

Im alten China richtete man sich nach dem Mondkalender; das Jahr beginnt jeweils mit dem ersten Frühjahrsneumond, der zwischen Ende Januar und Mitte Februar liegt. Wer also am Jahresanfang Geburtstag hat, kann sich nicht einfach nach dem Geburtsjahr richten, um herauszufinden, welches Tier er ist. Er muss feststellen, wann in seinem Geburtsjahr das Neujahrsfest stattfand.

Jedem Tier werden charakteristische Eigenschaften zugeschrieben wie bei uns den Sternzeichen. Verfeinert wird dieses System noch durch die Kombination mit den fünf Elementen Metall, Wasser, Holz, Feuer und Erde.

Auf der Seite gegenüber sind die Tierkreiszeichen für die Zeit unserer Geschichte angegeben. Will man herausfinden, im Zeichen welchen Tieres man geboren ist, findet man im Internet auf die Frage »Chinesisches Horoskop, welches Tier bin ich?« eine Vielzahl von Tabellen, mit denen sich das herausfinden lässt.

龍	23. 01. 1928 – 09. 02. 1929	Drache
蛇	10. 02. 1929 – 29. 01. 1930	Schlange
馬	30. 01. 1930 – 16. 02. 1931	Pferd
羊	17. 02. 1931 – 05. 02. 1932	Ziege
猴	06. 02. 1932 – 25. 01. 1933	Affe
雞	26. 01. 1933 – 13. 02. 1934	Hahn
狗	14. 02. 1934 – 03. 02. 1935	Hund
豬	04. 02. 1935 – 23. 01. 1936	Schwein
鼠	24. 01. 1936 – 10. 02. 1937	Ratte
牛	11. 02. 1937 – 30. 01. 1938	Büffel
虎	31. 01. 1938 – 18. 02. 1939	Tiger
兔	19. 02. 1939 – 07. 02. 1940	Hase
龍	08. 02. 1940 – 26. 01. 1941	Drache
蛇	27. 01. 1941 – 04. 02. 1942	Schlange
馬	05. 02. 1942 – 04. 02. 1943	Pferd
羊	05. 02. 1943 – 24. 01. 1944	Ziege

猴	25.01.1944 – 12.02.1945	Affe
雞	13.02.1945 – 01.02.1946	Hahn
狗	02.02.1946 – 21.01.1947	Hund
豬	22.01.1947 – 09.02.1948	Schwein

Die Töne des Chinesischen

Das Hochchinesische unterscheidet vier verschiedene Töne, in denen einzelne Silben gesprochen werden.

Der erste Ton ‾ hat eine hohe, gleichbleibende Lage, so etwa wie der Pfarrer in der Kirche das Amen singt.

Der zweite Ton ´ steigt von einer mittleren Tonlage aus an, ähnlich dem fragenden Tonfall bei Worten wie »wer?« oder »was?«.

Der dritte Ton ˇ ist tief, sinkt zunächst und steigt dann wieder an wie bei einem erstaunten »nanu«?

Der vierte Ton ` ist kurz und fallend wie bei einem knappen Befehl: »Raus«!

Bei Wiederholung einer Silbe oder in bestimmten Verbindungen kann dieser Ton im Sprachfluss wegfallen; man spricht dann auch von einem fünften oder schwachen Ton.

Zeittafel

	Europa	*Asien*
1931/32		Einmarsch japanischer Truppen in die Mandschurei, erste schwere Bombardierungen Schanghais.
1933	In Deutschland wird Adolf Hitler zum Reichskanzler gewählt. Das sogenannte Ermächtigungsgesetz ermöglicht es ihm, ohne Billigung des Reichstags Gesetze zu erlassen.	
1934	Reichspräsident von Hindenburg stirbt, und Hitler macht sich als »Führer und Reichskanzler« zum Staatsoberhaupt.	
1935	Im Rahmen der »Nürnberger Gesetze« wird die Ehe zwischen Juden und »Deutschblütigen« zur »Rassenschande« erklärt und unter Strafe gestellt.	
1937		Aug.–Okt. weitere Bombardierung Schanghais

Mit dem Zwischenfall an der Marco-Polo-Brü- |

Europa	Asien
1937	cke nahe Peking beginnt der Chinesisch-Japanische Krieg. Japanische Truppen rücken nach Süden vor. Im Dezember werden bei der Besetzung von Nanking Zehntausende von Zivilisten grausam getötet.
1938	Im März marschieren deutsche Truppen in Österreich ein, das durch den »Anschluss« dem deutschen Reich als »Ostmark« einverleibt wird.

Nach immer stärkeren Einschränkungen und Schikanen für Juden in Deutschland kommt es nach dem Attentat des Juden Herschel Grynzpan auf den deutschen Gesandtschaftsrat vom Rath in Paris (7. November) in der Nacht vom 9./10. November zu organisierten Ausschreitungen gegen jüdische Geschäfte, der sogenannten Reichskristallnacht. Aber es gehen nicht nur Fensterscheiben zu Bruch; Synagogen werden niedergebrannt und Juden misshandelt, ver-

| 1938 | haftet und getötet. Man spricht deshalb heute von Reichspogromnacht nach dem russischen Wort »pogrom«, das »zerstören, verwüsten« bedeutet. | |

Als »Sühneleistung« wird den deutschen Juden eine kollektive Strafe von einer Milliarde Reichsmark auferlegt; sie müssen die an ihrem Eigentum verübten Schäden sofort und auf eigene Kosten beseitigen.

Ab 15. 11. 1938 dürfen jüdische Kinder keine deutschen Schulen mehr besuchen. Juden müssen künftig zu ihren deutschen Namen die zusätzlichen Vornamen »Sara« und »Israel« führen.

Nach der Reichspogromnacht, der ersten organisierten offenen Aggression gegen jüdische Mitbürger, kommt es zu einer Ausreisewelle. Viele westliche Demokratien verschärfen daraufhin ihre Einreise-

Europa	*Asien*
1938	bestimmungen, verlangen Vermögensnachweise und führen ein Quotensystem ein. Nur nach Schanghai können Flüchtlinge noch ohne Visum und Bürgschaft einreisen. Zwischen März 1938 und Ende 1939 konnten sich schätzungsweise 17 000 deutsche und österreichische Juden nach Schanghai retten, die sonst keine Ausreisemöglichkeit mehr gehabt hätten.	

China ist inzwischen in drei Einflusszonen geteilt. Im Norden hat sich eine chinesische Marionettenregierung unter japanischer Oberhoheit etabliert, Tschiang Kaischek, Generalissimus und Führer der Nationalisten (Kuomintang), musste seinen Regierungssitz nach dem Fall der Stadt Nanking in den weiter westlich gelegenen Jangtse-Hafen Tschungking verlegen. Und im Nordwesten hat Mao Tsetung nach dem Langen Marsch seine kommunistischen An-

| | hänger in Yan'an um sich versammelt. |

1939	Nachdem am 1. September Hitler einen angeblichen polnischen Überfall auf den deutschen Sender Gleiwitz mit dem Angriff deutscher Truppen beantwortet, erklären Frankreich und Großbritannien dem Deutschen Reich am 3. September den Krieg. Er wird später der Zweite Weltkrieg genannt.	
1940	Der am 27. 9. 1940 in Berlin zwischen dem Deutschen Reich, Italien und Japan geschlossene Dreimächtepakt hat das Ziel, eine im faschistischen Sinne »neue Ordnung« in Europa und im »Großasiatischen Raum« zu schaffen und gemeinsam aufrechtzuerhalten. Seine Mitglieder werden die Achsenmächte genannt. Er wird 1942 durch ein Militärbündnis zwischen diesen Staaten vertieft.	
1941	Deutschland greift die Sowjetunion an, und deutsche Truppen dringen zunächst siegreich nach Osten vor.	Am 7. 12. 1941 versenken japanische Flugzeuge im amerikanischen Stützpunkt Pearl Harbor Teile der amerikanischen Pazifikflotte, vier Tage später folgt die Kriegserklärung des mit Japan verbündeten Deutschen Reichs.

	Europa	Asien
1941		In Schanghai werden unmittelbar im Anschluss die im Huangpu ankernden Schiffe USS *Wake* und die HMS *Peterel* beschossen; die Japaner dehnen ihren Einfluss über das gesamte Stadtgebiet Schanghais aus.
1942	In Berlin findet am 20. Januar die sogenannte Wannseekonferenz statt, auf der die organisierte Vernichtung der Juden (»Endlösung«) beschlossen wird. Ab März Einrichtung von Massenvernichtungslagern.	Am 10. Oktober, dem chinesischen Nationalfeiertag, verzichten die früheren Vertragsmächte England und die USA auf ihre exterritorialen Rechte in der Stadt Schanghai. Dort wohnhafte Vertreter der »Feindmächte« müssen farbige Armbinden tragen und werden nach und nach in Lagern am Stadtrand interniert.
1943	Die russische Stadt Stalingrad, die Hitler zum »Symbol deutschen Siegeswillens« erklärt hatte, fällt Ende Januar. Von den 284 000 im Kessel von Stalingrad eingeschlossenen Soldaten fallen 146 000, 14 000 bleiben verschollen, 90 000 kommen in	Im Februar wird in einer Proklamation der Japaner verkündet, dass alle staatenlosen Flüchtlinge, die nach 1937 in Schanghai angekommen sind, innerhalb von 3 Monaten in eine »designated area« im Stadtteil Hongkou ziehen müssen, damit sind die

	Europa	Asien
1943	russische Gefangenschaft. Von da an spricht man von der »Kriegswende«, doch Propagandaminister Joseph Goebbels nutzt die Katastrophe, um die letzten Reserven zu mobilisieren. Im Berliner Sportpalast ruft er in einer Brandrede zum »totalen Krieg« auf. In Juli landen erste alliierte Truppenverbände auf Sizilien und an der Südspitze Italiens.	jüdischen Emigranten praktisch ghettoisiert.
1944	Am 5. Juni landen die West-Alliierten in der Normandie (D-Day), verstärkte Angriffe über dem deutschen Luftraum.	Japanische Truppen dringen in der Ichigo-Offensive (das bedeutet: Nummer 1) weiter in den Westen Chinas bis nach Tschungking vor und zerstören dort vor allem Flughäfen und Industrieanlagen. Tschiang Kai-schek und seine amerikanischen Verbündeten müssen sich weiter zurückziehen. Immer mehr chinesische Flüchtlinge drängen in die Stadt Schanghai. Seit dem Sieg der US-Truppen auf den Marianen-Inseln im August

Europa	Asien
1944	können amerikanische Flugzeuge nun auch Japan und strategische Schlüsselpositionen wie Schanghai bombardieren.
1945	Seit Jahresbeginn dringen die westlichen Alliierten auf deutsches Gebiet vor. Die ersten Konzentrationslager werden durch sowjetische und amerikanische Truppen befreit. Am 30. April begeht Hitler in Berlin Selbstmord. Am 7. Mai unterschreibt der Chef des Wehrmachtführungsstabes, Generaloberst A. Jodl, im alliierten Hauptquartier in Reims die deutsche Gesamtkapitulation.	Am 17. Juli erfolgt ein schwerer Bombenangriff der Amerikaner auf Hongkou, bei dem 31 Emigranten sterben und 250 verletzt werden; die Angaben zu den chinesischen Todesopfern schwankt zwischen 250 und 4000, dazu gibt es unzählige Verletzte. Der Krieg im Pazifik endet, nachdem die Amerikaner am 6. und 9. August ihre ersten Atombomben auf Hiroshima (92 000 Tote, 37 000 Verletzte) und Nagasaki (40 000 Tote, 60 000 Verletzte) abwerfen. Am 15. August verkündet Tenno Hirohito den »Kaiserlichen Erlass über das Kriegsende« im Rundfunk. Formell unterzeichnet wird die japanische Kapitulationserklärung am 2. September

Europa	*Asien*
1945	Die Armee Tschiang Kai-scheks wird in Schanghai als Sieger begrüßt, doch bald brechen die während der nationalen Einheitsfront gegen Japan ausgesetzten Feindseligkeiten zwischen Nationalisten und Kommunisten erneut aus. Internationale Flüchtlingsorganisationen betreiben die Ausreise sogenannter »Displaced Persons«.
1946–49	Der einsetzende chinesische Bürgerkrieg dauert von 1946 bis 1949 und endet am 1. 10. mit dem Sieg der Kommunisten und der Ausrufung der Volksrepublik China durch Mao Tsetung. Im Mai 1949 marschiert die Volksbefreiungsarmee in Schanghai ein.

Auswahlbibliografie

Armbrüster, Georg, Michael Kohlstruck, Sonja Mühlberger (Hg.): Exil Shanghai 1938–1947. Jüdisches Leben in der Emigration. Teetz/Berlin 2000

Bacon, Ursula: The Shanghai Diary. Seattle 2002

Caldwell, Bo: The Distant Land of My Father. Orlando 2002

Eisfelder, Horst Peter: Chinese Exile. My Years in Shanghai and Nanking. Victoria 2003

Freyeisen, Astrid: Shanghai und die Politik des Dritten Reiches. Würzburg 2000

Grebenschikoff, I. Betty: Once My Name Was Sara. Ventnor N. J. 1993

Hahn, Emily: Shanghai Magie. Reportagen aus dem New Yorker. Berlin 2009

Headley, Hannelore Heinemann: Blond China Doll. A Shanghai Interlude 1939–1953. St Catharines 2004

Hochstadt, Steve: Shanghai-Geschichten. Die jüdische Flucht nach China. Teetz/Berlin 2007

Kaplan, Vivian Jeanette: Von Wien nach Shanghai. Die Flucht einer jüdischen Familie. München 2002

Krechel, Ursula: Fern von wo. Salzburg/Wien 2008

Marcus, Audrey Friedman und Rena Krasno (Hg): Survival in Shanghai. The Journals of Fred Marcus 1939-49. Berkeley 2008

Mühlberger, Sonja: Geboren in Shanghai als Kind von Emigranten. Leben und Überleben (1939–1947) im Ghetto von Hongkew. Teetz/Berlin 2006

Pan Guang (Hg): The Jews in Shanghai. Shanghai 2005

Schomann, Stefan: Letzte Zuflucht Schanghai. München 2008

Tausig, Franziska: Shanghai Passage. Emigration ins Ghetto. Wien 2007.

Willens, Liliane: Stateless in Shanghai. Hongkong 2010

Dank

Inge und ihre Erlebnisse und Abenteuer in Schanghai hat es so nie gegeben, Name und Schicksal ihrer kleinen Familie sind erfunden. Sollte es tatsächlich eine deutsche Flüchtlingsfamilie Finkelstein in Schanghai gegeben haben, möchte ich mich für diesen Zufall entschuldigen. Und doch hätte sich, was den Finkelsteins zugestoßen ist, so oder ähnlich ereignen können. Etwa achtzehntausend deutsche und österreichische Juden haben in jenen Jahren in Schanghai Zuflucht gefunden, darunter auch viele Kinder; Inge könnte eines von ihnen gewesen sein.

Das Wissen um die damaligen Ereignisse und Lebensumstände verdanke ich vor allem den vielen Zeitzeugenberichten. Mein besonderer Dank gilt Miriam Brookfield, Los Angeles, und Gerda Haas, Takoma, die ich persönlich zu ihrer Jugend in Schanghai befragen durfte. Viele andere haben ihre Erlebnisse in Buchform niedergelegt, die wichtigsten Quellen sind in der vorstehenden Bibliografie genannt. Für Fehler bin ich selbst verantwortlich.

Einige Orte und Menschen haben auf besondere Weise zur Entstehung dieses Romans beigetragen: zunächst natürlich die Stadt Schanghai, wo Chen Danyan und Qiu Xiaolong wunderbare Führer und Quartiermacher waren; die Bibliothek des Jüdischen Museums Berlin, wohin ich mich zum Quellenstudium zurückziehen konnte, und die Internationale Kinder- und Jugendbibliothek in der Blutenburg, München, die mir ideale Arbeitsbedingungen für die Fertigstellung des Manuskripts bot. In den Schulen, in denen ich »Ina aus China« vorstellen durfte, haben mich junge Leser manchmal gefragt, wie es Inge in Schanghai ergangen sei; so ist dieses Projekt entstanden. Hier kommt die Antwort.

Ich danke Jenny Wolf, dass sie mir ihren Onkel Curt Fiedler überlassen hat. Vor allem aber gilt mein Dank Gabriele Leja, meiner Lektorin, die nun schon zum zweiten Mal einfühlsame Geburtshilfe für ein unternehmungslustiges Mädchen geleistet hat.

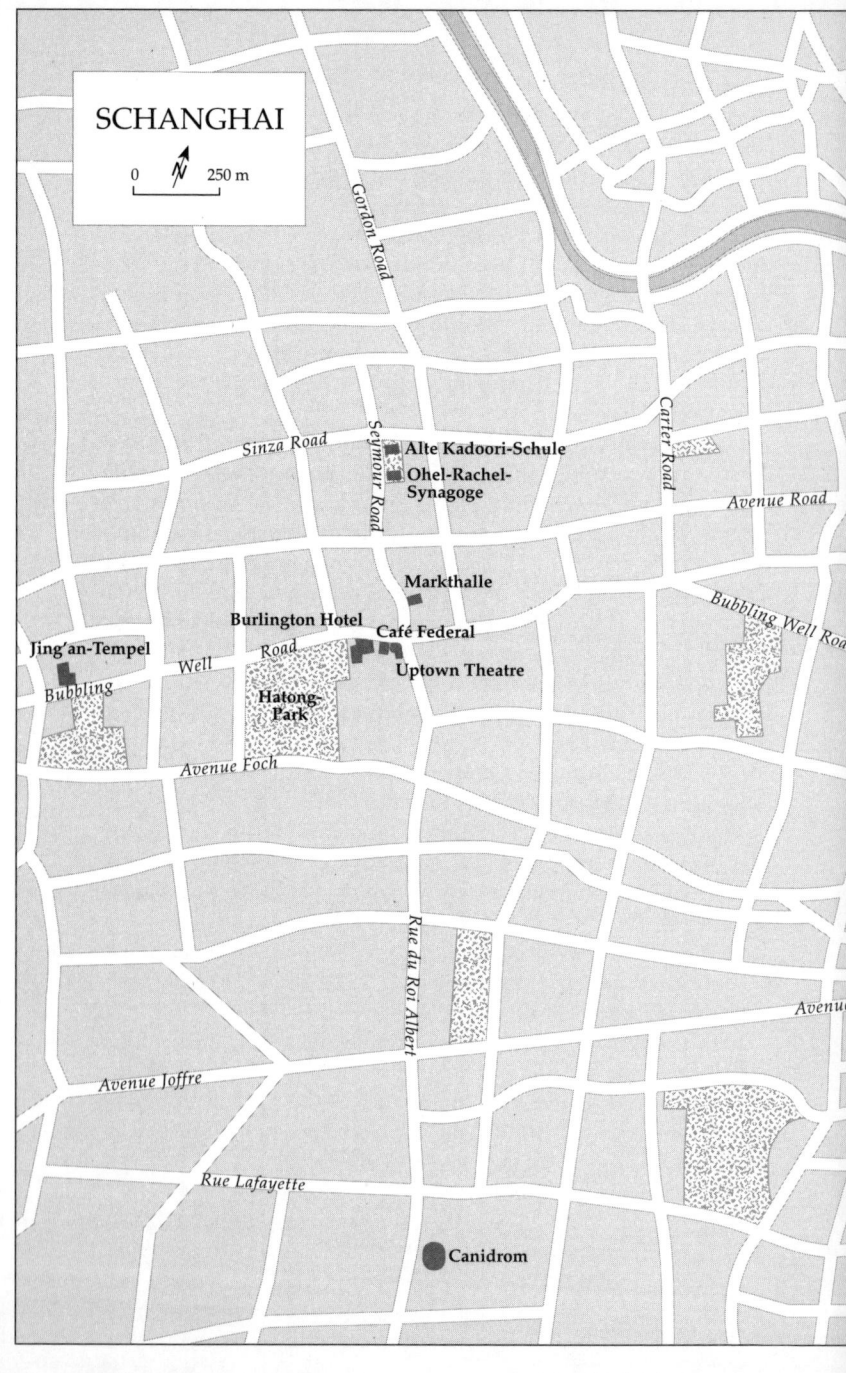

SCHANGHAI

0   250 m

Gordon Road

Sinza Road

Seymour Road

Carter Road

Avenue Road

■ Alte Kadoori-Schule

■ Ohel-Rachel-Synagoge

Markthalle

Bubbling Well Road

Burlington Hotel

Café Federal

Jing'an-Tempel

Well   Road

Uptown Theatre

Bubbling

Hatong-Park

Avenue Foch

Rue du Roi Albert

Avenue

Avenue Joffre

Rue Lafayette

Canidrom

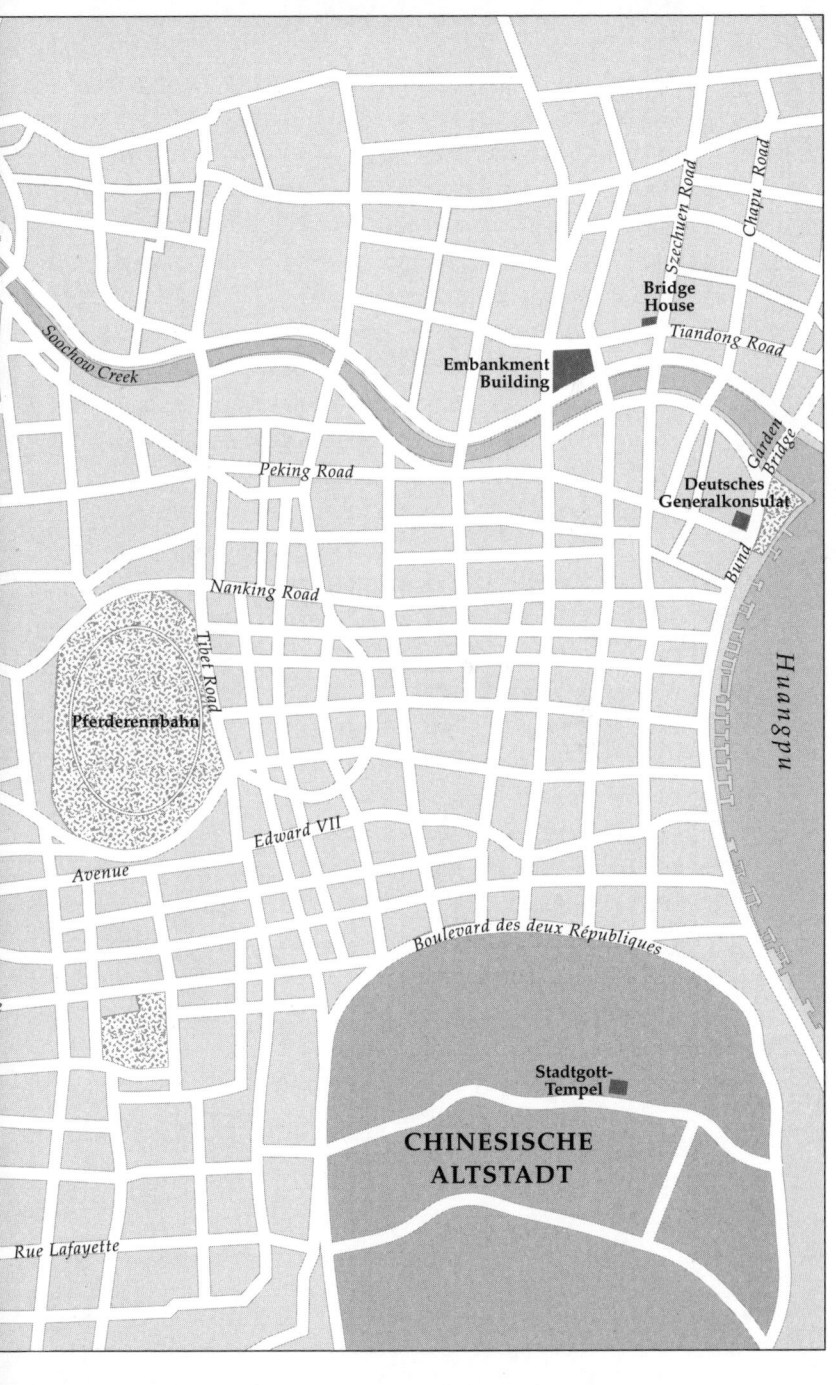

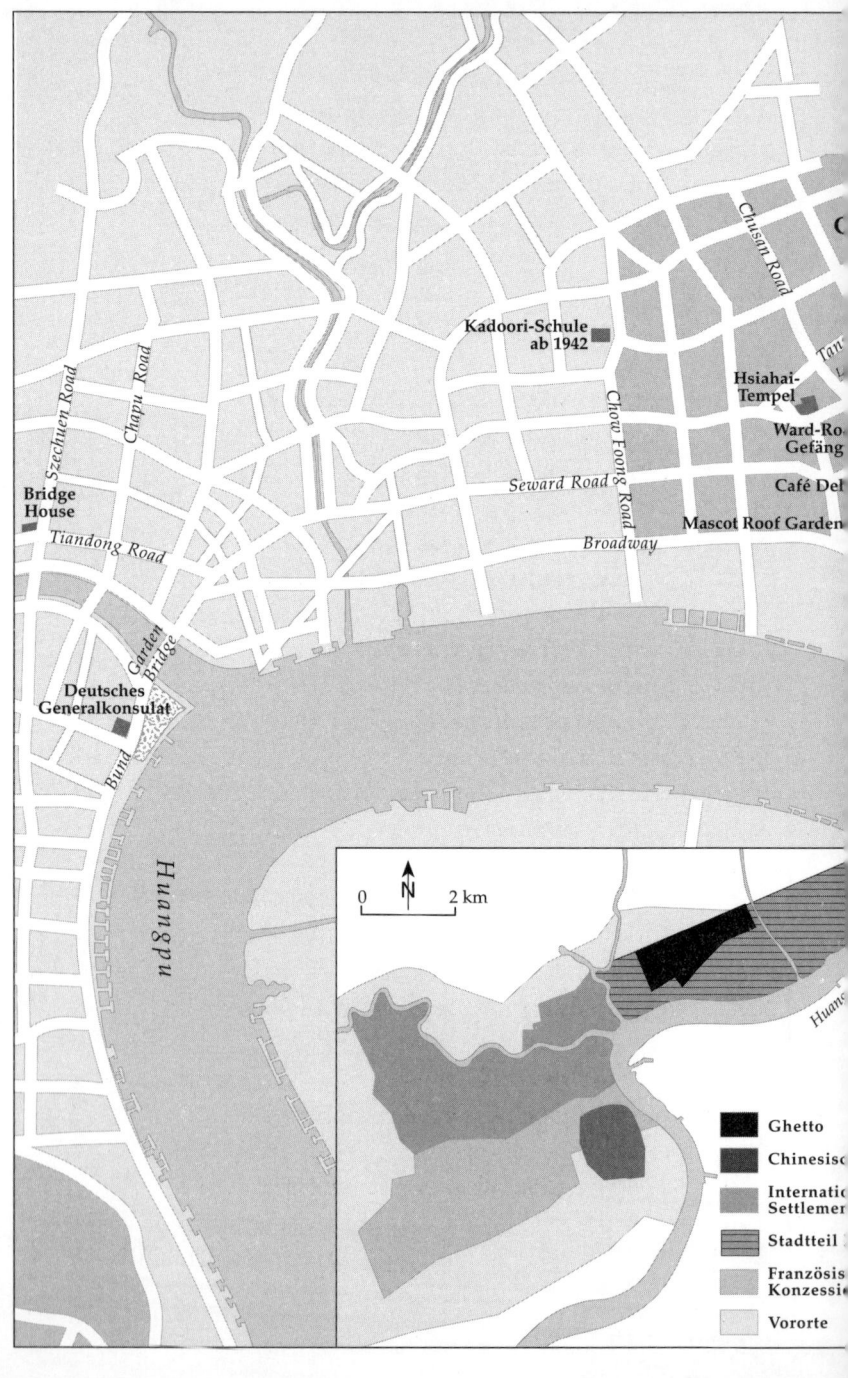

C

Chusan Road

Kadoori-Schule
ab 1942

Tan...
L...

Hsiahai-
Tempel

Ward-Ro...
Gefäng...

Chow Foong Road

Seward Road

Café De...

Szechuen Road

Chapu Road

Broadway

Mascot Roof Garden

Bridge
House

Tiandong Road

Deutsches
Generalkonsulat

Garden Bridge

Bund

Huangpu

0 —— 2 km

N

Huan...

Ghetto

Chinesisc...

Internatio...
Settlemen...

Stadtteil

Französis...
Konzessi...

Vororte

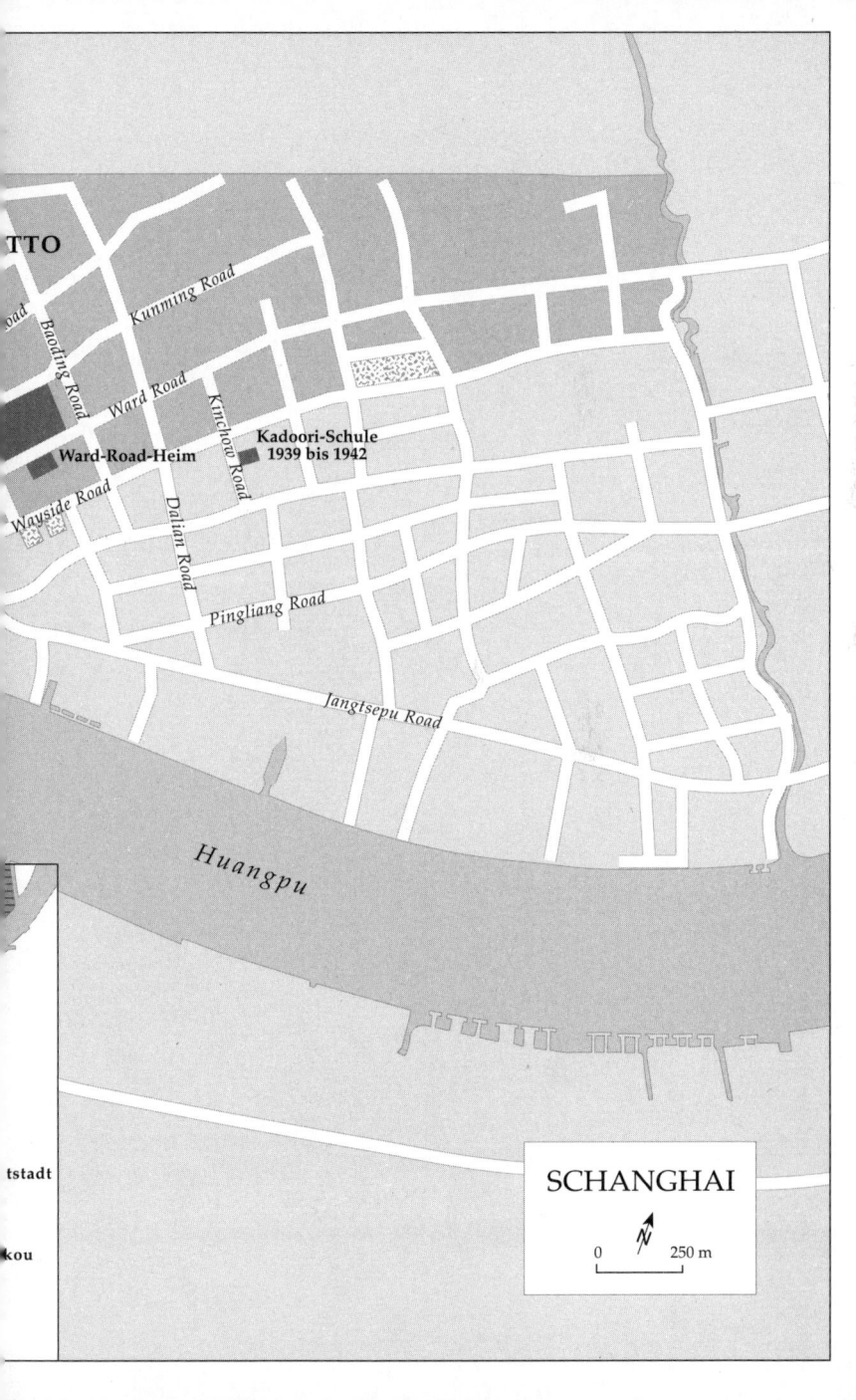

TTO

Kunming Road

Baoding Road

Ward Road

Kinchow Road

Ward-Road-Heim

Kadoori-Schule
1939 bis 1942

Wayside Road

Dalian Road

Pingliang Road

Jangtsepu Road

Huangpu

tstadt

kou

SCHANGHAI

N

0   250 m

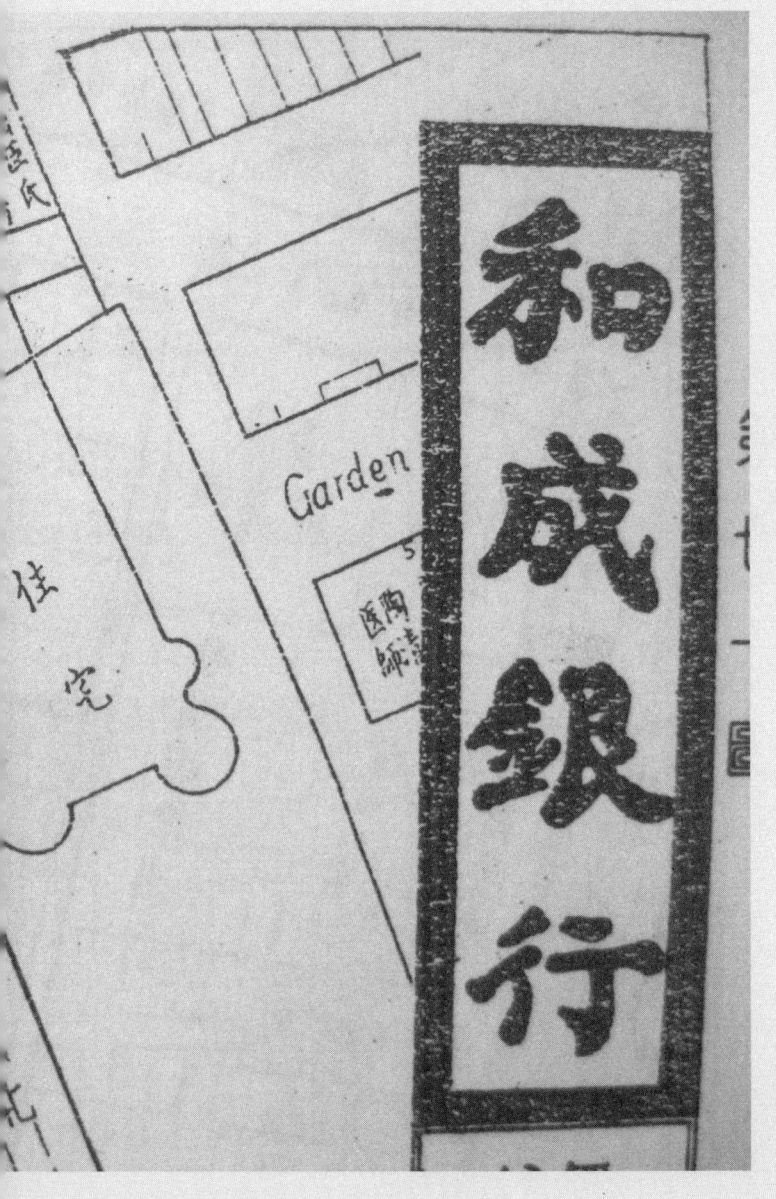

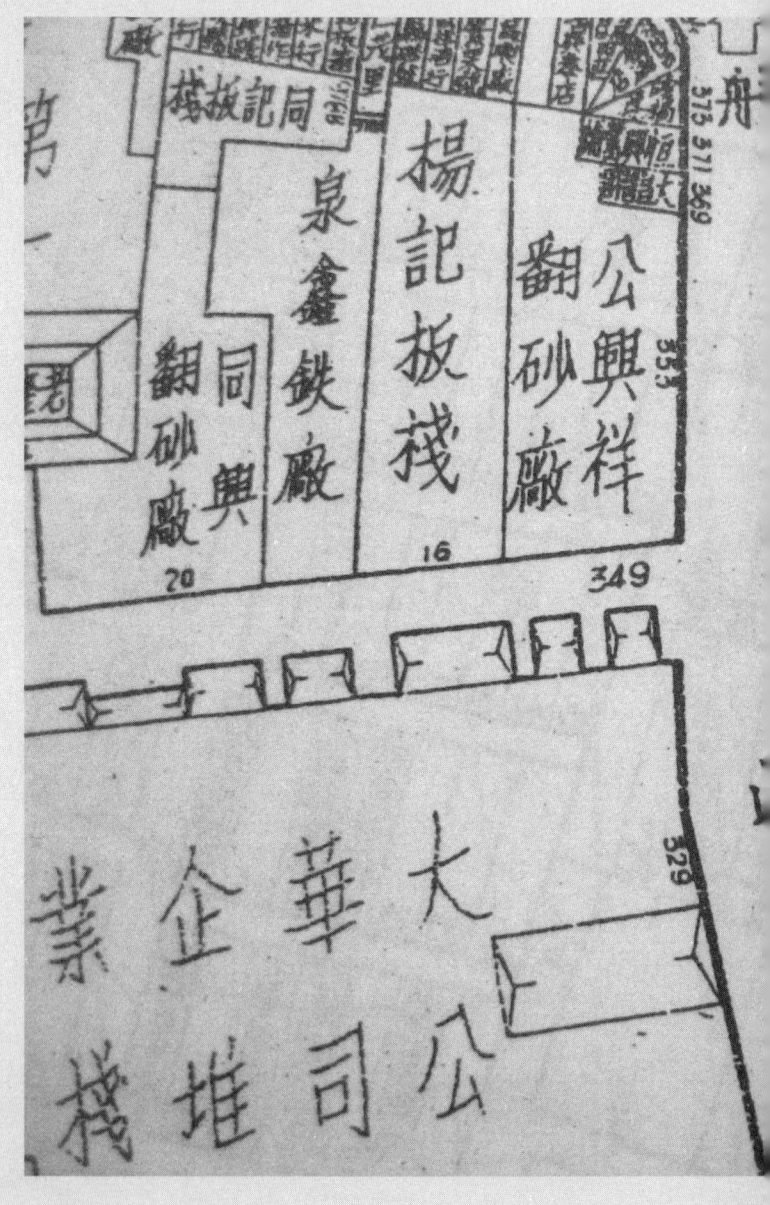

舟

弟一

君

同記拔棧

泉鑫鐵廠

同興翻砂廠

20

揚記拔棧

16

翻砂廠

公興祥翻砂廠

373 371 369

355

349

329

業棧

企堆

華司

大公

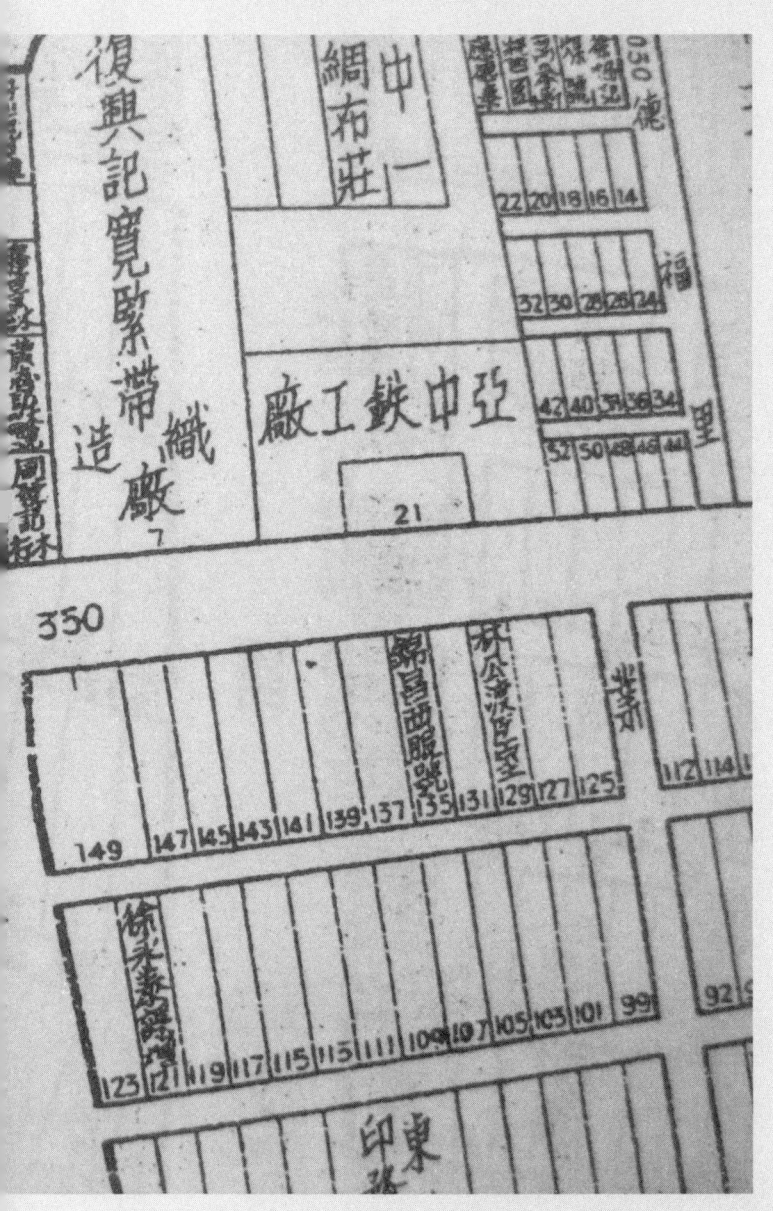

復興記寬緊帶造廠

織帶廠 7

黃盛駿同記

中一綢布莊

亞中鐵工廠

21

德

福

里

22 20 18 16 14

32 30 28 26 24

42 40 38 36 34

52 50 48 46 44

350

149 147 145 143 141 139 137 135 131 129 127 125

綿昌西服號

林公濟診所

112 114

徐永泰麵鋪

123 121 119 117 115 113 111 109 107 105 103 101 99

92

印東張

Eine ungewöhnliche Kindheit
und Jugend – bestimmt von
Kriegen zwischen den Völkern,
aber auch der Freundschaft
zwischen den Menschen